밀린다왕 문경

정 안 엮음

우리출판사

머리말

《밀린다왕문경》을 읽으실 분들께 올립니다.

저는 충남 금산군 진산면 행정리 대둔산 태고사에서 1968년부터 기도를 시작해서 오는 1999년 음력 2월 18일(지장재일)이 되면 만일기도(萬日祈禱)가 회향되는 날이 됩니다. 햇수로는 꼭 30년이 됩니다.

회향 기념으로《밀린다왕문경》을 택하여서 여러 스님들과 거사님들께서 옮기신 경(經)을 제가 다시 비교 검토하면서 번역하였고 몇 군데 저의 의견을 보충해서 엮었습니다. 부족한 점이 많으리라 생각하며 틀린 점은 가차없이 책망하여 주시기 바랍니다.

《밀린다왕문경》에는 불교의 근본에 대한 많은 질문과 대답이 들어 있습니다. 이 경을 읽으시는 분들께서는 이 경을 통하여서 과연 불교가 무엇인지, 또 우리가 수행하면서 가지게 되는 여러 가지 의문들을 해소시켜서 바른 길로 나아가는 길잡이가 되고 바른 해탈의 길잡이가 될 것이라 믿으옵니다.

보시고 또 보시어서 불교와 인생과 우주의 진리를 터득하고 의문을 풀어 탐진치(貪瞋癡) 삼독(三毒)과 오욕락(五慾樂:財物慾, 色慾, 食慾, 名譽慾, 睡眠慾)에서 벗어나길 바랍니다. 또한 걱정, 근심, 우비고뇌를 버림으로써 신심(身心)이 청정하여지고 나아가 걸림이 없고 무애자재한 해탈을 얻으셔서 꼭 성불하시기를 바랍니다.

1999년 2월 1일
정 안 합장

차 례

제3장 논 란(論難)

이 책을 읽는 분에게

불교의 가르침은 아시아의 모든 지역에 전해져서 사상과 종교의 숭고한 지표로 세워졌으며 현대에 이르기까지 부처님의 사상과 행동에서 삶의 경이로운 모범을 발견한 사람들에게 정신적 초월성과 숭고한 인류애를 전하고 있다. 불교에서는 시대와 환경을 초월하여 적용되는 보편적 진리를 가리켜 다르마(Dharma)라고 불렀다. 법(法)이라고 옮겨지는 다르마는 존재의 법칙, 규범, 진리를 뜻하며 이 다르마를 깨달은 사람을 가리켜 '깨치신 분', 부처님이라고 하며, 그 가르침을 불법(佛法), 불교(佛敎)라고 하는 것이다.

석가모니 부처님은 자신을 가리켜 신(神)이 아닌 '다르마의 실천자', '길을 가리켜 보이는 자'라고 설하셨다. 또한 부처님은 《잡아함경》에서 다음과 같이 말씀하셨다.

나는 앞서 간 수행자들의 도(道)를 얻었으며
앞서 간 수행자들의 길을 따라 걷는다.
앞서 간 수행자들이 걸어간 이 길을
지금의 나 또한 따라 걷는다.

我得古仙人道　古仙人道跡
古仙人從此跡去　我今隨

부처님의 가르침은 이처럼 어떤 독점적인 사상의 권위나 종교적 도

그마(dogma)를 고집하지 않고 여러 역사적 단계나 인종, 지역 간의 차이를 넘어서 인류의 보편적 예지에 부합되는 유연성과 합리성을 지니고 있는 것이다. 2500여 년간 계속 인류의 품성을 드높인 불교의 역사 가운데 불교가 지닌 보편성과 합리성을 잘 보여주는 한 경전이 있으니 바로《밀린다왕문경》이다. 기원전 2세기 후반 서북 인도를 지배한 그리스 왕 밀린다(Milinda)왕과 불교학승을 전공하고 아라한과를 증득한 나가세나(Nagasena) 존자와의 대론(對論)으로 이루어진 본 경전은 붓다론·아라한론·해탈 열반론·수도론·윤회론·재가자론 등과 같이 난해한 불교의 중심교리 전반을 문답의 형식으로 일목요연하게 설명하고 있어서 불교의 가르침을 공부하고자 하는 현대인들에게 권할 수 있는 문헌으로 정평을 받고 있다.

　본 경에서 나가세나 존자에게 불교의 근본문제를 질문하는 밀린다왕은 원래 이름이 미란타(彌蘭陀)·미란(彌蘭)·필린타(畢隣陀)라고 한역(漢譯)되고 있는 박트리아(Bactria, 大夏) 왕조의 메난드로스(Menandros, B.C. 163?~105?)이다. 박트리아 왕조는 불교사에서 호법왕으로 그 역사적 의미가 깊은 아쇼카 왕을 배출한 마우리야 왕조의 쇠퇴 후, B.C. 326년경 알렉산더 대왕에 의해서 시작된 굽타 왕조부터 서북인도 침입 이후 그리스인들이 세운 두 개(하나는 安息國이라고 漢譯되는 파트리아 왕조)의 그리스계 왕조 중의 하나이다. 박트리아 왕조는 그리스의 정치조직과 그리스인들로 이루어진 고위관리들이 통치하는 나라로서 이 박트리아 왕조의 그리스계 국왕이었던 메난드로

스, 즉 밀린다 왕은 오늘날의 아프가니스탄 카불 부근의 도시인 알라
산다(Alasanda)에서 태어났다(또는 한역본에 실린 '二十由旬合萬里'
라는 기사에 의해서 메난드로스의 출생지를 이집트의 알렉산드리아로 보
는 학자도 있다). 왕위에 오른 그는 간다라와 팍쟘 지방을 병합하고 힌
더스 분지까지 점령하는 영토확장정책을 폈으며 스스로 '정의를 지키
는 왕'으로 자처하며 선정을 베풀었기 때문에 사람들의 신망을 얻는
다. 그리고 본《밀린다왕문경》의 내용처럼 당시 인도불교계를 대표하
는 학승 나가세나와의 대론 끝에 독실한 불교신자가 되었다. 실제로
밀린다 왕이 봉헌하였다는 기록이 새겨진 부처님의 사리항아리(舍利
壺)가 바쟈푸르(Bajapur)의 쉰코트(Shinkot)에서 발견되기도 했다.

카스트의 차별을 부정하고 인간의 평등을 주장한 불교의 특질은 이
방인이었던 그리스 인들에게 그 문호를 활짝 열어 놓았으며 민족과 신
분의 차이를 초월하여 인생의 깊은 예지를 나누어 주었다. 그리고 바
로 이 점이 나가세나와 메난드로스의 성숙한 대화로 이루어진 본 경의
성립을 가능케 했던 것이다.

본 경전은 원래 남방불교의 장외전적(藏外典籍)의 하나로서《밀린
다팡하(Milindapañha)》라는 팔리어 명칭으로 알려져 왔으며 5세기
중엽 스리랑카로 이주해 온 팔리불교의 대주석가 붓다고사
(Buddhagosa)는 본 경을 중시하여 자주 인용하고 있으며, 불교의 역
사상 가장 위대한 논사 중의 한 사람인 바수반두(Vasubandhu) 또한
그의 명저《아비달마구사론》의〈파아품(破我品)〉에서 본 경을 인용하
고 있다. 본 경은 크게 다음의 네 부분으로 구성되어 있다.

① 나가세나 존자와 밀린다 왕의 전생이 설해지는 서장(序章).
② 두 사람의 대론을 계속하는 3일간으로서 밀린다 왕이 나가세나에

게 설복되는 부분.

③ 모순된 사항에 관한 답변을 요구하는 양도논법의 난문(難問).

④ 수행자가 지켜야 할 덕목과 맺는 말을 설하는 결론 부분.

북방불교권에도 전해진 본 경은 일찍이 《나선비구경(那先比丘經)》
이라는 제목으로 한역(漢譯)되기도 하였는데 전2권본인 A본과 전3권
인 B본이 현존한다. 이 두 경전 모두 동진(東晉, 317~420)시대의 번
역으로 알려져 있지만 역자는 밝혀지지 않고 있다. 다만 학계에서는
팔리어 원전 《밀린다팡하》와 한역 《나선비구경》이 서로 일치하는 앞부
분이 본 경전의 원형인 것으로 보고 있다.

본 《밀린다왕문경》이 성립된 기원전 2세기 무렵의 불교교단은 부처
님의 가르침을 연구하고 집대성하는 작업에 큰 성과를 낳고 있었다.
즉 《아함경》에서 아비달마불교로 옮겨지는 과도기였던 것이다. 이 시
기의 불교교단은 일찍이 간결하고 종교적 호소력이 깊었던 부처님의
가르침을 수많은 용어와 철학적 인식을 바탕으로 분류, 정리하였으며
그 결과 아비달마(阿毘達磨, Abhidharma)라고 부르는 방대한 분량
의 '논장(論藏)'이 성립되었다. 이를 아비달마불교라고 부르는데 그것
은 주로 교리문답과 교리를 백과사전의 형태로 집대성하는 형태로 발
전하였다. 《밀린다왕문경》은 이처럼 체계적이고 정교한 사상적 성과를
이룩한 아비달마불교를 배경으로 성립된 경전인 것이다.

그러나 평이한 문체와 대화의 형식을 사용하여 자아, 번뇌, 윤회, 업,
교단, 비구의 자격, 출가와 재가의 생활, 열반 등 불교의 광범위한 주
제를 테마별로 다루는 본 경은 아비달마의 논서(論書)처럼 난해하지
도 않고 어떤 학파적 성격을 고집하지 않고 있어서 불교의 보편적 사
유방법을 여실히 드러내고 있는 것이 본 경의 특징이다.

따라서 본 경은 인도의 불교교단이 작성한 '이방인을 위한 포교서' 또는 '불교입문서'의 차원을 넘어서 불교를 알고자 하는 모든 사람들이 영원히 관심을 가질 수밖에 없는 사항을 일괄적으로 정리한 수준 높은 불교문헌이라고 할 수 있는 것이다. 더욱이 그리스계의 왕인 밀린다 왕의 그리스적인 합리주의와 체계적이고도 세밀한 인도불교의 만남이라는 점에서 본 경은 역사상 그 유례없을 정도의 깊이 있는 상호이해를 보여주는 '동·서의 성숙한 대화'라는 점에서도 높은 평가를 받고 있다.

기원전 2세기 후반이라는 아득한 저 옛날, 인도와 그리스의 지성을 대표하는 두 현자가 나눈 대화로 이루어진 본 경은 현대인들이 읽어도 전혀 낯설지 않고 마치 현대의 위대한 두 지성인이 방금 나누었던 이야기처럼 읽혀지고 있는 것이다. 그러므로 본 경은 18세기 후반부터 영어로 옮겨지기 시작하여 독일어역, 불어역, 일어역 등을 통하여 수많은 독자들에게 시대와 민족을 초월한 불교의 심오함과 아름다움을 깨닫게 하여 주었던 것이다.

일찍이 프랑스 동양학자 르네 그루쎄(Rene Grousset, 1885 ~1952)는 1929년에 쓴 그의 《붓다의 길을 따라서》라는 책에서 인도는 물론 중앙아시아, 중국, 한국, 스리랑카와 태국에 숭고한 종교적 가르침과 인문주의의 극치를 전달한 불교를 '웅대한 휴머니즘의 물결'이라고 불렀거니와 불교는 이 《밀린다왕문경》을 통해서 이미 기원전 2세기경에 '웅대한 휴머니즘'에 기초한 동·서의 대화를 시작한 사실을 웅변적으로 보여주고 있는 것이다.

현대의 독자 여러분 또한 본 경을 숙고하면서 읽는다면 여러분 스스로 품고 있는 불교에 대한 의문을 풀고 불교가 가진 사상적 보편성과 대화의 정신을 체득할 수 있을 것이다.

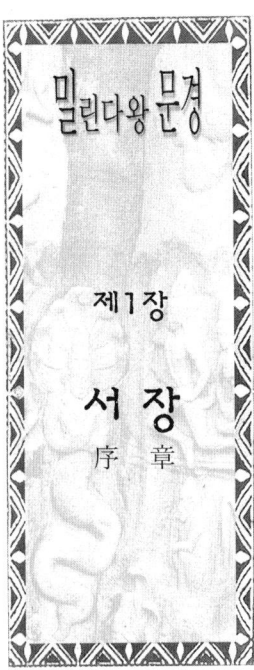

밀린다왕 문경

제1장

서 장
序 章

서 장

옛날, 유명한 수도 샤갈라의 밀린다 왕은
세계적으로 저명한 현인 나가세나에게로 갔다.
마치 갠지스 강이 깊은 바다로 흘러가듯이
숙련된 담론가인 왕은
진리의 횃불을 밝혀
마음의 어두움을 쫓아버린 나가세나에게
참과 거짓을 가려내는 여러 가지 점에 대하여
미묘하고 어려운 질문을 많이 했다.
이 질문에 주어진 해답은
듣는 이의 마음을 기쁘게 하고
귀를 즐겁게 하여
신기하고 기묘함을 넘어섰다.
나가세나의 담론은,
수트라〔經〕의 그물코를 헤치고
비유와 논증으로 강하게 빛나며
비나야〔律〕와 아비달마〔論〕의 신비한 심연에
스며들었기 때문이다.

오라, 그대들이여!
와서 그대의 머리를 활용하고
그대의 마음을 기쁘게 하라.
그리고 모든 의심의 근거를 잘 풀어주는
이들 미묘한 질문과 해답에 귀를 기울이라.

전해지는 말에 의하면, 요나카 인들의 나라에 교역의 중심지 '샤갈라' 라는 도시가 있었다. 샤갈라는 산수가 수려하고 아름다운 숲과 호수와 연못이 갖추어져 지상낙원을 이루었다. 솜씨 있는 기술자가 설계한 도시라고 한다.

모든 적과 반역자들이 추방되었기 때문에 그곳 사람들은 위험이라고는 모르고 살았다. 이 도시를 지키는 방패인 용사들이 있었기 때문이다. 그 외에도 여러 모양의 튼튼한 망탑과 철벽이 있었고, 우뚝 선 성문과 탑문을 가지고 있었다. 도시의 한가운데에는 깊은 참호로 둘러싸인 하얀 성벽의 왕궁이 보였다.

거리와 광장과 십자로와 장터가 잘 구획되어 있었고 상점에는 값비싼 상품들이 수북하게 진열되어 있었다. 또 수백 개의 보시당(布施堂)이 화사하게 꾸며져 있고 수십 만의 화려한 저택들이 히말라야의 산봉우리처럼 늘어서 있었다. 거리는 코끼리와 말과 마차와 보행자들로 붐볐다. 상냥한 남녀들이 짝을 지어 빈번히 거리를 오갔다. 온갖 신분의 사람들, 즉 크샤트리아, 바라문, 바이샤, 수드라들로 붐볐고 성민들은 모든 종족의 수행자들과 바라문을 환대하여 환성을 올렸다. 도시에는 여러 학파의 지도자들이 많이 왕래했다.

상점에는 카시에서 만든 옷[迦尸衣]과 코톰바라 산(産) 옷감과 그 외의 갖가지 의류료 가득했다. 또 보시당에서 흘러나오는 향내와 그 외의 온갖 종류의 꽃과 향로에서 흘러나오는 향내가 거리에 항상 그윽했다.

도시는 사람들의 마음을 홀리는 금·은·구리·보석으로 가득 차 눈부신 보물의 나라를 연상시켰고 화려한 상품이 진열된 상점들이 늘어서 있었다. 곡식과 재산과 일용물자도 창고에 가득했다. 부유하기로는 마치 울타라쿠루와 같고 영광스럽기로는 마치 비사문천(毘沙門天)의 수도인 알라카만다와도 같았다.

지금까지 이상적인 도시 샤갈라에 관하여 이야기했다. 이제 우리는 밀린다 왕과 나가세나 존자, 이 두 사람의 전생 이야기와 갖가지 난해한 질문에 관해 이야기해야 한다.

그들의 전생 이야기, 밀린다 왕의 난문(難問), 이 특징에 관한 질문과 반론에서 생기는 난제(難題), 추리에서 생기는 난제, 비유에 관한 논의 등을 이야기해야 한다. 이 가운데 밀린다 왕의 난문은 특징에 관한 질문과 의문을 없애기 위한 문제 등 두 가지로 되어 있고 반론에서 생기는 난제는 긴 대목(大品)과 수행론자(修行論者) 등 두 부분으로 되어 있다.

1. 밀린다 왕과 나가세나의 전생

옛날 카샤파 부처님이 법륜을 굴리실 때, 갠지스 강 근처에 비구 대중이 살고 있었다. 계율과 본분을 잘 지키는 비구들의 일과 중 하나는 아침 일찍 일어나 긴 빗자루를 들고 마음속으로 부처님의 공덕을 생각하며 경내 청소를 하는 것이었다.

하루는 쓰레기가 산더미처럼 쌓였다. 어떤 비구가 한 사미에게 그 쓰레기 더미를 치우라고 했다. 그러나 사미는 못 들은 척하고 지나가 버렸다. 비구는 어린 사미가 고집도 세다고 화를 내며 빗자루로 때려 주었다. 사미는 감히 거역할 수 없는 두려움 때문에 울면서 그 일을 해치웠다. 그러는 사이 사미는 최초의 원을 세웠다.

"이 쓰레기를 치우는 공덕으로 열반에 이르기 전, 어디에 다시 태어나든지 한낮의 태양처럼 커다란 위력과 광채를 갖게 해 주십시오."

그는 쓰레기 더미를 치우고 갠지스 강가로 목욕하러 나갔다.

그곳에서 사미는 강물이 세차게 물결치며 흘러가는 것을 보고 두 번째 원을 세웠다.

"열반의 언덕에 닿을 때까지 어디에서 다시 태어나더라도 갠지스 강의 물결이 넘실거리는 것처럼 막힘이 없고 다함이 없는 변재(辯才)를 갖게 해 주십시오."

한편 비구는 빗자루를 헛간에 치워 두고 목욕을 하기 위해 갠지스 강가를 거닐다 우연히 그 어린 사미가 발원하는 소리를 듣게 되었다.

그때 그 비구는 '어린 사미도 저러한 발원을 하는데 나라고 어찌 발원을 이룰 수 없겠는가.' 하고 마음 속으로 생각하며 발원을 하였다.

"열반에 이르기 전 어디에서 태어나든지 저 갠지스 강의 물결치는 파도와 같이 다함이 없는 변재를 갖게 해 주시어 저 사미가 묻는 낱낱의 질문에 밝게 대답하고 난제를 풀어 줄 수 있는 능력을 갖게 해 주십시오."

이 두 사람은 각기 천상과 인간계를 윤회하면서 '한 부처의 출현에서 다음 부처의 출현까지의 기간'을 지냈다.

그런데 목갈라카나의 아들과 뎃사 장로에게 예언되었듯이 이들의 미래 운명은 카샤파 부처님에 의해 다음과 같이 예언되었다.

"내가 죽은 지 5백 년 뒤, 이 두 사람은 다시 이 세상에 태어날 것이다. 그리고 내가 가르친 미묘한 진리와 계율은 이 두 사람이 문답하고 비유를 적용함으로써 풀리기 어려운 실마리가 풀리고 분명하게 될 것이다."

예언대로 뒷날 이 두 사람은 각기 왕과 비구로 태어났다. 그때의 사미는 인도 샤갈라 시(市)의 밀린다라고 하는 왕이 되었다. 그는 유식한 달변가이고 총명하고 유능했다. 그리고 과거·현재·미래에 관한 여러 가지 기도와 의식을 경건하게 행했다.

그는 또 예술과 학문, 즉 천계서(天啓書), 교의서(敎義書), 상키야〔數論說〕, 요가설〔瑜伽說〕, 니야야〔正理說〕, 바이세쉬카〔勝論說〕 등 여러 철학과 수학, 음악, 의학, 사베다 성전, 푸라나 성전, 고전설(古傳說), 천문, 마술, 인명(因明), 주술, 병학(兵學), 시학(詩學), 수학(數學) 등 19종을 한결같이 이해하고 있었다.

그는 훌륭한 논객으로 누구나 접근하기 어렵고 굴복시키기 어려운 자, 최상의 교사(敎師)로 인정받았다. 그리고 인도에서 체력, 민활성, 용맹성에 있어서는 물론이요, 지혜에 있어서도 그와 대등한 사람은 아무도 없었다. 그는 재력과 병력이 막강했고 태양처럼 번창하는 기세를 가진 왕이었다.

어느 날 밀린다 왕은 4군(四軍 : 象軍, 馬軍, 戰車軍, 步兵軍)으로 조직된 무수한 병력을 시외에서 사열했다. 사열을 끝낸 뒤, 쾌락론자, 궤변론자들과 토론을 열망한 왕은 태양을 쳐다보고 나서 옆에 시립하고 있는 신하들에게 말했다.

"날이 아직 이르다. 이처럼 일찍 시내에 들어간들 무엇하겠는가. 현자, 수행자, 바라문, 교단이나 학파의 지도자, 대중의 지도자, 심지어 부처, 정등각자로 자칭하는 사람, 그들 중 누구든지 나와 토론하여 나의 의문을 풀어 줄 사람은 없을까?"

이 말을 듣고 5백 명의 요나카 사람들은 밀린다 왕에게 말하였다.

"대왕이시여, 여섯 명의 논사가 있습니다. 푸라나 카샤파, 막칼리 고실라, 니간다 나하타풋타, 산자야 벨라타풋타, 아지타 케사킴발린, 빠구타 캇자아야나입니다. 그들은 유명한 교단의 창설자로서 세상에 잘 알려져 있고 학파의 조사(祖師)로서 존경받고 있습니다. 대왕이시여, 그들에게 난해한 의문을 털어놓으시고 그 의문을 푸십시오."

그래서 밀린다 왕은 5백 명의 요나카 사람들을 데리고 화려한 이륜차를 타고 푸라나 카샤파가 있는 곳으로 갔다. 왕은 그들과 다정히 인사를 나누고 공손히 한쪽으로 비켜 앉았다. 그리고 나서 물었다.

"카샤파 존자여, 무엇이 세계를 지배합니까?"

"대왕이여, 땅이 세계를 지배합니다."

"그러나 카샤파 존자여, 만약 땅이 세계를 지배하고 있다면 무간지옥(無間地獄)에 떨어진 사람들은 어떻게 땅에서 벗어납니까?"

질문을 받은 푸라나 카샤파는 대답을 할 수도 없고 안 할 수도 없어 고개를 숙이고 입을 다문 채 묵묵히 앉아 있었다.

이어서 밀린다 왕은 막칼리 고살라에게 물었다.

"고살라 존자여, 선행과 악행이 있습니까? 또 선행과 악행의 결과인 과보가 있습니까?"

"대왕이여, 선행이란 없습니다. 또 선행과 악행의 결과인 과보도 없습니다. 이생에서 크샤트리아는 내생에 가서도 다시 크샤트리아가 됩니다. 또 이생에서 바라문, 바이샤, 수드라는 내생에 가서도 마찬가지로 각각 그렇게 됩니다. 어찌 선행, 악행 따위가 소용 있겠습니까?"

"고살라 존자여, 만일 당신이 말씀하신 대로 유추해 나간다면 이생에서 손이 잘린 사람은 내생에 가서도 잘린 손을 가진 사람이 되어야 할 것이고 마찬가지로 발, 귀, 코를 잘린 사람은 똑같이 각각 그러한 사람이 되어야 하지 않겠습니까?"

이 말을 듣고 고살라는 그만 말문이 막혀버렸다.

그러자 밀린다 왕은 마음 속으로 생각했다.

'아, 전(全) 인도가 속이 텅 비어 있구나. 인도는 실로 왕겨와 같구나. 수행자건 바라문이건 나와 대론하여 의심을 없애줄 사람은 아무도 없구나.'

왕은 신하들에게 다시 물었다.

"이 아름답고 즐거운 밤에 찾아가 질문하고 담론하여 우리의 의문을 풀어 줄 수행자나 바라문은 과연 누구인가?"

신하들은 입을 다문 채 왕의 얼굴만 쳐다보고 서 있었다.

당시, 샤갈라 시에는 12년 동안 학식 있는 수행자, 바라문이나 거사들은 별로 살고 있지 않았다. 왕은 학식 있는 수행자, 바라문, 거사 할 것 없이 그들이 살고 있는 곳이면 어디든 찾아가 질문을 던져 보았다.

그러나 그들은 한결같이 왕을 만족시킬 수가 없었다. 그들은 이리저리 흩어져 갔다. 혹 다른 곳으로 떠나지 않는 사람도 침묵을 지키고 앉아 있곤 하였다. 그리고 비구들은 대부분 히말라야 산으로 들어갔다.

2. 나가세나 존자의 탄생과 출가

그때 수많은 아라한들이 히말라야 산의 랏기다다라에 살고 있었다. 그 가운데 최상자 앗사굿타 존자는 천이통으로써 밀린다 왕의 이야기를 들은 다음 유간다라 산 꼭대기에 비구 대중들을 모아놓고 물었다.

"비구들이여, 그대들 중에 밀린다 왕과 대론하여 그의 의문을 풀어줄 사람은 없는가?"

비구들은 모두 잠잠했다. 두 번 세 번 똑같은 질문을 했으나 입을 연 사람은 없었다. 그래서 앗사굿타 존자는 비구 대중에게 말하였다.

"비구들이여, 33천의 베자얀다 궁전 동쪽에 케투마티이라는 천궁이 있다. 그곳에 마하세나란 천자가 살고 있는데 그분은 밀린다 왕과 대론하여 그의 의문을 풀어 줄 수 있을 것이다."

이 말을 들은 아라한들은 유간다라 산으로부터 사라져 33천에 나타났다.

천제는 비구들이 멀리서 오는 것을 보고 곧 앗사굿타 존자에게 가까이 다가가서 인사를 드리고 공손히 한쪽으로 비켜 서며 말했다.

"위대한 존자시여, 비구 대중이 도착했습니다. 저들이 바라는 것은 무엇입니까? 저는 승단의 원정(園丁)입니다. 제가 무슨 일을 해 드릴 수 있겠습니까?"

앗사굿타 존자는 대답했다.

"천제여, 인도 샤갈라 시에 밀린다란 왕이 있는데 그는 논객으로 누구도 대결하기 어렵고 굴복시키기 어려우며 여러 조사들 중에 최상자라고 합니다. 그는 늘 비구 승단을 찾아와 사변적인 논의와 질문으로 승단을 몹시 성가시게 굽니다."

천제는 앗사굿타 존자에게 말하였다.

"존자여, 밀린다 왕은 이곳 천계를 떠나 인간계에 태어난 자입니다. 케투마티이 천궁에 마하세나란 천자가 살고 있습니다. 그분은 밀린다 왕과 대결하여 그의 의문을 풀어줄 수 있을 것입니다. 제가 그 천자에게 가서 인간계에 태어나기를 간청해 보겠습니다."

천제는 비구 대중을 앞세우고 케투마티이 궁전에 들어갔다. 그리고 마하세나 천자를 껴안고 인사하며 말했다.

"천자여, 비구 대중은 그대가 인간계에 태어나기를 간청합니다."

"천제여, 나는 악업과 고통으로 가득찬 인간계를 바라지 않습니다. 인간계는 고통스러운 곳입니다. 나는 여기 천계에서 점차로 상계에 바뀌 태어나 거기서 마치고 싶습니다."

천제는 두 번 세 번 똑같은 간청을 했으나 마하세나 천자는 똑같은 대답만 되풀이하였다.

그때 앗사굿타 존자가 마하세나 천자에게 말을 걸었다.

"천자여, 우리가 인간계와 천계를 둘러보니 그대 외에는 밀린다 왕의 이단론을 논파하고 부처님의 진리를 이해시킬 수 있는 사람은 없습니다. 천자여, 모든 비구 대중이 그대에게 이렇게 간청하고 있습니다. 위대한 분이여, 그대가 인간계에 태어나 그대의 권화(權化)로 부처님의 가르침을 펼쳐 주시기를 바랍니다."

이 말을 듣고 마하세나 천자는 '나는 확실히 밀린다 왕의 이단론을 논파하고 부처님의 가르침을 그에게 이해시킬 수 있다.'라고 생각하며 기쁨과·만족과 환희에 넘쳤다.

"천제여, 좋습니다. 인간계에 태어나기로 하겠습니다."

그래서 비구들은 천계에서 사명을 마치고 33천으로부터 사라져 히말라야 산의 랏기다다라에 나타났다.

앗사굿타 존자는 비구 대중에게 말했다.

"비구들이여, 비구 대중 가운데 집회에 나오지 않은 사람은 누구인가?"

한 비구가 대답했다.

"존자여, 히말라야 산에 들어온 지 7일간 무심삼매(無心三昧)의 멸진정(滅盡定)에 든 로하나 존자가 있습니다. 그에게 사람을 보내십시오."

로하나 존자는 그 순간 멸진정(滅盡定)에서 일어나 '승단이 나를 기다리고 있다.'는 것을 알아차렸고 즉각 히말라야 산을 떠나 랏기다다라에 있는 아라한들 앞에 나타났다.

앗사굿타 존자는 로하나 존자에게 말했다.

"로하나 존자여, 부처님의 가르침이 무너지려 하는 이때 승단이 해야 할 일을 모른 척하고 계십니까?"

"존자여, 저는 그것을 미처 알지 못하고 있었습니다."

"로하나 존자여, 그러면 그대는 처벌을 받아야 합니다."

"존자여, 그러면 저는 어찌하리까?"

"로하나 존자여, 히말라야 기슭에 '가쟝가다'라는 바라문 마을이 있습니다. 거기에 '소눗타다'라고 하는 바라문이 살고 있습니다. 그 집에 나가세나[那先]라는 어린애가 태어날 것입니다. 로하나 존자여, 그대는 7년 10개월 동안 그 집으로 탁발을 다니십시오. 그리한 후 나가세나를 출가시키십시오. 그 애가 출가했을 때, 그대는 벌을 면하게 될 것입니다."

"예, 분부대로 하겠습니다."

로하나 존자는 순순히 동의했다.

그때 마하세나 천자는 천계를 떠나 소눗타다라는 바라문의 아내 뱃속으로 들어가 잉태되었다. 그 순간 세 가지 기이한 일이 생겼다. 갑자기 무기와 기계들이 불타고 푸른 곡식이 익고 큰비가 내렸다.

로하나 존자는 마하세나 천자가 소눗타다의 아내에게 잉태된 날부터 7년 10개월 동안 그 집에 탁발을 나갔다. 그러나 한 번도 밥 한 술, 죽 한 그릇 공양받지 못했다. 그리고 한 번도 인사말이나 합장이나 경례를 받지 못했다. 그러던 어느 날, 로하나 존자는 그 집에서 '딴 집으로 가보시라'는 말을 들었다.

그날 바라문은 들일을 마치고 돌아오는 길에 로하나 존자를 만나 이렇게 물었다.

"비구여, 제 집에 갔었습니까?"

"바라문이여, 그렇습니다."

"당신은 제 집에서 무엇인가 얻었습니까?"

"그렇습니다, 바라문이여. 저는 얻었습니다."

이 말을 듣고 불쾌하게 생각한 바라문은 집에 돌아와 사람들에게 물었다.

"너희들은 그 수도승에게 무엇을 주었느냐?"

"아니올시다. 저희들은 아무것도 주지 않았습니다."

다음날, 바라문은 '오늘은 문간에 서서 기다리다가 그가 오면 거짓말한 것을 문책하리라.' 하고 마음먹고 수도승이 문간에 나타나자 물었다.

"어제 제 집에서 아무것도 얻지 못했는데 당신은 '얻었다' 라고 말했습니다. 도대체 수도하는 자로서 거짓말을 해도 되는 것입니까?"

"바라문이여, 7년 10개월 동안 저는 당신 집에서 '딴 집으로 가보시라' 라는 말조차 들어보지 못했습니다. 그런데 어제는 그 말이 내게 주어졌습니다. 내가 얻었다고 한 것은 바로 그것이었습니다."

바라문은 마음 속으로 이렇게 생각했다

'이 수도승은 인사말만 받고도 사람들에게 '나는 얻었다' 라고 말한다. 만일 먹을 것이나 선물을 받는다면 어찌 여길 것인가!'

바라문은 그 '얻었다' 란 말에 감동되어 자기가 먹을 음식에서 한 술 떠 주고 수도승에게 말했다.

"당신은 매일 이 음식을 받아가십시오."

그는 다음날부터 찾아오는 수도승의 담담한 태도를 보고 더욱 환희심을 내어 수도승에게 자신의 집에서 점심공양을 드시라고 청했다. 수도승은 묵묵히 만족스러운 뜻을 보이고 공양을 마친 다음 떠날 때에는 언제나 부처님의 말씀을 한 구절 외워 주고 갔다.

바라문의 아내는 열 달이 차 사내아이를 낳았다. 그들은 그 아이를 '나가세나' 라고 불렀다. 아이가 자라 일곱 살이 되었을 때 나가세나의 아버지는 소년에게 말했다.

"귀여운 나가세나, 너는 우리 바라문 가문에서 전해오는 학문을 배우고 싶지 않느냐?"

"아버지, 그것은 어떠한 학문입니까?"

"나가세나, 그것은 3베다라는 것이다. 그 밖의 지식은 학예(學藝)에 지나지 않는다."

"예, 아버지. 그럼 저는 베다를 배우겠습니다."

소눗타다는 곧 한 바라문 선생을 천금을 주고 초빙했다. 집 안쪽 방에 침상을 마련해 두고 그 선생에게 말했다.

"바라문이여, 그대는 아무쪼록 이 아이에게 베다 성전을 가르쳐 주십시오."

바라문은 그 소년에게 베다 성전을 되풀이해서 익히게 했다. 나가세나 소년은 한 번 배우면 그것을 정확하게 외우고 그 의식을 잘 행하며 또 심오한 뜻을 잘 이해하여 단번에 3베다(리그 베다, 사아마 베다, 야주르 베다)와 그것들에 관한 어휘, 의궤, 음운론, 어원론, 그리고 제4의 아타르바 베다와 제5의 역사전설에 대하여 지혜의 눈이 열렸다. 그리고 문법에 해박하고 순세론(順世論)과 대인상(大人相), 즉 관상학에도 통달했다.

나가세나 소년은 소눗타다에게 물었다.

"아버지, 우리 바라문 가문에서 이 이상 배울 것이 있습니까, 아니면 이것이 전부입니까?"

"귀여운 나가세나, 우리 바라문 가문에서는 이 이상 배울 것이 없다. 배울 것은 이것뿐이란다."

그래서 나가세나 소년은 선생에게서 마지막 학습을 마치고 집을 나와 전생(前生)의 습성에 따라 마음이 움직여 조용한 곳으로 가 홀로 명상에 잠겼다.

그리고 자기가 배운 것을 처음부터 끝까지 되새겨 보고 그 모든 것이 추호의 가치도 없는 것임을 깨달았다. 그는 큰 소리로 외쳤다.

"이 베다는 정말 헛것이구나. 이것은 왕겨와 벼껍질 같은 것이다."

그리고는 후회하고 괴로워했다.

때마침 로하나 존자는 바타니아의 승방에서 나가세나 소년의 생각을 마음으로 알았다. 그래서 그는 가사를 걸치고 바루[鉢]를 들고 바타니아의 승방을 떠나 카장카라의 바라문 마을에 나타났다. 나가세나 소년은 문간에 서서 로하나 존자가 멀리서 오는 것을 보았다. 소년은 존자를 보자 흐뭇하고 반가웠으며 언젠가는 그 존자로부터 진실을 배울 수 있으리라는 새 희망에 부풀어 올랐다.

소년은 로하나 존자에게로 가까이 다가가 그에게 물었다.

"존자여, 삭발한 머리에 누런 옷을 입고 있는 당신은 누구십니까?"

"얘야, 나는 출가자다."

"존자여, 왜 당신을 출가자라고 부릅니까?"

"출가한 자는 모든 악의 더러움을 멀리하기 위해서 집을 떠난 사람이고 나 또한 그러하므로 '출가자'라고 한다."

"존자여, 왜 당신은 머리를 다른 사람들처럼 기르지 않습니까?"

"얘야, 출가자는 출가 생활에 있어서 열여섯 가지 장애를 간파하고 머리털과 수염을 깎는단다. 열여섯 가지 장애란 몸을 장식하는 장애, 아름답게 화장하는 장애, 기름을 바르는 장애, 머리를 감는 장애, 꽃장식을 다는 장애, 향료를 쓰는 장애, 향을 바르는 장애, 가리로크(아시아 열대지방의 낙엽교목으로 염료·잉크의 원료로 쓰임)의 마른 열매처럼 되는 장애, 아마로크(열대지방의 식물로 열매는 신맛을 내며 식용·약용으로 쓰임)의 마른 열매처럼 되는 장애, 염색하는 장애, 머리털을 묶는 장애, 빗질하는 장애, 이발하는 장애, 머리카락을 푸는 장애, 이가 생기는 장애, 머리털이 빠지면 한숨짓고 걱정하고 슬퍼하여 가슴을 치며 울며 고민하는 장애 등이다. 얘야, 이 열여섯 가지 장애에 가리운 사람은 모든 오묘한 학예를 잊게 된다."

"존자여, 왜 당신의 옷은 다른 사람의 옷과 같지 않습니까?"

"애야, 다른 사람들의 옷은 오욕(五欲)을 떨치기 어려울 정도로 아름다워서 속인의 표적이 된다. 그러나 황색옷은 옷으로부터 생기는 위험이 없다. 그래서 내 옷은 다른 사람들의 것과 같지 않다."

"존자여, 당신은 모든 학예를 알고 계십니까?"

"그래. 나는 모든 학예를 알고 있다. 이 세상 최고의 성전 같은 것도 알고 있다."

"존자여, 그것을 저에게도 가르쳐 주시겠습니까?"

"그래, 가르쳐 주고말고."

"그러면 그것을 지금 저에게 가르쳐 주십시오."

"아니다, 애야. 지금은 안 된다. 나는 탁발하기 위해서 마을에 내려왔다."

이때 나가세나 소년은 로하나 존자의 손에서 바루를 받아들고 그를 집안으로 안내하여 단단한 음식, 말랑말랑한 음식들을 손수 가져다 흡족하게 대접했다. 로하나 존자가 식사를 마치고 바루에서 손을 떼는 것을 보자 곧 소년은 존자에게 말했다.

"존자여, 이제 저에게 성전을 가르쳐 주십시오."

"애야, 네가 열여섯 가지 장애로부터 떠나 부모님으로부터 출가 동의를 얻어 출가자의 옷을 입는다면 나는 성전을 가르쳐 주겠다."

그래서 나가세나 소년은 아버지와 어머니에게 가서 말했다.

"아버지, 어머니, 이 출가승은 이 세상 최고의 경전을 알고 있다고 합니다. 그러나 출가하지 않으면 그것을 가르쳐 주지 않겠다고 합니다. 저는 출가하여 그분에게서 성전을 배우고 싶습니다."

소년의 부모는 출가를 허락했다. 소년이 출가해서라도 성전을 배웠으면 했고 또 배운 뒤 다시 집으로 돌아와 주기를 바랐다.

그리하여 로하나 존자는 나가세나를 데리고 바타니아의 비잠바 암자로 갔다. 거기서 하룻밤을 새우고 랏기다다라로 가 수많은 아라한들 가운데서 나가세나를 출가시켰다.

그때, 출가한 나가세나는 로하나 존자에게 말했다.

"존자여, 저는 당신이 입는 옷을 입었습니다. 저에게 성전을 가르쳐 주십시오."

로하나 존자는 '그에게 맨 먼저 무엇을 가르쳐야 할 것인가? 경(經)인가, 아니면 논(論)인가? 나가세나는 매우 총명하니까 논을 쉽게 익힐 수 있으리라.' 생각하고 먼저 논을 가르쳤다.

나가세나는 선(善)의 성질, 불선(不善)의 성질, 그리고 무기(無記 : 선도 아니고 불선도 아닌 것)의 성질과 3법과 2법으로 조직된 법집론(法集論), 다섯 가지 구성요소를 분류하는 등 16분별로 조직된 분별론(分別論), 포섭(攝)과 비포섭(非攝) 등 14종으로 분류된 계론(界論), 구성요소의 식별과 경계(감각기관과 대상과의 대응관계)의 식별 등 6종으로 분별된 인시설론(人施說論), 자설 5백론과 타설 5백론을 합하여 천론을 모아 분류한 논사(論事), 2법의 기관과 2법의 구성요소 등 10종으로 분류된 쌍론(雙論), 원인의 인연과 대상의 연(所緣緣) 등 24종으로 분류된 발취론(發趣論) 등 논장(論藏)들을 한 번 설법을 듣고 나서 완전히 통달했다.

나가세나는 로하나 존자에게 말했다.

"존자여, 다시 설하지 마십시오. 저는 그것을 기억하겠습니다."

그리고 나서 나가세나는 수많은 아라한이 있는 곳으로 가서 그들에게 말했다.

"아라한이여, 제가 선의 성질, 불선의 성질, 무기의 성질 세 항목을 배열하며 모든 논장을 설명하겠습니다."

"좋습니다. 나가세나여, 설명해 보십시오."

나가세나 존자는 일곱 달 동안 일곱 개의 논을 두루 설명했다. 그때 대지는 진동하고 모든 신은 칭찬하고 범천은 박수치고 하늘로부터는 전단향가루와 만다라꽃이 쏟아져 내렸다.

그리고 나가세나 존자가 만 스무 살이 되자 랏기다다라에서 아라한들은 그에게 구족계를 주었다.

구족계를 받은 나가세나는 그날 밤을 새우고 아침 일찍 옷을 입고 바루와 가사를 들고 탁발하러 마을로 들어갔다. 그때 그에게 이러한 생각이 떠올랐다.

'스승님은 정말 머리가 텅 비어 있다. 정말 선생님은 어리석은 사람이다. 부처님의 마지막 말씀(경과 율)을 제쳐놓고 맨 먼저 나에게 논장을 가르쳤으니.'

로하나 존자는 나가세나의 마음 속으로 생각하는 것을 알아차리고 그에게 말했다.

"나가세나여, 너는 쓸데없는 생각을 했다. 그런 생각을 하는 것은 너에게도 무가치하다."

이 말을 듣고 나가세나는 생각했다.

'아아, 정말 이상하고 놀라운 일이다. 스승님께서 나의 마음 속 생각을 아시다니. 사과드려야겠다.'

그래서 그는 로하나 존자에게 말했다.

"로하나 존자여, 저를 용서해 주십시오. 다시는 그런 생각을 하지 않겠습니다."

로하나 존자는 나가세나에게 말했다.

"나가세나여, 나는 그 정도로는 너를 용서할 수 없다. 하지만 네가 용서받을 수 있는 방법을 알려 주마. 샤갈라 시에 밀린다란 왕이 있다.

그는 사변적인 질문을 하여 비구 승단을 괴롭히고 있다. 만일 네가 그곳에 가서 그 왕을 논파하여 굴복시킨다면 너를 용서해 주마."

"존자여, 밀린다 왕 하나쯤 문제가 아닙니다. 존자여, 설령 전 인도의 모든 왕들이 찾아와 질문을 하더라도 저는 그 모든 난문에 답하여 해결하겠으니 존자여, 용서해 주십시오."

그러나 나가세나 존자는 당장은 그렇게 할 수 없음을 알고 로하나 존자에게 말했다.

"존자여, 하안거(雨期의 安居) 석 달 동안 제가 누구 밑에서 지내야 할 것인지 일러 주십시오."

"나가세나야, 앗사굿타 존자가 지금 바타니야에 계시다. 너는 그분을 찾아가라. 내 이름으로 앗사굿타 존자의 발에 머리를 수그려 절하고 '존자여, 선생님은 당신의 발 아래 머리를 수그려 절하고 안부를 여쭌 뒤 하안거 석 달을 당신 밑에서 보내도록 저를 보내셨습니다.' 라고 말한 뒤 그분이 '너의 스승은 누구인가.' 하고 물으면 '존자여, 로하나 존자입니다.' 라고 대답하라. 또 앗사굿타 존자께서 자기 이름이 무엇인지 아느냐고 물으면 '존자여, 우리 선생님은 그대의 이름을 알고 있습니다.' 라고 하라."

"존자여, 황공합니다. 분부대로 하겠습니다."

나가세나는 로하나 존자에게 인사하고 오른쪽으로 돌아 물러나왔다.

나가세나는 바루와 가사를 손에 들고 여러 지방을 차례차례 순력하면서 바타니야의 앗사굿타 존자가 계신 곳으로 찾아갔다. 거기 도착한 나가세나는 앗사굿타 존자에게 인사드리고 공손히 한쪽으로 물러앉았다. 그리고 앗사굿타 존자에게 말했다.

"존자여, 저의 스승님은 당신의 발 아래 절하고 존자께서 평안하신지 여쭈어 보라고 하셨습니다. 저의 스승님은 이번 하안거 석 달을 존자님 밑에서 지내라고 저를 보내셨습니다."

앗사굿타 존자가 나가세나에게 물었다.

"너의 이름은 무엇인가?"

"나가세나라고 합니다."

"너의 스승님은 누구인가?"

"존자여, 저의 스승님은 로하나 존자라는 분입니다."

"그럼 나는 누군지 아느냐?"

"존자여, 저의 스승님은 존자님의 이름을 알고 계십니다."

"좋다, 나가세나여. 바루와 가사를 거기 놓아라."

다음날 나가세나는 앗사굿타 존자의 방을 청소하고 세숫물과 양칫물을 준비했다.

그러나 앗사굿타 존자는 다시 그 방을 청소하고 준비해 놓은 물을 버리고 다른 물을 가져왔다. 그리고 한마디 말도 하지 않았다. 그렇게 6일이 지났다. 7일째 되는 날, 존자는 나가세나에게 다시 지난번과 똑같은 질문을 하였다. 나가세나도 똑같은 대답을 하였다. 장로는 그에게 석 달 동안의 안거를 허락했다.

그때 거기에는 훌륭한 여신도 한 사람이 앗사굿타 존자의 시중을 들고 있었다. 하안거가 끝나는 날, 여신도가 앗사굿타 존자에게 와서 물었다.

"존자여, 그대 밑에 딴 비구가 있습니까?"

"나가세나라는 비구가 있습니다."

"그렇다면 존자시여, 내일 제 집에 나가세나 비구와 함께 오셔서 점심을 공양하심이 어떠한지요."

앗사굿타 존자는 묵묵히 승낙의 뜻을 보였다.

다음날 점심 때 앗사굿타 존자는 가사를 수하고 바루를 들고 어린 출가승 나가세나를 데리고 여신도의 집에 가서 미리 마련해 놓은 자리에 앉았다. 여신도는 두 스님에게 온갖 음식을 손수 나르며 흡족히 드시도록 융숭히 대접했다. 공양이 끝나자 앗사굿타 존자는 바루를 내려놓고 나가세나에게 말했다.

"나가세나여, 부인에게 감사드려라."

그리고 앗사굿타 존자는 자리에서 일어나 나가버렸다. 여신도가 나가세나에게 말했다.

"나가세나 존자여, 저는 늙었습니다. 깊은 진리의 가르침으로 저를 축복해 주십시오."

나가세나는 그녀에게 출세간(出世間)의 공성(空性)에 관한 심오한 논장을 설하여 축복해 주었다.

여신도는 즉석에서 '모든 생겨난 존재는 어떤 것이든 없어진다.'라고 하는 깨끗하고 더럽혀지지 않는 진리의 눈[法眼]이 열렸다.

나가세나도 여신도에게 축복의 설법을 끝낸 다음 자기가 설한 진리의 가르침을 통찰하고 관(觀)에 들어 수다원과를 증득했다.

때마침 앗사굿타 존자는 뜰 안 정자에 앉아 있다가 두 사람이 다 진리의 눈이 열린 것을 알고 기쁨에 넘쳐 소리쳤다.

"참 잘 되었구나, 참 잘 되었어. 나가세나여, 그대는 한 개의 화살을 쏘아 두 개의 큰 몸뚱이를 맞추었구나."

그때 수천의 신들도 나가세나와 여신도의 증득을 기뻐하며 환성을 올렸다.

나가세나는 자리에서 일어나 앗사굿타 존자가 있는 곳으로 나아갔다. 그리고 존자에게 인사드리고 한쪽으로 물러앉았다. 앗사굿타 존자는 나가세나에게 말했다.

"나가세나여, 너도 이제 파탈리풋타로 가라. 그곳 아쇼카 동산에 담마랏기타 존자가 살고 있다. 너는 그분 밑에서 부처님의 가르침을 완전히 배워라."

"존자여, 파탈리풋타는 여기에서 얼마나 됩니까?"

"백 요자나 떨어져 있다."

"존자여, 길이 매우 멉니다. 가는 길에 탁발하기가 어렵겠습니다. 저는 거기에 어떻게 가야 합니까?"

"나가세나야, 곧바로 가기만 하여라. 도중에서 쌀죽과 뉘를 골라 버린 쌀밥과 여러 가지 국물과 조미료 등 먹을 것을 많이 얻을 수 있을 것이다."

"존자여, 잘 알겠습니다."

나가세나는 앗사굿타 존자에게 인사드리고 오른쪽으로 돌아나와 바루와 가사를 들고 파탈리풋타로 향하여 떠났다.

그때 파탈리풋타에서 살고 있는 상인 한 사람이 5백 대의 수레를 끌고 고향으로 돌아가고 있었다. 그는 나가세나가 멀리서 오는 것을 보고 수레를 멈춘 다음 그에게 가까이 가 인사를 나누고 물었다.

"존자여, 당신은 어디로 가십니까?"

"장자여, 파탈리풋타로 가는 길입니다."

"마침 잘 되었습니다. 저도 그곳으로 가는 길이니 모셔다 드리겠습니다."

상인은 나가세나의 위의에 만족하여 공양을 손수 나르며 풍족하게 대접했다. 공양이 끝난 다음 상인은 허름한 자리를 깔고 한쪽으로 물러앉은 후 나가세나에게 물었다.

"존자여, 당신의 이름은 무엇입니까?"

"나가세나라고 합니다."

"당신은 부처님의 말씀을 알고 계십니까?"

"장자여, 나는 아비달마론을 알고 있습니다."

"저에게는 아주 다행한 일입니다. 그리고 정말 유익한 일입니다. 저도 아비달마의 학도입니다. 존자여, 아비달마에 관한 법문을 말씀해 주시겠습니까?"

나가세나는 상인에게 아비달마론을 설했다. 설해 가는 동안 점차로 상인은 '모든 생겨난 존재는 어떤 것이든 없어진다.'라고 하는 깨끗하고 더럽혀지지 않는 진리의 눈이 열렸다.

상인의 행렬이 파탈리풋타의 아쇼카 동산으로 가는 갈림길에 이르렀을 때 상인은 나가세나에게 말했다.

"나가세나 존자여, 저곳이 아쇼카 동산으로 가는 길입니다. 그리고 이것은 제가 가지고 있는 길이 16핫타(1핫타는 약 17~21인치), 나비 78핫타의 값비싼 모직물입니다. 은혜를 베푸시어 이것을 받아 주십시오."

나가세나는 자비롭게 그것을 받았다.

상인은 환희에 넘쳐 나가세나에게 공손히 인사를 드리고 그의 오른쪽을 돌아 자기의 갈 길을 떠났다.

나가세나는 아쇼카 동산의 담마랏기타 존자가 있는 곳으로 갔다. 담마랏기타 존자에게 이르러 인사드리고 자기가 찾아온 이유를 말했다. 그 후 나가세나는 담마랏기타 존자 밑에서 경·율·논 삼장을 공부했다. 그는 처음 석 달 동안 삼장을 뜻으로 통달했다. 그때 담마랏기타 존자는 나가세나 존자에게 말했다.

"나가세나여, 소는 소치는 사람이 먹이지만 소에서 산출되는 오미(五味)는 딴 사람이 향유한다. 그와 같이 그대는 삼장을 습득하고 있으면서 아직 그 맛을 모른다."

"존자여, 그만 타일러 주십시오."

그날 밤 나가세나는 무애지(無碍智)가 열림과 동시에 아라한과를 증득했다. 그가 사성제에 통달하자 모든 신들이 환호하고 대지가 진동하며 범천은 하늘에서 전단향가루와 만다라꽃을 뿌렸다.

밀린다왕 문경

제 2 장

대 론

對　論

3. 나가세나 존자 샤갈라 시로 가다

수많은 아라한들은 히말라야 산의 랏기다다라에 모여 있었다. 그들은 나가세나 존자를 만나기를 기다리며 그에게 전갈을 보냈다.

나가세나는 전갈을 받고 아쇼카 동산을 떠나 히말라야의 아라한들 앞에 나타났다. 수많은 아라한들은 나가세나 존자에게 말했다.

"존자여, 밀린다 왕은 난해한 질문으로 비구 대중을 괴롭히고 있습니다. 당신이 저 밀린다 왕을 굴복시켜 주십시오."

"존자들이여, 밀린다 왕뿐만 아니라 전 인도의 왕이 나에게 어떤 질문을 하더라도 그 질문에 답하여 해결해 보이겠습니다. 당신들은 걱정 마시고 샤갈라 시로 가십시오."

장로와 비구들은 샤갈라 시로 돌아갔다. 그 당시 아유파라 존자는 상케이야 승방(僧房)에서 살고 있었다. 샤갈라 시는 황금 가사빛으로 밝혀지고 선경(仙境)에서 흘러나오는 훈풍이 스며들었다.

그날 밤 밀린다 왕은 시립하고 있던 신하들에게 이렇게 말했다.

"이 밤은 정말 아름다운 밤이구나. 수행자이건 바라문이건 가서 질문하고 대론하여 내 의문을 풀어줄 수 있는 자 과연 누구이겠는가?"

신하들은 대답했다.

"대왕이여, 아유파라라는 존자가 있습니다. 그는 삼장(三藏)을 통달하고 전승된 가르침에 정통한 분입니다. 지금 상케이야 승방에서 살고 있는 그에게 가서 대왕의 의문을 풀어 보십시오."

"좋다, 그렇다면 존자에게 짐이 방문한다는 것을 알리도록 하라."

궁정의 점성사가 아유파라 존자에게 밀린다 왕이 방문하려 한다는 전갈을 보내자 아유파라 존자는 대답했다.

"오라 하시오."

그래서 밀린다 왕은 화려한 수레를 타고 5백 명의 수행을 받으며 상케이야 승방으로 갔다. 그곳에서 그는 아유파라 존자와 다정하고 정중하게 인사를 나눈 다음 공손히 한쪽으로 비켜 앉았다. 그리고 아유파라 존자에게 물었다.

"존자여, 그대의 출가는 무엇을 목적으로 하는 것입니까? 또 그대들의 최고 목적은 무엇입니까?"

"대왕이여, 우리의 출가는 진리를 실천하고 마음의 평정을 실현하기 위함입니다."

"존자여, 출가하지 않은 재가자도 그렇게 할 수 있습니까?"

"그렇습니다. 출가하지 않은 자도 그럴 수 있습니다. 부처님께서 베나레스의 녹야원에서 법륜을 굴리실 때 18코티(1억 7천만)의 범천과 무수한 신들이 진리를 파악하기(法現觀)에 이르렀습니다. 그들은 모두 재가자였습니다. 출가자는 하나도 없었습니다. 그리고 또 부처님께서 상갓사 성의 성문에서 대회경(大會經), 대길상경(大吉祥經), 등심경(等心經), 교계라후라경(教誡羅睺羅經), 파멸법(破滅法) 등을 설하셨을 때 무수한 신들이 진리를 파악하기에 이르렀습니다. 그들은 모두 재가자였고 출가자는 없었습니다."

"아유파라 존자여, 그렇다면 당신들의 출가는 무의미합니다. 사문들이 출가하여 열세 가지의 두타행을 엄수하는 것은 전생에 지은 죄업의 결과임에 틀림없습니다. 한 자리에서만 식사 공양을 하고 거듭 먹지 않는 비구들은 전생에 남의 음식을 뺏은 도적일 것입니다. 그들은 전생에 남의 음식을 빼앗은 행위의 결과로 지금 한 자리에서만 식사 공양을 하는 자가 되었을 것입니다. 그들은 먹고 싶을 때 아무 때나 먹지 못하게 되어 있습니다. 그들에게는 계율도 청정한 수행도 없습니다.

또 집 밖에서 사는 비구들(露天坐行者)은 전생에 마을을 빼앗은 도적이었습니다. 그들은 전생에 남의 집을 부순 결과로 지금은 집 밖에서 사는 신세가 되었을 것입니다. 그들은 가정이 없이 살고 집을 향유할 수 없게 되어 있습니다. 그들에게는 계율도 청정한 수행도 없습니다.

또 눕지 않고 앉아만 있는 비구들(常坐行者)은 전생에 길가는 사람을 붙잡아 묶어놓은 노상강도였습니다. 그들은 그런 못된 행위의 결과로 지금은 눕지도 않고 앉아 있는 것입니다. 그들에게는 계율도 청정한 수행도 없습니다."

이 말을 듣고 아유파라 존자는 묵묵히 한마디 대답도 못했다.

그때 5백 인의 요나카 인들은 밀린다 왕에게 말했다.

"대왕이여, 존자는 박식하고 현명한 분입니다. 그러나 자신이 없어 한마디도 못하고 있는 것입니다."

밀린다 왕은 아유파라 존자가 침묵한 것을 보고 손뼉치며 말했다.

"전 인도는 빈 껍질이다. 왕겨와 같다. 대론하여 나의 의심을 없애줄 수 있는 출가자나 바라문이 한 사람도 없다니."

그러면서 밀린다 왕은 주위를 둘러보았다. 의외로 주위의 군중들이 아무 흔들림 없이 침착하게 있는 것을 보고 생각했다.

'아니다. 군중들이 이러고 있는 것을 보면 틀림없이 나와 대론할 수

있는 박식한 비구가 있을 거야.'

그래서 밀린다 왕은 신하들에게 물었다.

"신하들이여, 나와 대론하여 의심을 풀어줄 수 있는 다른 박식한 비구가 있는가?"

그때 나가세나 존자는 비구들을 거느리고 촌락, 읍, 도시를 탁발하며 돌아다니면서 점차 샤갈라 시로 다가오고 있었다.

나가세나는 승단의 지도자요, 가나(제자집단)의 우두머리였다. 그의 이름은 세상에 널리 알려져 많은 사람들의 존경을 받고 있었다.

그는 많은 지식을 들어 안 사람이요, 경·율·논 삼장에 통달한 사람이요, 전승된 교리에 정통하고 무애자재한 이해력을 가지고 있는 사람이었다.

그는 경(經), 중송(重頌), 수기(授記), 고기송(孤起頌), 무문자설(無問自說), 여시어(如是語), 본생(本生), 미증유(未曾有), 방편(方便) 등 아홉 종류의 부처님의 가르침에 통달한 사람이요, 최고의 완전한 경지에 도달한 사람이다.

그는 자신감 넘치는 웅변가요, 숙련된 담론가요, 시원시원한 변설을 구사하는 자였다. 그는 가까이하기 어렵고 굴복시키기 어렵고 넘어서기 어렵고 물리치기 어려운 사람이었다. 그는 바다처럼 침착하고 산처럼 부동하며 사악을 버리고 암흑을 추방하고 광명을 주는 자였다. 굉장한 웅변가인 그는 다른 제자집단의 지도자에 의해 끌려온 사람들을 고무시키고 이교도를 논파했다. 그는 비구, 비구니, 우바새, 우바이 사이에서 존경받고 수행에 필요한 네 가지 물건을 공양받으며 최상의 명예를 얻고 있었다. 그는 진리의 횃불을 밝히고 진리의 기둥을 세우며 진리에 바치는 헌신을 축복하고 진리의 깃발을 세우고 진리의 나팔과 북을 높이 울렸다. 그는 사자후를 토하고 인드라의 우레와 같은 소리로 세상을 진동시키며 번개처럼 번뜩이는 지혜와 자비의 감로수로 세상을 기쁘게 하고 있었다.

　당시 나가세나 존자는 8만 명의 비구들과 함께 샤갈라의 상케이야 승방에 살고 있었다. 옛 사람들은 나가세나 존자를 찬송하여 이렇게 읊었다.

　박식하고 갖가지 담론에 솜씨 있고 총명하고 용기 있으며
　교의에 정통하고 변설이 때에 맞았으니
　삼장과 오부의 스승인 비구들은
　나가세나 존자를 지도자로, 또 어른으로 받들었다
　총명하고 지혜 깊은 나가세나 존자
　그는 어느 것이 바른길이요, 어느 것이 잘못된 길임을 알아
　가장 적정(寂靜)한 열반의 경지에 이르렀도다
　이제 그는 진리의 수행자들을 이끌고
　마을과 읍을 두루 돌아 샤갈라에 도착해
　상케이야 승방에 머무르고 있다.

4. 밀린다 왕이 나가세나 존자를 방문하다

　그때 밀린다 왕의 신하 데바만티야는 왕에게 말했다.
　"대왕이여, 조금만 기다려 주십시오. 여기에는 나가세나라는 장로가 머무르고 있습니다. 최상의 논객인 그에게 질문해 보시면 대왕의 의문이 풀릴 것입니다."

밀린다 왕은 나가세나에 대한 말을 듣자 두렵고 불안하여 머리끝이 오싹해졌다. 그러면서도 그는 데바만티야에게 다그쳐 물었다.

"정말 그러한가?"

"대왕이여, 그분은 인드라, 마야, 바루나, 쿠베라, 푸라쟈파티, 수야마, 상투시타 등의 수호신과 또 사람들의 조상인 브라흐만과도 대론할 수 있습니다. 하물며 사람과의 대론에 막히겠습니까?"

"그러하다면 데바만티야여, 그분에게 내가 찾아뵈러 가도 좋으냐고 여쭈어라."

데바만티야가 나가세나 존자를 찾아가서 말하자 존자는 와도 좋다고 회답했다.

왕이 5백 명의 요나카 인들을 이끌고 나가세나 존자가 있는 곳에 이르렀을 때 나가세나 존자는 8만 명의 비구와 함께 뜰 안의 정자에 앉아 있었다. 밀린다 왕은 그 대중을 멀리서 보고 데바만티야에게 물었다.

"저 대중은 누구의 대중인가?"

"나가세나 존자의 대중입니다."

밀린다 왕은 그 대중을 바라보며 두렵고 불안하여 머리끝이 오싹해졌다.

왕은 마치 코뿔소에 포위당한 코끼리와 같이, 가루라〔金翅鳥〕를 만난 용과 같이, 큰뱀과 마주친 여우와 같이, 물소에 포위당한 곰과 같이, 뱀에게 쫓긴 개구리와 같이, 표범에게 쫓긴 사슴과 같이, 땅꾼에게 걸린 뱀과 같이, 고양이를 만난 쥐와 같이, 무서운 무당을 만난 악귀와 같이, 라후의 입 속에 들어간 달과 같이, 뱀 바구니에 갇힌 뱀과 같이, 새장에 갇힌 새와 같이, 그물에 걸린 물고기와 같이, 뱀 숲에 잘못 들어간 사람과 같이, 뱃사바나에 반역죄를 범한 약사와 같이, 임종을 맞이한 황제와 같이 부들부들 떨고 괴로워하다 두려움으로 정신을 잃었다. 그

러나 위신 때문에 억지로 정신을 차리고 용기를 내어 데바만티야에게
말했다.

"데바만티야여, 너는 나에게 어느 분이 나가세나 존자인가를 가르쳐
줄 필요는 없다. 네가 일러주지 않아도 나는 나가세나 존자를 알아낼
것이다."

"그러시겠지요. 대왕께서는 틀림없이 그분을 알아보실 것입니다."

나가세나 존자는 8만 명의 비구 대중 중에서 앞에 앉은 4만의 비구
보다 젊었고 뒤에 앉은 4만 명의 비구보다 늙었다.

밀린다 왕은 전 대중을 둘러보고 그들의 중앙에 앉아 있는 이가 바로
나가세나 존자임을 알아차렸다. 그래서 저분이 존자인가를 데바만티야
에게 물었다.

"그렇습니다. 대왕이여, 저분이 바로 나가세나 존자입니다. 대왕께
서는 잘 알아보셨습니다."

옛 사람들은 나가세나 존자와 처음 대면한 밀린다 왕의 심경을 이렇
게 읊었다.

현명하고 청정한 최상의 자기 통제자 나가세나 존자를 보고
밀린다 왕은 이렇게 말했도다
많은 논사들과 많은 대론을 해보았으나
여지껏 오늘처럼 놀람과 두려움으로
마음이 압도당한 적이 없었다
정녕코 오늘은 내가 패배하고 나가세나 존자가 승리할 것이다
내 마음은 몹시 불안하도다.

5. 이름에 관한 문답

밀린다 왕은 나가세나 존자가 있는 곳으로 갔다. 가까이 가서 공손히 예배드리고 다정하고 정중하게 인사말을 나누고 예의 바르게 한쪽에 비켜 앉았다. 나가세나 존자도 답례로써 왕의 마음을 기쁘게 했다.

밀린다 왕이 물었다.

"존자는 어떻게 하여 세상에 알려졌습니까? 당신의 이름은 무엇입니까?"

"대왕이여, 나는 나가세나라는 이름으로 알려져 있습니다. 나의 동료 비구들은 나를 나가세나라 부르고 있습니다. 우리 부모는 나를 나가세나라고 부르는 외에도, 수라세나〔勇軍〕, 비라세나〔雄軍〕, 시하세나〔獅子軍〕라고도 불렀습니다. 그러나 그런 이름은 명칭에 지나지 않고 거기에는 어떤 인격적 개체도 인정할 수 없습니다."

그때 밀린다 왕은 5백 명의 요나카 인과 8만 명 비구에게 말했다.

"나가세나 존자는 '이름 속에 내포된 인격적 개체는 인정할 수 없다.'고 말합니다. 지금 그 말을 믿을 수 있겠습니까?"

그리고 왕은 다시 나가세나 존자를 향하여 질문했다.

"나가세나 존자여, 만약에 인격적 개체를 인정할 수 없다면 그대에게 사사(四事)의 공양을 제공하는 자는 누구이고 그것을 받아 사용하는 자는 누구입니까? 계행을 지키고 수행에 힘쓰는 자는 누구입니까? 수도한 결과 열반에 이르는 자는 누구입니까? 살생을 하고 도둑질을 하는 자는 누구입니까? 음행하고 거짓말하고 술 마시는 자는 누구입니까? 무간지옥에 떨어질 오역죄를 짓는 자는 누구입니까? 만일 인격적 개체가 없다면 공덕도 죄도 없으며 선행, 악행의 과보도 없을 것입니다. 나가세나 존자여, 설령 당신을 죽이는 자가 있더라도 거기에 살생의 죄도 없을 것입니다. 따라서 당신의 승단에는 스승도 없고 계를 주는 사람도 없고 계도 없다는 결론이 나옵니다. 당신은 나에게 말하길, '나의 동료 비구들은 나를 나가세나라고 부르고 있다.' 고 하였습니다. 그러면 나가세나라고 불리는 것은 무엇입니까? 존자여, 그러면 머리털이 나가세나입니까?"

"대왕이여, 그런 말이 아닙니다."

"그렇지 않다면 손톱, 살갗, 살, 힘줄, 뼈, 뼛골, 콩팥, 염통, 간장, 늑막, 지라, 폐, 창자, 창자막, 위, 똥, 담즙, 담, 고름, 피, 땀, 지방, 눈물, 기름, 침, 콧물, 관절액, 오줌, 뇌, 이것들 중 어떤 것이 나가세나란 말입니까? 아니면 이들 전부가 나가세나란 말입니까?"

"그 중 어떤 것도, 그리고 그것들 전부도 나가세나는 아닙니다."

"그렇다면 존자여, 물질적 형태〔色〕, 감수작용〔受〕, 표상작용〔想〕, 형성작용〔行〕, 식별작용〔識〕 중 어느 하나가 나가세나입니까?"

"그렇지 않습니다."

"그렇다면 이들 색·수·상·행·식을 모두 합친 것(五蘊)이 나가세나입니까?"

"대왕이여, 그렇지 않습니다."

"그러면 오온 밖에 무언가가 나가세나입니까?"

"그렇지 않습니다."

"존자여, 나는 당신에게 물을 수 있는 데까지 물어보았으나 나가세나는 찾아볼 수 없었습니다. 그러므로 나가세나는 빈소리에 지나지 않습니다. 우리 앞에 있는 나가세나는 어떤 사람입니까? 앞에 있는 나가세나가 없다는 소리는 거짓에 불과합니다."

그때 나가세나 존자는 밀린다 왕에게 이렇게 반문했다.

"대왕이여, 당신은 귀족 출신으로 호화롭게 자랐습니다. 만일 당신이 한낮 더위에 뜨거운 땅이나 모래펄을 밟고 또 울퉁불퉁한 자갈 위를 걸어왔다면 발을 상했을 것입니다. 그리고 몸은 피로하고 마음은 산란하여 온몸에 고통을 느낄 것입니다. 도대체 당신은 걸어서 왔습니까? 아니면 수레를 타고 왔습니까?"

"존자여, 나는 걸어 오지 않았습니다. 수레를 타고 왔습니다."

"대왕이여, 당신이 수레를 타고 왔다면 무엇이 수레인가를 설명해 주십시오. 수레 채가 수레입니까?"

"그렇지 않습니다."

"수레 굴대〔軸〕가 수레입니까?"

"그렇지 않습니다."

"바퀴〔輪〕나 차체(車體)나 차틀〔車棒〕이나 멍에나 밧줄이나 바큇살〔輻〕이나 채찍〔鞭〕이 수레입니까?"

"아닙니다."

"그러면 이것들을 합한 전부가 수레입니까?"

"아닙니다, 존자여."

"그렇다면 이것들 밖에 '수레' 라는 것이 따로 있습니까?"

"아닙니다."

"대왕이여, 나는 당신에게 물을 수 있는 데까지 물어보았으나 수레를 찾아볼 수 없습니다. 수레란 단지 빈소리에 지나지 않습니다. 그렇다면 당신이 타고 왔다던 수레는 대체 무엇입니까? 대왕이여, 당신은 '수레는 존재하지 않는다.' 고 진실이 아닌 거짓을 말한 셈이 됩니다. 전 인도에서 제일가는 왕이 무엇이 두려워서 거짓말을 했습니까?"

이렇게 물은 다음 나가세나 존자는 5백 명 요나카 인과 8만 명 비구들에게 말했다.

"밀린다 왕은 여기까지 수레로 왔다고 말했습니다. 그러나 어떤 것이 수레인가 설명해 달라는 질문을 했을 때 어느 것이 수레라고 단정적인 주장을 내세울 수가 없었습니다. 당신들은 대왕의 말을 믿을 수 있겠습니까?"

이 말을 듣고 5백 명의 요나카 인은 환성을 올리고 왕에게 말했다.

"대왕이여, 말씀해 보십시오."

밀린다 왕은 나가세나 존자에게 다시 말했다.

"존자여, 나는 거짓말을 한 것이 아닙니다. 수레는 이들 모든 것, 즉 수레채, 굴대, 바퀴, 차체, 차틀, 밧줄, 멍에, 바퀴살, 채찍 따위를 가지고 있기 때문에 그것들에 반연(攀緣)하여 '수레'라는 명칭이 생기는 것입니다."

"그렇습니다. 대왕께서는 '수레'라는 이름을 바로 파악하셨습니다. 마찬가지로 당신이 나에게 질문한 모든 것, 즉 인체의 33가지 유기물과 존재의 5가지 구성요소를 반연하여 '수레'라는 명칭이 생기는 것입니다. 대왕이여, 바지라라 비구니는 이런 시구를 읊었습니다.

마치 여러 부분이 모이므로
'수레'라는 말이 생기듯
다섯 가지 구성요소〔五蘊〕가 존재할 때
생명 있는 존재〔有情〕라는 이름이 생기노라."

"훌륭하십니다, 나가세나 존자여. 정말 희유합니다. 내가 당신에게 한 질문은 매우 어려웠습니다만 훌륭하게 대답하셨습니다. 만일 부처님이 여기 계신다면 당신의 대답을 입증하실 것입니다. 잘 말씀하셨습니다. 정말 잘 말씀하셨습니다."

6. 나이에 관한 문답

"나가세나 존자여, 당신은 법랍(法臘)이 어떻게 되십니까?"

"대왕이여, 일곱 살입니다."

"존자여, 당신이 말한 '일곱'이란 무엇을 말한 것입니까? 당신이 일곱이란 것입니까? 아니면 수(數)가 일곱이란 것입니까?"

바로 그때 온몸을 화려하게 장식한 밀린다 왕의 그림자가 땅과 물 항아리 속에 비쳤다. 나가세나 존자는 왕에게 말했다.

"대왕이여, 당신의 그림자가 땅 위와 물항아리 속에 비쳤습니다. 도대체 당신이 왕입니까, 아니면 저 그림자가 왕입니까?"

"나가세나 존자여, 내가 왕입니다. 그림자는 나로 인하여 생긴 것입니다."

"대왕이여, 마찬가지로 법랍의 햇수가 일곱이라는 것이요, 내가 일곱인 것은 아닙니다. 당신의 그림자처럼 나로 인하여 일곱이 생긴 것입니다."

"나가세나 존자여, 정말 희유하십니다. 훌륭히 답변해 주셨습니다."

7. 대화를 위한 엄중한 약속

왕은 말했다.

"나가세나 존자여, 나와 다시 대론하시겠습니까?"

"대왕이여, 만일 현자로서 대론을 원한다면 나는 당신과 대론하겠습니다. 그러나 만일 왕으로서 대론을 원한다면 나는 당신과 대론하지 않겠습니다."

"나가세나 존자여, 현자로서 대론한다 함은 어떻게 하는 것입니까?"

"대왕이여, 현자의 대론은 문제가 해명되고 해설되고 비판받고 수정받고 반박받지만, 그러나 그것으로 성내는 일은 없습니다. 대왕이여, 현자는 진정 이렇게 대론합니다."

"그러면 왕으로서 대론한다 함은 어떻게 하는 것입니까?"

"대왕이여, 왕들은 대개 대론에 있어서 한 가지 일을 주장하고 한 가지 점만을 밀고 나가며 만일 그 일과 그 점에 따르지 않으면 '이 사람에게는 이러이러한 벌을 주어라.' 하고 명령합니다. 대왕이여, 왕은 바로 이렇게 대론합니다."

"좋습니다. 나는 왕이 아닌 현자로서 대론하겠습니다. 존자께서 마치 비구나 사미, 신도나 원정(園丁)과 같이 담론하는 것처럼 마음놓고 거리낌없이 자유롭게 대론해 주십시오. 조금도 염려 마시기 바랍니다."

"대왕이여, 좋습니다."

나가세나 존자는 동의했다.

"나가세나 존자여, 질문하겠습니다."

"대왕이여, 말씀해 보십시오."

"존자여, 나는 이미 질문했습니다."

"대왕이여, 벌써 대답하였습니다."

"당신은 무엇을 대답하였습니까?"

"대왕이여, 그렇다면 무엇에 대해 물었습니까?"

밀린다 왕은 이렇게 생각했다.

'이 비구는 나와 대론할 수 있는 위대한 현자다. 나는 그에게 물을 것이 많다. 그에게 모든 것을 묻기 전에 해는 서쪽으로 질 것이다. 그렇다면 내일 궁정에서 대론함이 좋을 것이다.'

왕은 데바만티야에게 말했다.

"데바만티야여, 너는 존자에게 나와의 대론은 내일 궁정에서 하자고 알려 드려라."

밀린다 왕은 나가세나 존자에게 작별인사를 하고 말에 올라 "나가세나, 나가세나!" 하고 되뇌이며 사라졌다.

데바만티야는 나가세나 존자에게 그 전갈을 아뢰었다. 나가세나 존자는 그 제의를 즐겁게 받아들였다.

다음날 아침 일찍 데바만티야와 아난타카야와 만쿠라와 삼바딘나는 밀린다 왕에게 가서 이렇게 아뢰었다.

"대왕이여, 나가세나 존자가 오늘 오십니까?"

"그렇다. 그분은 오늘 오실 것이다."

"그분은 얼마나 많은 비구와 함께 오십니까?"

"그분이 원하는 만큼 많은 비구와 함께 오실 것이다."

삼바딘나는 왕에게 말했다.

"그분에게 열 사람의 비구와 함께 오라고 하십시오."

왕은 삼바디나에게 말했다.

"모든 준비는 다 되었다. 몇 사람이든 그분이 원하는 만큼 많은 비구와 함께 오시라고 해라."

삼바딘나는 왕에게 거듭 말했다.

"그분더러 열 사람의 비구와 함께 오라고 하십시오."

"준비는 다 되었다. 너에게 거듭 말하노니 몇 사람이든 그분이 원하는 만큼 많은 비구와 함께 오시라고 해라. 삼바딘나는 나의 뜻을 어기고 사람 수를 제한하려 하는구나. 그렇게 되면 내가 비구들에게 음식을 공양할 수 없는 것으로 그분은 생각하지 않겠는가."

이 말을 듣고 삼바딘나는 무안해했다

8. 영혼에 관한 문답

데바만티야와 아난타카야, 만쿠라는 나가세나 존자에게 전했다.

"밀린다 왕은 얼마든지 당신이 원하는 만큼 많은 비구와 함께 오라고 하십니다."

나가세나 존자는 그날 오전 가사를 입고 바루를 손에 든 채 8만 명의 비구와 함께 샤갈라 시로 갔다.

아난타카야가 나가세나 존자에게 가까이 다가가 이렇게 물었다.

"존자여, 제가 나가세나라고 할 때 그 나가세나란 무엇입니까?"

나가세나 존자는 대답했다.

"당신은 나가세나가 무엇이라 생각하는가?"

"들이쉬고 내쉬는 호흡이 나가세나라고 생각합니다."

"만약 나간 숨이 들어오지 않거나 들어온 숨이 나가지 않는다면 그 사람은 살아있을 수 있겠는가?"

"존자여, 그렇지 않습니다."

"나팔 부는 사람이 나팔을 불 때 그들이 내쉰 숨이 다시 그들에게로 돌아오는가?"

"아닙니다. 존자여, 그렇지 않습니다."

"피리 부는 사람들이 피리를 불 때 그들이 내쉰 숨이 다시 그들에게 돌아오는가?"

"아닙니다. 존자여."

"그렇다면 그들은 왜 죽지 않는가?"

"저는 당신과 논쟁하기보다 그 뜻을 알고 싶습니다."

"호흡에는 영혼이 없다. 들이마시는 숨과 내쉬는 숨은 신체 구조의 계속적 활동에 지나지 않는다."

존자는 계속하여 그에게 아비달마론을 설명해 주었다. 설명을 듣고 난 아난타카야는 승단의 시주가 되겠다고 서약했다.

9. 출가의 목적

나가세나 존자는 밀린다 왕의 궁정으로 가 미리 마련된 자리에 앉았다. 그리고 밀린다 왕은 나가세나 존자와 그의 회중에게 단단한 음식과 부드러운 음식을 충분히 대접하고 각 비구에게는 장삼 한 벌씩을, 나가세나 존자에게는 승복 세 벌을 친히 보시한 다음 존자에게 말했다.

"나가세나 존자여, 비구 열 사람과 함께 여기에 앉으시고 나머지 비구는 돌려보내 주십시오."

밀린다 왕은 나가세나 존자가 공양을 마치고 바루를 손에서 내려놓는 것을 보고 곧 허술한 좌석을 잡아 그의 옆에 앉았다. 그리고 나가세나 존자에게 물었다.

"나가세나 존자여, 무엇에 관해 대론하시겠습니까?"

"우리는 진리에 이르기를 바라고 있습니다. 진리에 관해서 대론하면 어떻겠습니까?"

왕은 물었다.

"존자여, 당신이 출가한 목적은 무엇입니까? 또 당신의 최고의 목적은 무엇입니까?"

나가세나는 대답했다.

"우리가 출가한 목적은 '이 괴로움을 없애고 다시는 괴로움이 일어나지 않도록 하는 데' 있습니다. 세속에 관한 집착을 없애고 완전히 해탈하는 것이 최고의 목적입니다."

"나가세나 존자여, 비구들은 모두 그런 고상한 이유로 출가했습니까?"

"대왕이여, 실은 그렇지 않습니다. 어떤 사람은 그러한 이유로 출가했지만 어떤 사람은 폭군에 대한 공포 때문에, 어떤 사람은 도적의 공격을 피하기 위하여, 어떤 사람은 생활수단으로 출가했습니다."

"존자여, 당신은 어떤 목적으로 출가했습니까?"

"대왕이여, 나는 어려서 출가했습니다. 그러므로 출가 당시 궁극적 목적은 몰랐습니다. 그러나 나는 '이들 사문은 현자들이다. 이분들은 나를 공부시켜 줄 것이다.' 라고 생각하고 집을 떠났습니다. 그리고 나서 비로소 그분들에게 출가하는 목적과 자제하는 이익이 무엇인가를 배웠습니다."

"잘 알겠습니다. 나가세나 존자여."

10. 생사윤회를 벗어나지 못함에 관하여

왕은 물었다.

"나가세나 존자여, 죽은 뒤 다시 태어나지 않는 자가 있습니까?"

"어떤 사람은 다시 태어나고 어떤 사람은 다시 태어나지 않습니다."

"그러면 어떤 사람은 다시 태어나고 어떤 사람은 다시 태어나지 않습니까?"

"죄 있는 사람은 다시 태어나고 죄 없는 사람은 다시 태어나지 않습니다."

"당신은 다시 태어납니까?"

"죽을 때 마음이 생존에 대한 집착을 가지고 죽으면 다시 태어날 것이고 생존에 대한 집착이 없이 죽는다면 다시 태어나지 않을 것입니다."

"잘 알겠습니다, 나가세나 존자여."

11. 생사윤회를 벗어남에 관하여

왕은 물었다.

"나가세나 존자여, 생사윤회를 벗어나는 사람은 이치에 맞는 뜻의 작용〔如理作意〕으로 벗어나는 것입니까?"

"대왕이여, 바른 뜻의 작용과 지혜와 그밖의 모든 선법(善法)에 의하여 생사윤회를 벗어납니다."

"바른 뜻의 작용과 지혜는 같은 것이 아닙니까?"

"그렇지 않습니다. 바른 뜻의 작용과 지혜는 다른 것입니다. 양과 산양과 소와 물소와 낙타와 노새에게도 바른 뜻의 작용은 있지만 지혜는 없습니다."

"잘 말씀하셨습니다, 나가세나 존자여."

12. 지혜의 특징에 관하여

왕은 물었다.

"뜻의 작용의 특징은 무엇이고 지혜의 특징은 무엇입니까?"

"뜻의 작용의 특징은 파지(把持 : 움켜쥠)를 특징으로 하고 지혜는 끊어버림(斷滅)을 특징으로 합니다."

"뜻의 작용은 어떻게 해서 파지를 특징으로 하고 지혜는 어떻게 해서 끊어버림을 특징으로 합니까? 비유를 들어 설명해 주십시오."

"당신은 보리를 베는 사람을 알고 있습니까?"

"알고 있습니다."

"그 사람들은 어떻게 보리를 벱니까?"

"왼손으로 보릿대를 움켜잡고 오른손으로 낫을 들어 보리를 벱니다."

"대왕이여, 이와 같이 출가자는 뜻의 작용에 의해 자기 마음을 움켜잡고 지혜에 의해 자기의 번뇌를 끊어버립니다. 이렇게 뜻의 작용은 파지를 특징으로 하고 지혜는 끊어버림을 특징으로 합니다."

"잘 말씀하셨습니다, 나가세나 존자여."

13. 계행의 특징에 관하여

왕은 물었다.

"나가세나 존자여, 또 그밖의 선법(善法)이라 하셨는데 그 선법이란 어떤 것입니까?"

"대왕이여, 계행·신앙·정진·전념·선정·지혜를 일러 선법이라 합니다."

"계행의 특징은 무엇입니까?"

"계행은 일체 선법의 근거가 됩니다. 즉 다섯 개의 도덕적 능력〔五根과 五力〕, 깨침에 필요한 일곱 가지 것들〔七覺支〕, 여덟 가지의 신성한 길〔八聖道〕, 네 가지 전념의 확립〔四念處〕, 네 가지 바른 노력〔四正勤〕, 네 가지 자재력의 구족〔四神足〕, 네 단계의 선〔四禪〕, 여덟 가지 해탈〔八解脫〕, 네 가지 선정〔四定〕, 여덟 가지 마음통일〔八等至〕 등 하나하나가 모두 계행을 근거로 확립됩니다. 대왕이여, 계행이 확립된 사람에게 일체의 선법은 결손되는 일이 없습니다."

"실례를 하나 들어 주십시오."

"대왕이여, 성장하고 번성하는 모든 동식물은 어느 것이든 땅에 의존하고 땅을 근거로 하여 성장하고 번성합니다. 마찬가지로 출가자는 계행에 의존하고 계행에 근거하여 다섯 가지의 도덕적 능력을 증진시킵니다."

"다시 한 번 비유를 들어 주십시오."

"대왕이여, 땅에서 행해지는 것은 무엇이든지 땅에 의존하고 땅을 근거로 하여 이루어집니다. 마찬가지로 출가자는 계행에 의존하고 계행을 근거로 하여 다섯 가지의 도덕적 능력을 증진시킵니다."

"다시 한 번 비유를 들어 주십시오."

"대왕이여, 도시를 세우려는 자는 먼저 그 땅에서 나무밑둥이나 가시덤불을 치우고 그 땅을 반반하게 고른 다음 그 위에 거리와 광장과 건물을 세웁니다. 마찬가지로 출가자는 계행에 의존하고 계행을 기반으로 확립시킴으로써 다섯 가지의 도덕적 능력을 자기 스스로 증진시킵니다."

"하나 더 비유를 들어 주십시오."

"대왕이여, 곡예사가 자기 기술을 보이려고 할 때, 땅에서 돌과 깨진 기와를 제거한 다음 편편하고 부드러운 흙 위에서 자기 요술을 펼쳐 보입니다. 마찬가지로 출가자는 계행에 의존하고 계행을 기반으로 확립시킴으로써 다섯 가지의 도덕적 노력을 발전시키게 됩니다. 대왕이여, 세존께서는 다음과 같이 말씀하셨습니다.

지혜 있는 사람은
계행의 터전 위에 마음을 단련시키고 지혜를 키운다
정진하여 깨우친 비구는
인생의 모든 얽매인 끈을 풀 것이다
마치 대지가 생물의 근거가 되듯이
계행을 엮은 최상의 바라제목차(波羅提木叉)는
선을 증대시키는 근본이요
부처님 가르침으로 들어가는 문지방이다."

"잘 알겠습니다, 나가세나 존자여. 그런데 존자여, 계율에 대해 한 가지 더 묻고자 합니다."

"네, 무엇이든지 물으십시오."

"존자여. 석존(釋尊＝석가세존)께서는 사실 일체지자(一切知者)셨고 또 일체 모든 일을 사전(事前)에 잘 알고 계셨습니까?"

"그렇습니다. 대왕이여, 석존께서는 사실 일체지자이셨을 뿐 아니라 모든 일을 사전에 잘 알고 계셨습니다."

"그렇다면 세존은 어찌하여 먼저 계율의 전부를 당초부터 제정하시지 않고 비위사건(非違事件)이 생길 적마다 한 가지씩 계율을 제정하셨습니까?"

"대왕이여, 이 세상에 약(藥)이라는 약은 전부 아는 의사가 있겠습니까?"

"넓은 세상이라 그런 의사도 있겠지요."

"그러면 그런 의사가 가령 약을 쓰는데 병자의 병이 나은 뒤에나 병이 없는 사람에게도 약을 씁니까?"

"아닙니다. 존자여, 병에 걸렸을 때만 약을 씁니다."

"대왕이여, 그와 같이 일체지자이신 부처님도 모든 일을 미리 아셨지만 필요한 시기를 따라서 계율을 제정하셨던 것입니다."

"네 잘 알았습니다, 존자여."

14. 신앙의 특징에 관하여

왕은 물었다.

"나가세나 존자여, 신앙의 특징은 무엇입니까?"

"대왕이여, 청정과 대망입니다."

"청정은 어떻게 신앙의 특징이 됩니까?"

"마음에 신앙심이 솟아날 때, 신앙은 다섯 가지 장애〔五蓋 : 탐욕, 성냄, 어리석음, 교만, 의심〕를 쳐부술 것이고 장애를 벗어난 마음은 고요히 가라앉아 명징(明澄)해질 것입니다."

"비유를 하나 들어 주십시오."

"대왕이여, 가령 전륜성왕이 사군(四軍)을 거느리고 행차하는 도중

조그마한 강을 건넌다고 합시다. 강물은 군대들에 의해 흙탕물이 되어 버릴 것입니다. 그런데 강을 건넌 뒤 왕은 부하들에게 '누가 마실 물을 가져와라, 물을 마시고 싶다.'고 명령했습니다. 그때 왕에게는 물을 맑게 할 수 있는 마니주가 있었습니다. 부하들이 왕의 명령을 받들어 그 마니주를 강물에 던지자 강에는 상카와 바아라 같은 수초(水草)는 없어지고 흙탕물은 가라앉아 깨끗해졌습니다. 그제서야 부하들은 왕이 마실 맑은 물을 왕에게 가져다 주었습니다.

여기서 마음은 강물과 같고 출가자는 부하들과 같습니다. 번뇌는 수초나 흙탕물과 같고 마니주는 신앙과 같습니다. 마니주에 의해 수초는 제거되고 물이 맑아지듯이 신앙에 의해 다섯 가지 장애는 없어지고 마음이 청정하게 됩니다."

"그러면 대망은 어떻게 신앙의 특징이 됩니까?"

"대왕이여, 출가자는 선인(先人)들이 말한 경지, 즉 수다원과(預流果), 사다함과(一來果), 아나함과(不還果), 아라한과(阿羅漢果)를 밟아 아직 이르지 못한 곳에 이르고 아직 느끼지 못한 것을 느끼고 아직 얻지 못한 것을 얻기 위해서 수행합니다. 이와 같이 신앙의 특징은 대망입니다."

"비유를 하나 들어 주십시오."

"대왕이여, 마치 이와 같습니다. 큰비가 산마루에 내린다고 합시다. 그 빗물은 낮은 곳을 따라 흘러 산골짜기와 벌어진 바위틈을 메우고 강을 채우고 강의 양 둑에 범람할 것입니다.

그리고 많은 사람들이 차례차례 거기 와서 강의 깊이나 넓이를 모르기 때문에 두려워 망설이며 기슭에 서 있다고 합시다. 이때 어떤 사람이 자기의 체력과 역량을 알아 허리띠를 졸라매고 강물에 뛰어들어 저편 둑으로 건넜다면 나머지 사람들도 그 사람이 건너간 것을 보고 그

물을 건널 것입니다.

　이와 같이 출가자들은 선인이 도달한 곳에 자신도 도달할 수 있다는 대망을 가지고 수행합니다. 세존께서는 이렇게 말씀하셨습니다.

　사람은 신앙에 의하여 격류를 건너고
　근면에 의하여 생사의 바다를 건넌다
　정진에 의해 모든 괴로움을 뛰어넘고
　지혜에 의하여 청정해진다."

　"잘 알겠습니다, 나가세나 존자여."

15. 정진의 특징에 관하여

　왕은 물었다.
　"나가세나 존자여, 정진의 특징은 무엇입니까?"
　"대왕이여, 일체 선법을 지탱하는 것이 정진의 특징입니다. 정진에 의해서 지탱된 일체의 선법은 없어지지 않습니다."
　"비유를 하나 들어 주십시오."
　"대왕이여, 집이 쓰러지려고 할 때 딴 목재로 그 집을 떠받친다고 합시다. 그렇게 떠받쳐진 집은 무너지지 않습니다. 마찬가지로 정진의 특징은 선을 떠받치는 것입니다. 정진에 의해 떠받쳐진 일체의 선법은 없어지지 않습니다."
　"다시 한번 비유를 들어 주십시오."

"대왕이여, 많은 수의 군대가 적은 수의 군대를 공격한다고 합시다. 공격받은 적은 수의 군대는 장병을 규합하고 다른 군의 지원을 받아 스스로를 증강시켜 대군을 물리치려 할 것입니다.

마찬가지로 정진의 특징은 지원(支援)입니다. 정진에 의해 지원받는 일체의 선법은 없어지지 않습니다.

세존께서는 이렇게 말씀하셨습니다.

비구들아!
정진하는 제자들은 악을 버리며 선을 계발하고
잘못된 것을 버리고 바른 것을 발전시켜
스스로를 청정케 한다."

16. 전념의 특징에 관하여

왕은 물었다.

"나가세나 존자여, 전념의 특징은 무엇입니까?"

"열거와 집지입니다."

"어떤 연유로 열거가 전념의 특징이 됩니까?"

"대왕이여, 출가자에게 전념이 일어날 때 그는 선악과 정사(正邪)와 존비(尊卑)와 흑백(黑白) 등 대조적인 성질을 반복하여 열거합니다. 즉 이것들은 네 가지 전념[四念處]의 확립이요, 네 가지의 바른 노력 [四正勤]이요, 네 가지의 신통력[四神足]이요, 다섯 가지의 정신력의 작용[五根]이요, 다섯 가지의 비상한 힘[五力]이요, 일곱 가지의 깨침에 필요한 것(七覺支)이요, 바른 관찰(正觀)이요, 밝은 지혜(明智)요, 해탈 등입니다. 이리하여 출가자는 배워야 할 것을 배우고 배워서는 안될 것을 배우지 않으며 가까이할 것을 가까이하고 가까이해서는 안될 것을 가까이하지 않습니다. 이같이 전념은 열거를 특징으로 합니다."

"비유를 하나 들어 주십시오."

"비유하자면 왕의 재무장관이 조석으로 왕의 재력을 상기시키는 것과 같습니다. 즉 '폐하의 군대는 얼마며 황금과 보물은 얼마 있으며 돈은 얼마 있으니 이것을 기억하소서.' 하며 재무장관이 왕 앞에서 열거하는 것과 같습니다."

"존자여, 집지(執持)는 또 어떤 연유로 전념의 특징이 됩니까?"

"대왕이여, 출가자는 이러이러한 것은 선이고 이러이러한 것은 악이며 이런 것은 유용하고 이런 것은 유용하지 않다는 것을 식별하여 자신에게 악한 것을 버리고 선한 것을 집지하여 보존합니다. 이와 같이 전념은 집지를 특징으로 합니다."

"비유를 들어 주십시오."

"이를테면 전륜성왕에게 믿음직한 신하(將軍寶)가 있어 왕에게 이롭고 이롭지 않은 것을 알아 이것은 선하고 이것은 악하며 이것은 유용하고 이것은 유용하지 않다고 충언을 드리는 것과 같습니다. 이리하여 왕은 자신에게 악한 것을 소멸시키고 선한 것을 보존합니다. 세존께서는 이렇게 말씀하셨습니다.

비구들아!
나는 전념이야말로
어느 때 어느 경우에나 유익한 것이라 말한다."

17. 선정의 특징에 관하여

왕은 물었다.

"나가세나 존자여, 선정의 특징은 무엇입니까?"

"대왕이여, 선정은 통솔함을 특징으로 합니다. 비유하자면 대들보는 꼭대기에 있어 모든 서까래가 꼭대기로 향하여 대들보에서 만납니다. 대들보가 집 전체의 꼭대기로 인정받듯이 선정은 일체의 법에 대해 그와 같은 관계에 있습니다."

"설명해 주십시오."

"왕이 사군(四軍)을 거느리고 전장에 나간다고 합시다. 상군(象軍)과 기마군과 전차군과 보병은 모두 왕을 수령으로 하여 전열이 정돈됩니다. 일체 선법이 선정에 대해 가지는 관계도 왕이 사군에 가지는 관계와 같습니다. 세존께서는 이렇게 말씀하셨습니다.

비구들아!
선정을 수련하라
선정을 성취한 사람은
모든 것을 진실 그대로 보는 사람이다."

18. 지혜의 완성에 관하여

왕은 물었다.

"지혜의 완성은 무엇을 특징으로 합니까?"

"지혜는 단멸을 특징으로 한다고 이미 말했습니다. 그리고 또 지혜는 광명을 특징으로 합니다."

"지혜의 특징이 어떻게 광명입니까?"

"지혜는 무지의 어두움을 타파하고 명지(明知)의 광채를 발하여 진리의 등불을 밝히고 성스러운 진리를 드러냅니다.

이리하여 출가자는 바른 지혜의 빛으로써 비추어 모든 형성된 것은 무상하다(諸行無常), 모든 것은 괴로움이다(一切皆苦), 모든 존재는 실체가 없다(諸法無我)라는 진리를 꿰뚫어 봅니다."

"비유를 하나 들어 주십시오."

"어떤 사람이 등불을 들고 어두운 방 안으로 들어간다고 합시다. 그 사람이 든 등불은 방 안의 어둠을 몰아내고 사물을 밝게 드러냅니다. 이와 같이 수행자는 밝은 지혜로 모든 존재를 바로 비추어 봅니다."

"잘 말씀하셨습니다, 나가세나 존자여."

19. 일체 선법은 번뇌를 끊는다

왕은 물었다.

"나가세나 존자여, 이들 선법은 여러 가지이지만 동일한 목적을 성취합니까?"

"이들 선법은 각기 다르지만 궁극적으로 하나의 목적에 이릅니다. 하나의 목적이란 번뇌를 끊는 것입니다."

"비유로 설명해 주십시오."

"상군이나 기마군이나 전차군이나 보병이나 전장에서는 모두 적군을 쳐부수기 위한 하나의 목적을 이루기 위해 움직입니다. 이와 같이 이들 선법은 번뇌를 끊기 위해 존재합니다."

"잘 말씀하셨습니다, 나가세나 존자여."

20. 무아설과 윤회의 관념은 모순되지 않는다

왕은 물었다.

"나가세나 존자여, 재생한 자와 사멸한 자는 동일합니까, 다릅니까?"

"동일하지도 않고 다르지도 않습니다."

"비유를 들어 설명해 주십시오."

"대왕이여, 당신은 일찍이 강보에 싸인 어린애였습니다. 당신이 어른이 된 지금 그때의 어린애와 당신은 같습니까?"

"아닙니다. 어릴 적 나와 지금의 나는 다릅니다."

"하지만 어릴 적 그 어린애가 없다면 지금의 당신도 없습니다.

대왕이여, 어릴 적 어머니와 지금의 어머니가 각각 다릅니까? 또 지금 배우고 있는 자와 배움을 마친 자가 각각 다릅니까? 그리고 죄를 범한 자와 죄를 범하여 손발이 잘린 벌을 받은 사람이 다릅니까?"

"그렇지 않습니다. 존자여, 그런데 왜 그런 말씀을 하십니까?"

"내 자신은 강보에 싸여 있을 때나 어른이 된 지금이나 동일한 나입니다. 모든 상태는 이 한 몸에 의해 하나로 포괄되어 있기 때문입니다. 어떤 사람이 등불을 켠다면 그 등불은 밤새도록 탈 것입니다. 그런데 초저녁에 타는 불꽃과 깊은 밤에 타는 불꽃이 같을까요?"

"아닙니다."

"그렇다면 초저녁의 불꽃과 깊은 밤의 불꽃과 새벽에 타는 불꽃이 각각 다릅니까?"

"그렇지 않습니다. 불꽃은 똑같은 등불에서 밤새도록 탈 것입니다."

"대왕이여, 인간과 사물의 연속성은 그와 같습니다. 생겨나는 것과 없어지는 것은 별개의 것이지만 순서에 따라 양식을 달리하며 지속되는 것입니다. 그러므로 존재는 동일하지도 않고 상이하지도 않으면서 최종단계의 의식으로 포괄되는 것입니다."

"다시 한번 비유를 들어 주십시오."

"소에게서 짜낸 우유는 얼마 후 응고하고 그 다음에 버터가 되고 그 다음에는 버터기름으로 변해갑니다. 만일 어떤 사람이 우유와 응유와 버터와 버터기름이 똑같다고 한다면 그 말이 옳은 말이겠습니까?"

"아닙니다. 그러나 그것들은 모두 우유에서 만들어진 것입니다."

"대왕이여, 인간과 사물의 연속성은 그와 같습니다. 생(生)과 멸(滅)은 별개의 것이지만 순서에 따라 지속됩니다. 이리하여 존재는 동일하지도 않으면서 또 상이하지도 않으면서 최종단계의 의식으로 포섭되는 것입니다."

"잘 알겠습니다, 나가세나 존자여."

21. 윤회에 관하여

왕은 물었다.

"다시 윤회하지 않을 사람이 그것을 알고 있습니까?"

"그렇습니다."

"그 사람은 그것을 어떻게 압니까?"

"세상에 다시 태어날 인(因)과 연(緣)이 정지하므로 다시 태어나지 않음을 압니다. 대왕이여, 한 농부가 곡식을 가꾸어 창고에 채워둔 후 얼마 동안 농사를 짓지 않고 저장된 것을 꺼내 먹거나 필요한 다른 물품과 바꾸어 살아간다고 합시다. 그 농부는 그때 창고에 곡식이 가득 차 있음을 알고 있겠습니까?"

"그렇습니다. 응당 알고 있을 것입니다."

"어떻게 하여 그는 그것을 알고 있을까요?"

"창고를 채우는 인과 연이 정지함에 의해 알고 있을 것입니다."

"대왕이여, 당신의 말과 같이 윤회할 인과 연이 정지함에 의해 그 사람은 다시 태어나지 않음을 압니다."

"잘 알겠습니다. 나가세나 존자여."

22. 해탈하면 지식은 없어지는가

왕은 물었다.

"나가세나 존자여, 지식을 가진 자는 지혜도 가집니까?"

"그러합니다, 대왕이여."

"지식과 지혜는 같은 것입니까?"

"그렇습니다."

"그렇다면 지식과 지혜를 갖춘 자는 당혹되는 일이 있습니까, 없습니까?"

"어떤 일에 대해서는 당혹되고 어떤 일에 대해서는 당혹되지 않습니다."

"어떤 일에 당혹되고 어떤 일에 당혹되지 않습니까?"

"아직 배우지 않은 기술의 영역이나 아직 가본 적이 없는 지방이나 아직 들어보지 않은 명칭이나 술어 같은 것에 대해서는 당혹될 것입니다."

"어떤 일에 대하여 당혹되지 않습니까?"

"지혜에 의해 달관한 것, 즉 제행무상(諸行無常), 일체개고(一切皆苦), 제법무아(諸法無我) 등의 진리에 대해서는 당혹되지 않을 것입니다."

"그렇다면 깨친 사람의 미망은 어디로 갑니까?"

"지혜가 생기자마자 미망은 사라져 버립니다."

"비유를 하나 들어 주십시오."

"어두운 방에 등불을 가지고 들어가면 방 안의 어둠이 사라져 버리는 것과 같습니다."

"나가세나 존자여, 그러면 지혜는 어디로 갑니까?"

"지혜는 자신이 해야 할 일을 하자마자 곧 사라져 버립니다. 그러나 지혜에 의해 성취된 깨달음은 없어지지 않습니다."

"비유에 의해 설명해 주십시오."

"어떤 사람이 방 안에 등불을 밝혀 편지를 쓴 다음 등불을 꺼도 편지는 사라지지 않는 것과 같습니다. 마찬가지로 지혜에 의해 성취된 무상, 고, 무아의 깨침은 없어지지 않습니다."

"다시 한번 비유를 들어 주십시오."

"동쪽의 어떤 마을에서는 집집마다 다섯 개의 물병을 준비했다가 화

재가 일어나면 그 물병을 던져 불을 끄는 풍속이 있습니다. 불이 꺼진 다음에도 그 물병을 사용할 필요가 있겠습니까?"

"아닙니다. 불이 꺼진 다음에 물병이 무슨 필요가 있겠습니까?"

"대왕이여, 그 동쪽 마을 사람들은 수행자와 같으며 다섯 개의 물병은 신앙 · 정진 · 전념 · 선정 · 지혜의 다섯 가지 수행력과 같고 불을 끄는 것은 번뇌를 끊는 것과 같습니다. 그렇게 하여 이미 없어진 번뇌는 다시 일어나지 않습니다."

"또 비유를 들어 주십시오."

"이를테면 의사가 다섯 가지 약을 환자에게 복용시켜 그 병을 치료한 다음에도 그 약을 먹이려 하겠습니까?"

"아닙니다. 병이 나은 사람에게 약이 무슨 필요가 있겠습니까?"

"그렇듯이 번뇌의 병을 앓는 범부들은 다섯 가지 뛰어난 수행력에 의해 병이 치유되며 치유된 사람은 약은 더 이상 필요하지 않지만 치유된 상태, 즉 성취된 깨달음은 없어지지 않습니다."

"또 다른 비유를 들어 주십시오."

"용감한 전사가 싸움터에서 다섯 개의 화살을 쏘아 적을 격파한 후에도 용사가 화살을 계속 쏘아댈 필요가 있습니까?"

"아닙니다. 화살이 할 일은 모두 마쳤습니다. 무엇 때문에 다시 화살을 쏘겠습니까?"

"대왕이여, 그와 같습니다. 다섯 개의 화살에 의해 적군이 격파되는 것처럼 다섯 개의 뛰어난 수행력에 의하여 모든 번뇌는 타파되며 타파된 번뇌는 두번 다시 일어나는 일이 없습니다. 이와 같이 지혜는 할 일을 마치면 없어지지만 그 지혜에 의해 성취된 무상, 고, 무아에 대한 깨침은 없어지지 않습니다."

"잘 알겠습니다, 나가세나 존자여."

23. 해탈한 사람도 육체적 고통을 느끼는가

왕은 물었다.

"나가세나 존자여, 윤회의 뿌리를 근절한 사람도 고통을 느낍니까?"

존자가 대답했다.

"어떤 고통은 느끼고 어떤 고통은 느끼지 않습니다."

"어떤 것을 느끼고 어떤 것을 느끼지 않습니까?"

"대왕이여, 육체적 고통의 인(因)과 연(緣)은 육체가 계속되는 한 느끼지만 정신적 고통의 인과 연은 끝났기 때문에 느끼지 않습니다.

세존께서는 이렇게 말씀하셨습니다.

그는 한 가지 괴로움,

즉 육체적 괴로움만을 느낄 뿐

정신적 괴로움은 느끼지 않는다."

"존자여, 그렇다면 육체를 가지고 있는 깨우친 이는 왜 완전한 열반에 들지 않습니까?"

"대왕이여, 아라한은 어떤 것을 애호하는 일도 혐오하는 일도 없습니다. 그는 익지 않은 과일을 흔들어 떨어뜨리려 하는 대신 익어 저절로 떨어지기를 기다립니다.

진리의 장군, 사리풋타〔舍利弗〕는 이렇게 읊었습니다.

나는 죽음을 환영하지도 않으며

삶을 환영하지도 않는다.

고용인이 품삯을 기다리는 것처럼

나는 다가오는 때를 기다린다.

나는 죽음을 바라지도 않으며

삶을 바라지도 않는다.

바로 알고 바로 생각하며

나는 때가 오는 것을 기다린다."

"잘 알겠습니다, 나가세나 존자여."

24. 윤회의 주체

왕은 물었다.

"나가세나 존자여, 내생에 무엇이 바뀌어 태어납니까?"

"명칭과 형태가 바뀌어 태어납니다."

"현재의 명칭과 형태가 내생에 바뀌어 태어납니까?"

"아닙니다, 그렇지 않습니다. 현재의 명칭과 형태에 의해 선이나 악의 행위가 이루어지고 그 행위에 의해 또 하나의 새로운 명칭과 형태가 내생에서 바뀌어 태어납니다."

"존자여, 만약 현재의 명칭과 형태 그대로 내생에서 태어나는 것이 아니라면 인간은 악업으로부터 벗어날 수 있지 않겠습니까?"

존자는 대답했다.

"만일 내생에서 다시 태어나지 않는다면 인간은 악업으로부터 벗어날 수 있을 것입니다. 그러나 내생에서 다시 태어나는 한 악업으로부터 벗어나지 못합니다."

"비유를 하나 들어 주십시오."

"대왕이여, 어떤 사람이 남의 망고나무 과일을 훔쳤다고 합시다. 망고나무 주인이 그를 붙잡아 왕 앞에서 처벌해 달라고 했을 때 그 도적이 말하기를, '대왕이여, 저는 이 사람의 망고를 따지 않았습니다. 이 사람이 심은 망고와 제가 딴 망고는 다른 것입니다.' 라고 한다면 왕은 어떻게 하겠습니까? 그 사나이를 처벌하겠습니까?"

"존자여, 저는 그 사나이를 마땅히 처벌할 것입니다."

"무슨 이유로 그렇게 합니까?"

"그가 무슨 궤변을 늘어놓든 최초의 망고는 보이지 않지만 지금의 망고에 대해 죄가 있기 때문입니다."

"대왕이여, 마찬가지로 인간은 현재의 명칭과 형태에 의하여 선악의 행위가 결정되고 그 행위에 의해서 또 하나의 새로운 명칭과 형태로 내생에서 새로 태어나는 것입니다. 그러므로 다시 태어난 인간은 그의 업으로부터 벗어나지 못하는 것입니다."

"다시 한번 비유를 들어 주십시오."

"대왕이여, 어떤 사람이 추울 때 불을 피워 몸을 녹이고 나서 불을 끄지 않고 가버렸는데 그 불이 번져서 남의 밭을 태웠다고 합시다. 밭주인이 그 사람을 왕 앞에 데려와서 처벌을 내려달라고 했을 때 불을 피운 사람이 말하기를, '대왕이여, 저는 이 사람의 밭을 태우지 않았습니다. 제가 끄지 않은 불과 이 사람의 밭을 태운 불은 서로 다른 불입니다. 그러므로 저는 죄가 없습니다.' 한다면 왕은 그 사나이의 무죄를 인정하겠습니까?"

"그렇지 않습니다."

"어찌하여 그렇습니까?"

"그가 무슨 말을 하든 처음의 원인으로 인해 일어난 나중의 불에 대해 죄가 있기 때문입니다."

"대왕이여, 마찬가지로 인간은 현재의 명칭과 형태에 의해 선행과 악행을 하고 그 행위로 인해 또 하나의 새로운 명칭과 형태로 내생에 태어나는 것입니다. 그러므로 새로 태어난 인간은 그의 업으로부터 벗어나지 못하는 것입니다."

"또 비유를 들어 주십시오."

"대왕이여, 어떤 사람이 등불을 가지고 자기 집 꼭대기 방에 가서 식사를 했는데 등불이 지붕을 태우고 이어서 마을을 태웠다고 합시다. 마을 사람들이 그 사나이를 붙잡아 '당신은 어찌하여 마을을 태웠소?' 하고 물으니 그 사나이는 '나는 마을을 태운 일이 없소. 내가 식사를 하기 위해 밝힌 불과 마을을 태운 불은 다른 것이외다.' 라고 답했습니다. 그들이 입씨름을 하다가 왕에게 와서 판결을 구한다면 어떻게 하겠습니까?"

"마을 사람들의 주장을 옳다고 할 것입니다."

"왜 그렇습니까?"

"그 사람이 무슨 말을 하든 마을을 태운 그 불은 그 사람이 식사를 하기 위해 사용한 불로부터 일어났기 때문입니다."

"대왕이여, 마찬가지로 사람의 죽음과 함께 끝나는 현재의 명칭과 형태가 내생에서 다시 태어나는 명칭과 형태와 다르기는 하지만 나중 것은 먼젓것에서 나온 형태입니다. 그러므로 악업으로부터 벗어날 수 없습니다."

"또 비유를 들어 주십시오."

"대왕이여, 어떤 사나이가 한 소녀에게 구혼하여 값을 치르고 갔다고 합시다. 그런데 그 소녀가 장성하여 묘령의 처녀가 되었을 때 딴 사나이가 나타나서 값을 치르고 결혼하여 데려갔다고 합시다. 먼젓번의 사나이가 나타나서 '당신은 왜 나의 아내를 데리고 갔소?' 하고 따졌습니다. 나중 사나이가 말하길 '나는 당신의 아내를 데려간 것이 아닙니다. 당신이 구혼하여 값을 치른 어린 소녀와 내가 구혼하여 값을 치른 성숙한 처녀는 다른 여성입니다.' 라고 대답했다고 합시다. 그들이 입씨름하다가 왕 앞에서 재판을 요구한다면 왕은 어느 쪽이 옳다고 하겠습니까?"

"먼젓번 사나이가 옳다고 하겠습니다."

"어째서 그렇습니까?"

"나중 사나이가 뭐라 하든 성숙한 그 아가씨는 어린 소녀로부터 성장했기 때문입니다."

"대왕이여, 그와 같이 죽음으로 끝나는 현재의 명칭 형태와 다음 세상에 태어나는 명칭 형태는 다른 것이기는 하지만 저 세상 것은 이 세상 것으로부터 생겨납니다. 그러므로 먼저 세상에서 지은 악업으로부터 벗어나지 못하는 것입니다."

"또 비유를 들어 주십시오."

"대왕이여, 어떤 사람이 소치는 사람으로부터 우유 한 병을 사서 그에게 맡기고 가면서 '내일 가지러 오겠소.' 라고 했다고 합시다. 그런데 하룻밤 사이에 그 우유가 응유(凝乳)로 변해 버렸습니다. 다음날 그 사나이가 와서 우유를 달라고 하므로 소치는 사람은 응유로 변한 그대로 내주었습니다. 사나이는 '내가 산 것은 응유가 아닙니다. 내 우유를 내주십시오.' 라고 했습니다. 소치는 사람은 대답하기를, '나에겐 아무 잘못이 없습니다. 당신의 우유가 응유로 변했습니다.' 라고 했습니다. 그들이 입씨름을 하다가 왕 앞에서 재판을 바란다면 왕은 어느 편이 옳다고 하겠습니까?"

"소치는 사람이 옳다고 할 것입니다."

"왜 그렇습니까?"

"우유를 산 사람이 무슨 말을 하든 응유는 그가 산 우유가 변해서 된 것이기 때문입니다."

"대왕이여, 그와 같이 현재의 생과 미래의 생은 다르지만 응유는 우유에서 나온 결과이듯이 그 사람은 악업의 결과로부터 벗어날 수 없습니다."

"잘 알겠습니다, 나가세나 존자여."

25. 윤회에 관하여

왕은 물었다.

"나가세나 존자여, 당신은 저 세상에서 다시 태어날 겁니까?"

"대왕이여, 나는 이미 '죽을 때 만약 생존에 대한 집착을 갖는다면 다음 세상에 태어날 것이요, 집착을 버린다면 다시 태어나지 않을 것이다.' 라고 말하지 않았습니까?"

"비유를 들어 주십시오."

"대왕이여, 어떤 사람이 왕의 정무를 처리한다고 합시다. 왕은 그에게 만족하여 정무를 맡겼을 것입니다. 그는 왕의 정무를 수행하는 동안 다섯 가지 욕망의 대상을 부여받아 그것에 전적으로 만족하고 있습니다. 만일 그가 '우리 임금은 어떤 정무도 처리하시지 않는다.' 라고 여러 사람에게 공언했다고 합시다. 왕은 그 사람이 옳게 말했다고 하겠습니까?"

"그렇지 않습니다."

"대왕이여, 그와 같습니다. 그런 질문을 다시 해서 무엇합니까? 나는 이미 '죽을 때 만약 생존에 대한 집착을 갖는다면 다음 세상에 태어날 것이요, 집착을 버린다면 다시 태어나지 않을 것이다.' 라고 말하지 않았습니까?"

"나가세나 존자여, 그렇습니다. 당신은 진작 말씀하였습니다."

26. 명칭〔名〕과 형태〔色〕

왕은 물었다.

"당신은 아까 명칭, 형태라고 말씀하셨는데 무엇이 명칭이며 무엇이 형태입니까?"

"모든 사상(事象)에서 조잡한 것, 즉 감각적인 것은 형태이고 미묘한 것, 즉 정신적인 것은 명칭입니다."

"나가세나 존자여, 어찌하여 명칭만이 세상에 다시 태어나거나 형태만이 다시 태어나거나 하지 않습니까?"

"대왕이여, 이들 명칭과 형태는 하나가 되어 함께 태어나기 때문입니다."

"비유를 들어 주십시오."

"암탉이 생산하는 달걀은 노른자나 달걀껍질이 서로 의존하여 한 물건으로 태어나는 것입니다. 마찬가지로 명칭이 존재하지 않는다면 형태도 존재하지 않습니다. 이 말은 명칭과 형태는 서로 의존해 있고 하나의 존재로 함께 생겨남을 의미합니다. 사실은 오랫동안 그렇게 있어

왔습니다."

"나가세나 존자여, 잘 알겠습니다."

27. 시간의 시원은 인식되지 않는다

왕은 물었다.

"당신은 모든 시간의 근원적 시작은 인식되지 않는다고 말씀하셨습니다. 비유를 들어 주십시오."

"대왕이여, 어떤 사람이 조그마한 씨알 하나를 땅에 심는다고 합시다. 그 씨알은 싹이 터서 점차로 성장하고 또 다른 씨알인 열매를 맺을 것입니다. 이 씨알의 연속에 끝이 있겠습니까?"

"존자여, 그렇지 않습니다."

"대왕이여, 마찬가지로 시간의 근원적 시원은 인식되지 않습니다."

"다시 한 번 비유를 들어 주십시오."

"닭이 알을 낳고 그 알에서 닭이 생기고 또 그 닭이 알을 낳습니다. 그 연속에 끝이 있겠습니까?"

"아닙니다, 끝이 없습니다."

"대왕이여, 마찬가지로 시간의 근원적 시작은 인식되지 않습니다."

"다른 비유를 들어 주십시오."

나가세나 존자는 땅에 원(圓)을 그려놓고 왕에게 물었다.

"이 원 둘레에 끝이 있습니까?"

"없습니다."

"대왕이여, 이와 같은 순환을 세존께서는 '눈(眼)과 형태에 의해 눈의 식별작용[眼識]이 생기고 이들 셋이 화합했을 때 접촉[觸]이 생기고 접촉에 연유하여 감수[受]가 생기고 감수를 연유하여 갈애[愛]가 생기고 갈애를 연유하여 갈구하는 행동[取와 業]이 생기고 행동[業]으로 말미암아 다시 눈이 생겨난다.' 라고 하셨습니다. 그 연속에 끝이 있겠습니까?"

"끝이 없습니다."

나가세나 존자는 그밖의 감각기관(귀·코·혀·몸·마음) 하나하나에 대해서 거기 맞는 순환을 들어 반문했다.

그리고 그에 대한 왕의 대답은 언제나 꼭 같았으므로 존자는 이렇게 결론지었다.

"대왕이여, 그와 같이 시간의 근원적 시작은 인식되지 않습니다."

"잘 대답하셨습니다, 나가세나 존자여."

28. 윤회하는 생존은 시작이 없다

왕은 물었다.

"당신이 근원적 시작은 인식되지 않는다고 할 때 그 '근원적 시작' 이란 무엇을 의미합니까?"

"대왕이여, 사라져 버린 과거의 시간은 모두 근원적 시작입니다."

"그렇다면 당신이 근원적 시작은 인식되지 않는다고 할 때 그 근원적 시작은 어느 것이나 인식되지 않습니까?"

"어떤 것은 인식되고 어떤 것은 인식되지 않습니다."

"어떤 것이 인식되고 어떤 것이 인식되지 않습니까?"

"대왕이여, 그 이전에는 무명이 어떤 형태로나 양태로도 전혀 존재하지 않았다고 하는 그런 근원적 시작은 인식되지 않습니다."

29. 개인 존재의 형성력

왕은 물었다.

"점차로 생성됨이 없이 생겨나는 형성력이 있습니까?"

"아닙니다. 모든 형성력은 점차로 생겨납니다."

"비유를 들어 주십시오."

"대왕이여, 당신이 지금 앉아 있는 이 집은 갑자기 생겨난 것입니까?"

"아닙니다, 존자여. 갑자기 생겨난 것은 이 세상에 아무것도 없습니다. 이 집의 각 부분은 점차로 생성되었습니다. 즉 집의 재목은 숲에서 나왔고 진흙은 땅에서 나왔고 사람들의 노동에 의해 이 집은 건축되었습니다."

"대왕이여, 그와 같이 점차적인 생성이 없이 생겨나는 형성력은 하나도 없습니다. 형성력은 발전과정에 의해 생겨나는 것입니다."

"다른 비유를 들어 주십시오."

"모든 나무와 식물은 씨앗이 땅에 심겨지고 점차로 성장하여 꽃이나 열매를 맺습니다. 이처럼 점차적인 생성 없이 생겨나는 것이 아닙니다. 현재 존재하는 발전과정에 의해 생겨나는 것입니다."

"또 비유를 들어 주십시오."

"옹기장이는 땅 속에서 진흙을 파내어 여러 가지 옹기를 만듭니다.

그 옹기들은 형성함이 없이 생겨난 것이 아니요, 현재 존재하는 발전과정을 거쳐 생겨난 것입니다. 대왕이여, 그와 같이 점차적인 생성 없이 생겨나는 형성력은 없습니다. 형성력은 발전과정을 거쳐 생겨납니다."

"또 비유를 들어 주십시오."

"가령 만돌린에 현과 활, 몸체의 각 기관과 공명상자와 연주하는 사람이 없다면 음악이 생겨나겠습니까?"

"아닙니다, 존자여."

"그와 같이 점차적인 생성 없이 생겨나는 형성력이란 없습니다. 형성력은 발전과정을 거쳐 생겨납니다."

"또 비유를 들어 설명해 주십시오."

"가령 불을 일으키는 돋보기와 태양열과 말린 쇠똥이 없다면 불이 일어날 수 있겠습니까?"

"일어나지 않습니다."

"그와 같이 점차적인 생성 없이 생겨나는 형성력이란 없습니다. 형성력은 발전과정을 거쳐 생겨납니다."

"또 하나 비유를 들어 주십시오."

"대왕이여, 가령 거울도 광선도 없고 그 거울 앞에 오는 얼굴도 없다면 거울에 상(像)이 나타나겠습니까?"

"나타나지 않습니다."

"그와 같이 점차적인 생성 없이 생겨나는 형성력이란 없습니다. 형성력은 발전과정을 거쳐 생겨납니다."

"잘 알겠습니다, 나가세나 존자여."

30. 영적인 것, 즉 베다구우에 대해

왕은 물었다.

"베다구우, 즉 영적인 것이 있습니까? 나가세나 존자여."

존자는 반문했다.

"대왕이여, 베다구우란 대관절 무엇입니까?"

왕은 대답했다.

"안에 있는 생명적 근원은 눈에 의해 형상을 보고, 귀에 의해 소리를 듣고, 코에 의해 냄새를 맡고, 혀에 의해 맛을 보고, 몸에 의해 촉감을 느끼고, 마음에 의해 법, 즉 사상을 압니다. 마치 여기 궁전에 앉아 있는 우리가 동·서·남·북의 어느 문으로든 내다보고 싶은 문으로 내다볼 수 있는 것처럼 안에 있는 생명적 근원을 내다보고 싶은 어느 문으로든지 내다볼 수 있습니다."

나가세나 존자는 대답했다.

"대왕이여, 다섯 개의 문에 관해 말씀드리겠습니다. 잘 주의해서 들어 주십시오. 만일 안에 있는 생명적 근원이 대왕이 말한 것처럼 문을 마음대로 고르듯이 눈에 의해 형상을 볼 수 있다면 눈에 의해서뿐만 아니라 그밖의 다섯 개 감각기관 하나하나에 의해서도 형상을 볼 수 있지 않겠습니까? 마찬가지로 소리를 듣는 것, 냄새를 맡는 것, 맛을 보는 것, 촉감을 느끼는 것, 사상을 식별하여 아는 것에 대해서도 다른 다섯 개의 감각기관 어느 것에 의해서나 가능하지 않겠습니까? 즉 한 경우만 아니라 모든 경우를 다 지적해 말할 수 있지 않겠습니까?"

"존자여, 그렇지 않습니다."

"그렇다면 그대가 말한 창문과 감관을 비교하는 것은 앞뒤가 잘 들어맞지 않습니다. 여기 궁전에 앉아 있는 우리가 창문을 열어제치고 얼굴을 밖으로 내밀어 큰 허공을 본다면 모든 대상을 보다 분명하게 볼 수 있을 것입니다. 마찬가지로 눈의 문이 제거될 때, 안에 있는 생명적 근원은 모든 대상을 보다 더 명백하게 볼 수 있지 않겠습니까? 그뿐 아니라 소리를 듣는 것, 냄새를 맡는 것, 맛을 보는 것, 촉감을 느끼는 것, 사상을 식별하는 따위의 경우에 있어서도 그 문들이 제거될 때 역시 그렇지 않겠습니까?"

"존자여, 그렇지 않습니다."

"그렇다면 그대가 말한 것은 앞뒤가 잘 들어맞지 않습니다. 대왕이여, 여기 '딘나'라고 하는 사람이 밖에 나가 문간에 서 있다는 것을 알고 있습니까?"

"그렇습니다. 알고 있습니다."

"이번에는 딘나가 다시 돌아와 대왕 앞에 서 있다는 것을 알고 있습니까?"

"그렇습니다. 알고 있습니다."

"대왕이여, 마찬가지로 어떤 맛을 지닌 물체가 혀 위에 놓여졌을 때 식별하는 생명적 근원 그것이 시다든가 짜다든가 맵다든가 떫다든가 달다든가 하는 사실을 알겠습니까?"

"그렇습니다. 알겠습니다."

"대왕이여, 그대의 말은 앞뒤가 서로 맞지 않습니다. 대왕이여, 이를테면 어떤 사람이 백개의 꿀 접시를 꿀 통에 쏟은 다음 어떤 사람의 입을 틀어막고 꿀이 가득 들어 있는 통 속에 던졌다고 합시다. 그때 통 속에 던져진 사람은 단맛이 있는지 없는지를 알겠습니까?"

"존자여, 그는 꿀 맛을 모를 것입니다."

"어째서 모릅니까?"

"꿀이 그 사람의 입으로 들어가지 않기 때문입니다."

"대왕이여, 그대의 말은 앞뒤가 서로 잘 들어맞지 않습니다."

"존자여, 나는 그대와 같은 논자에게는 대적할 수 없습니다. 그 도리를 말씀하여 주신다면 감사하겠습니다."

그래서 나가세나 존자는 아비달마론으로부터 도출된 이론으로써 밀린다 왕을 설복시켰다.

"대왕이여, 눈과 형상에 의해 눈의 식별작용이 생기고 그 밖에 접촉과 감수, 표상과 의사통일, 즉 추상과 생명감과 주의력 따위가 함께 생겨납니다. 그리고 이것들과 유사한 인과의 연속은 감각기관이 작용하게 될 때 일어납니다. 다시 말하면 모든 사상은 연을 따라서 일어납니다. 그러므로 베다구우, 즉 영적인 것은 거기에 존재하지 않습니다."

"잘 알겠습니다, 나가세나 존자여."

31. 감각과 통각에 관하여

왕은 물었다.

"눈의 식별 작용이 일어나는 곳에는 어디나 마음의 식별작용도 일어납니까?"

"그렇습니다, 대왕이어. 눈의 식별작용〔眼識〕이 일어나는 곳에는 어디나 마음의 식별작용〔意識〕도 일어납니다."

"둘 중 어느 것이 먼저 일어납니까?"

"안식(眼識)이 먼저 일어나고 의식이 다음에 일어납니다."

"그러면 안식이 의식에게 '내가 일어나는 곳에 너도 일어나라.'고 명령합니까? 아니면 의식이 안식에게 '네가 일어난 곳에 나도 일어나겠다.'고 일러 줍니까?"

"대왕이여, 그렇지 않습니다. 양자 사이에는 아무런 상의도 없습니다."

"그러면 존자여, 안식이 일어나는 곳에 어떻게 하여 의식이 일어납니까?"

"경향(傾向)과 습관(習慣)과 습숙(習熟)이 있기 때문입니다."

"어떻게 하여 그렇습니까? 경향이 있기 때문에 안식이 생기는 곳에 의식이 생기는 비유를 들어 주십시오."

"대왕이여, 비가 내릴 때 물은 어디로 흘러갑니까?"

"지면의 경사를 따라 낮은 곳으로 흐릅니다."

"비가 또 내린다면 그 물은 어디로 흘러갑니까?"

"첫번째 물이 흘러간 것과 같은 길을 흘러갑니다."

"어떻게 하여 그렇습니까? 첫번째 물이 두 번째 물에게 '내가 흘러가는 곳에 너도 흘러가라.'고 명령합니까? 아니면 두 번째 물이 첫번째 물에게 '네가 흘러가는 곳에 나도 흐르겠다.'고 일러줍니까?"

"존자여, 그렇지 않습니다. 양자 사이에는 아무런 상의도 없습니다. 각자가 지면의 경사에 따라 흘러갑니다."

"대왕이여, 꼭 그와 같습니다. 안식이 일어나는 곳에 의식이 일어나는 것은 경향성 때문입니다. 안식이 의식에게 '내가 일어난 곳에 너도 일어나라.'고 명령하지도 않으며 의식이 안식에게 '네가 일어난 곳에 나도 일어나겠다.'고 상의하는 것도 아닙니다. 그들 사이에는 아무런 대화도 없습니다. 그와 같이 일어나는 것은 모두 경향성 때문에 일어납니다."

"그러면 안식이 생기는 곳에 의식이 생기는 것은 문(門)이 있기 때문이라는 비유를 들어 주십시오."

"대왕이여, 가령 어떤 왕에게 변방 도성이 있는데 그 성은 망탑과 성벽으로 튼튼하게 싸여 있고 문이 단 하나 있다고 합시다. 어떤 사람이 그 도성으로부터 나가려고 한다면 어떻게 나가겠습니까?"

"하나뿐인 성문으로 나갈 것입니다."

"만일 딴 사람이 또 그 도성을 떠나려고 한다면 그 사람은 또 어떻게 나가겠습니까?"

"첫번째 사람과 똑같은 성문으로 나가겠습니다."

"어째서 그렇습니까? 먼저 사람이 다음 사람에게 '너는 내가 나가는 곳으로 나가라.'고 일러 주었습니까? 아니면 다음 사람이 먼저 사람에게 '네가 나가는 곳으로 나도 나가겠다.'고 말했습니까?"

"존자여, 그렇지 않습니다. 그들 사이에는 아무런 연락도 없었습니다. 그들은 성문이 있기 때문에 그곳으로 나갑니다."

"대왕이여, 안식과 의식에 있어서도 꼭 그러합니다."

"그러면 안식이 생기는 곳에 의식이 생기는 것은 습관이 있기 때문이라는 비유를 들어 주십시오."

"대왕이여, 어떻게 생각하십니까? 한 수레가 앞서갔다면 다음 수레는 어느 길로 가겠습니까?"

"처음 수레와 똑같은 길로 가겠습니다."

"앞수레가 뒷수레에게 '내가 간 곳으로 가라.'고 말했습니까, 아니면 뒷수레가 앞수레에게 '네가 간 곳으로 가겠다.'고 말했습니까?"

"존자여, 그렇지 않습니다. 두 수레 사이에는 아무런 대화도 없었습니다. 다음 수레가 습관성에 의해 처음 수레를 따라갑니다."

"대왕이여, 안식과 의식에 있어서도 꼭 그러합니다."

"그러면 습숙(習熟)이 있기 때문에 안식이 생기는 곳에 의식도 생긴다는 것을 비유로 설명해 주십시오."

"대왕이여, 부호술(符號術)·산술(算術)·목산(目算)·습자(習字)의 기술에 있어서 초보자는 처음에는 서투르지만 일정한 기간이 지나면 세심한 주의와 연습에 의하여 숙달하게 됩니다. 마찬가지로 습숙에 의하여 안식이 일어나는 곳에 의식도 일어납니다."

존자는 그 밖에 청각이나 미각이나 후각이나 촉각들의 식별작용이 있는 곳에 마음의 식별작용도 일어난다는 것을 같은 방법으로 설명했다. 다시 말하면 의식은 어느 경우에나 감각에 이어 일어나지만 양자 사이에 교제나 통신이 일어난 것은 아니라고 언명했다.

왕은 또 물었다.

"나가세나 존자여, 의식〔統覺〕이 있는 곳에 언제나 감수(感受)도 있습니까?"

"그렇습니다. 의식이 일어나는 곳에 접촉〔觸〕과 감수〔受〕와 표상〔想〕과 의향〔思〕과 성찰〔尋〕과 고찰〔伺〕이 있습니다."

32. 접촉〔觸〕의 특징에 관하여

왕은 물었다.

"존자여, 접촉(接觸)의 특징은 무엇입니까?"

"대왕이여, 맞부딪힘입니다."

"비유를 들어 주십시오."

"대왕이여, 두 마리의 숫양이 뿔을 맞대고 싸움을 하는 경우와 같습니다. 눈〔眼〕은 한편의 숫양으로 볼 것이며, 접촉은 두 양의 맞부딪힘으로 볼 것입니다."

"다시 한 번 비유를 들어 주십시오."

"마치 바라(波羅)의 양쪽을 맞부딪히는 경우와 같습니다. 눈은 한쪽의 바라를 볼 것이요, 대상은 또 다른 한쪽의 바라로 볼 것이며, 접촉은 양쪽이 마주치는 것으로 볼 것입니다."

"잘 알겠습니다, 나가세나 존자여."

33. 감수〔受〕의 특징에 관하여

"존자여, 감수(感受)의 특징은 무엇입니까?"

"경험하므로 고락을 향수하는 것입니다."

"비유를 들어 주십시오."

"이를테면 어떤 사람이 왕의 정무를 맡아 처리하는 것과 같습니다. 왕은 그 사람이 마음에 들어 정무를 맡겼습니다. 그는 정무를 수행하는 동안 다섯 가지 욕망을 달성하고 만족하여 이렇게 생각할 것입니다. '왕은 나에게 만족하여 정무를 맡기셨고 나는 정무를 처리해 왔다. 나는 이러한 정무를 수행하므로 지금 이러한 감수를 경험하고 있다.' 라고 생각할 것입니다.

또 이런 경우와 같습니다. 어떤 사람이 선행을 짓고 죽어서 유신이 없어진 다음 천국에 축복받는 행복한 상태로 왕생하여 천국의 오욕을 이루고 만족하여 이렇게 생각할 것입니다. 즉 '나는 전생에 선행을 닦았으므로 지금 이러한 감수를 경험하고 있다.' 라고. 이와 같이 경험하므로 고락을 향수하는 것이 감수의 특징입니다."

"잘 알겠습니다, 나가세나 존자여."

34. 표상(想)의 특징에 관하여

"나가세나 존자여, 표상(表象)의 특징은 무엇입니까?"

"대왕이여, 인식함입니다. 즉 파랑·노랑·빨강·백색·갈색 등을 인식함과 같습니다."

"비유를 들어 주십시오."

"대왕이여, 이를테면 왕의 재무관이 왕의 보물창고에 들어가서 청·황·적·백·갈색의 보물을 보고 그것들을 재보라고 인식하는 것과 같습니다. 대왕이여, 이와 같이 인식함이 표상의 특징입니다."

"잘 알겠습니다, 나가세나 존자여."

35. 의사(思)의 특징에 관하여

"나가세나 존자여, 의사(意思)의 특징은 무엇입니까?"

"대왕이여, 그것은 마음먹음과 형성함을 특징으로 합니다."

"비유를 들어 주십시오."

"대왕이여, 이를테면 어떤 사람이 독을 마련하여 자기 자신도 마시고 남에게도 마시게 하면 자신도 고통을 받고 남도 고통을 받는 것과 같습니다. 마찬가지로 어떤 사람이 이 세상에서 나쁜 짓(不善業)을 하려고 마음먹고 그대로 실행하면, 죽어서 육신이 없어진 다음 괴로움에 찬 불행한 상태로 지옥에 다시 태어날 것이며, 그의 말을 따른 사람도 역시 그렇게 될 것입니다.

또 이런 경우와도 같습니다. 버터기름과 벌꿀과 당밀의 혼합물을 만들어 자기 자신도 마시고 남에게도 마시게 한다면 자신도 즐겁고 남도 즐거울 것입니다. 마찬가지로 어떤 사람이 이 세상에서 착한 일을 하려고 마음먹고 그렇게 하면 죽어서 육신이 없어진 다음, 천국에서 축복받는 행복한 상태로 다시 태어날 것이며 그 사람의 충고대로 따라간 사람도 그렇게 될 것입니다.

대왕이여, 이와 같이 마음먹음과 형성함이 의사의 특징입니다."

"잘 알겠습니다, 나가세나 존자여."

36. 식별작용〔識〕의 특징에 관하여

"나가세나 존자여, 식별작용(識別作用)의 특징은 무엇입니까?"

"대왕이여, 구별해 아는 것입니다."

"비유를 들어 주십시오."

"대왕이여, 이를테면 도시의 수위가 도시 한복판 네거리에 앉았을 때 사람들이 동서남북 사방 어디로부터 오는가를 볼 수 있는 것과 같습니다. 대왕이여, 마찬가지로 사람은 식별작용에 의하여 눈으로 보는 대상물과 귀로 듣는 소리와 코로 맡는 냄새와 혀로 맛보는 맛과 몸으로 닿는 접촉물과 마음으로 인식하는 사상(事象)들을 압니다. 대왕이여, 이와 같이 구별해 알아봄이 식별작용의 특징입니다."

"잘 알겠습니다, 나가세나 존자여."

37. 성찰﹝尋﹞의 특징에 관하여

"나가세나 존자여, 성찰(省察)의 특징은 무엇입니까?"
"목적 수행을 특징으로 합니다."
"비유를 들어 주십시오."
"이를테면 목공이 잘 다듬어진 목재를 이음매에다 고정시키는 목적 수행을 하는 것과 같습니다. 이와 같이 목적 수행이 성찰의 특징입니다."
"잘 알겠습니다, 나가세나 존자여."

38. 인격의 평등과 불평등에 관하여

왕은 물었다.
"나가세나 존자여. 모든 사람은 어찌하여 똑같지 않습니까?
즉 어떤 사람은 단명하고 어떤 사람은 장수하며, 어떤 사람은 잘 앓고 어떤 사람은 건강하며, 어떤 사람은 밉상이고 어떤 사람은 미인이며, 어떤 사람은 힘이 약하고 어떤 사람은 힘이 세며, 어떤 사람은 가난하고 어떤 사람은 부유하며, 어떤 사람은 비천하게 태어나고 어떤 사람은 고귀하게 태어나며, 어떤 사람은 우둔하고 어떤 사람은 영리합니까?"

나가세나 존자는 밀린다 왕에게 반문했다.

"모든 식물은 왜 똑같지 않습니까? 어떤 것은 신맛이 나고, 어떤 것은 짠맛이 나며, 어떤 것은 쓰고, 어떤 것은 맵고, 어떤 것은 떫고, 어떤 것은 단맛이 납니까?"

"존자여, 그야 그것들은 각기 다른 종자로부터 나오기 때문이라고 생각합니다."

"대왕이여, 마찬가지로 사람들은 전생의 행위가 각자 다르기 때문에 같지 않습니다. 즉 전생 행위의 결과로 수요(壽夭), 빈부, 귀천, 미추, 현우 따위의 차이가 있습니다. 대왕이여, 이것을 세존께서는 이렇게 말씀하셨습니다.

바라문 학도들아!
생존은
제각기 자기의 업을 가지고 있고
그 업을 모태로 하고 친척으로 하며
또 그 업에 의존하는 것이다.
업은
생존을
비천한 것과 존귀한 것으로
차별짓는다."

"잘 알겠습니다. 나가세나 존자여."

39. 고찰(伺)의 특징에 관하여

"나가세나 존자여, 고찰(考察)의 특징은 무엇입니까?"

"계속해서 생각해냄입니다."

"비유를 들어 주십시오."

"종을 칠 때 계속 여운이 생기는 것과 같습니다. 이때 종을 치는 것은 성찰로 볼 것이며 여운은 고찰로 볼 것입니다. 대왕이여, 이와 같이 계속해서 생각해 냄이 고찰의 특징입니다."

"잘 알겠습니다, 나가세나 존자여."

40. 업의 존재에 대한 증명

왕은 물었다.

"나가세나 존자여, 불제자들은 '지옥불은 자연의 불보다 훨씬 더 강하다. 자연의 불 속에 던져진 조약돌은 하룻 동안 태워도 녹지 않지만 지옥불 속에서는 큰 집채 만한 바위라도 순식간에 녹아버린다.' 고 말합니다. 나는 그 말을 믿지 않습니다.

또 한편 당신들은 '지옥에 태어난 생명체는 수십만 년 동안 지옥불 속에 타더라도 녹아 없어져 버리는 일은 없다.' 고 말합니다. 나는 그 말을 믿지 않습니다."

존자는 대답했다.

"대왕이여, 어떻게 생각하십니까? 암상어와 암악어와 암거북과 암공작과 암비둘기들은 단단한 돌이나 자갈이나 모래를 먹습니까?"

"존자여, 그렇습니다."

"그렇다면 그 돌이나 자갈이나 모래는 뱃속에 들어가면 녹아버립니까?"

"그렇습니다, 녹아버립니다."

"그렇다면 뱃속에 든 그들의 태아도 녹습니까?"

"그렇지 않습니다."

"왜 녹지 않습니까?"

"존자여, 업의 제약에 의해 녹지 않는다고 생각합니다."

"대왕이여, 마찬가지로 지옥에 태어나는 생명체는 수천 년 동안 지옥 속에 있어도 숙업(宿業)의 제약에 의해 녹지 않습니다. 지옥에 있는 생명체는 거기에서 태어나 거기에서 성장하고 또 거기에서 죽습니다. 대왕이여, 그러므로 세존께서는 '그들은 악업이 소멸될 때까지는 죽지 않는다.'고 말씀하셨습니다."

"다시 한번 비유를 들어 주십시오."

"대왕이여, 당신은 어떻게 생각하십니까? 암사자와 암호랑이와 암표범과 암캐들은 단단한 뼈나 고기를 먹습니까?"

"그렇습니다. 그것들은 그런 것을 먹습니다."

"그런 것들이 뱃속에 들어가면 녹아버립니까?"

"그렇습니다, 녹아버립니다."

"그러면 그들의 뱃속에 든 그것들의 태아도 녹습니까?"

"그렇지 않습니다."

"어째서 녹지 않습니까?"

"존자여, 숙업의 제약에 의해 녹지 않는다고 생각합니다."

"대왕이여, 마찬가지로 지옥에 태어난 생명체는 수천 년 동안 거기 있어도 숙업의 제약에 의해 녹지 않습니다."

"또 한번 비유를 들어 주십시오."

"대왕이여, 어떻게 생각하십니까? 요나카 인들의 부녀자와 크샤트리아의 부녀자와 바라문의 부녀자와 궁성의 부녀자들은 단단한 과자와 고기를 먹습니까?"

"그렇습니다. 그들은 단단한 것을 먹습니다."

"단단한 것들이 뱃속에 들어 있을 때 녹지 않습니까?"

"아닙니다, 녹습니다."

"그러면 그들의 뱃속에 든 태아도 녹습니까?"

"그렇지 않습니다."

"어째서 녹지 않습니까?"

"존자여, 숙업의 제약에 의해 녹지 않는다고 생각합니다."

"대왕이여, 마찬가지로 지옥에 있는 생명체는 수천 년 동안 태우더라도 숙업의 제약 때문에 녹지 않습니다. 만일 지옥에 태어나면 그들은 거기서 성장하고 거기서 죽습니다. 대왕이여, 그래서 세존께서는 '그들은 악업이 소멸되지 않는 한 죽지 않는다.'라고 말씀하셨습니다."

"잘 알겠습니다, 나가세나 존자여."

41. 불교의 우주 구조설

왕은 물었다.

"나가세나 존자여, 이 세계[大地]는 물[水] 위에 있고 물은 공기[風] 위에 있고 공기는 허공 위에 있다고 말합니다. 나는 그것을 믿지 않습니다."

그때 존자는 법병(法瓶)에 물을 담아다가 밀린다 왕에게 보였다.

"이 물이 공기[風]에 의해 지탱되는 것처럼 세계의 물도 공기에 의해 지탱되고 있습니다."

"잘 알겠습니다, 나가세나 존자여."

42. 이상의 경지, 열반은 지멸인가

왕은 물었다.

"열반이란 지멸(止滅 : 그치어 사라짐)입니까?"

"그렇습니다, 대왕이여."

"어찌하여 열반이 지멸입니까?"

"대왕이여, 모든 어리석은 개체들은 내외의 여섯 개 영역[六識과 六境]을 즐기고 반기고 집착합니다. 그래서 그들의 욕정의 흐름에 끌려, 나고 늙고 죽음과 근심과 슬픔과 고통과 쓰라림과 절망으로부터 벗어나지 못합니다. 즉 괴로움으로부터 해탈하지 못한다고 합니다.

그러나 대왕이여, 슬기로운 제자들은 내외의 여섯 개 영역을 즐기지 않고 반기지도 않고 또 거기에 집착하지도 않습니다. 그런 것을 환영하고 집착하지 않는 만큼 그에게는 애착이 지멸하고 애착이 지멸하므로 집착이 지멸하고, 집착이 지멸하므로 생존 일반이 지멸하고, 생존 일반이 지멸하므로 태어남이 없고, 태어남이 없으므로 늙고 죽음과 근심과 슬픔과 고통과 쓰라림과 절망이 없어집니다. 이리하여 모든 고통의 덩어리가 지멸합니다. 그러므로 열반은 지멸입니다."

"잘 알겠습니다, 나가세나 존자여."

43. 부처님은 실재하는가

왕은 물었다.
"나가세나 존자여, 부처님을 뵌 적이 있습니까?"
"아닙니다, 대왕이여."
"나가세나 존자여, 그러면 부처님은 계시지 않습니까?"
"대왕이여, 당신은 히말라야 설산에 있는 우아하 강을 본 적이 있습니까?"
"아닙니다, 존자여."
"대왕이여, 그렇다면 우아하 강은 없습니까?"
"존자여, 그 강은 있습니다. 나도 나의 아버지도 우아하 강을 본 일이 없습니다. 그러나 우아하 강은 실제로 있습니다."
"대왕이여, 마찬가지로 나도 당신도 부처님을 뵌 적은 없지만 부처님이란 분은 실제로 계셨습니다."
"잘 알겠습니다, 나가세나 존자여."

44. 부처님은 출중한 분인가

왕은 물었다.

"나가세나 존자여, 다른 사람들도 부처님이 세상에서 가장 높으신 분이란 것을 알 수 있습니까?"

"그렇습니다. 다른 사람들도 알 수 있습니다."

"어떻게 다른 사람들도 그것을 알 수 있습니까?"

"대왕이여, 옛날에 팃사 장로라는 서예가가 있었습니다. 그이가 죽은 지 오랜 시간이 지난 지금도 팃사 장로가 있었다는 것을 사람들이 알고 있는데 그것은 어떠한 이유 때문입니까?"

"존자여, 그가 남긴 서예 작품을 보고 알 수 있습니다."

"대왕이여, 마찬가지로 진리[法]가 무엇인지 본 사람은 누구나 부처님이 어떤 분이라는 것을 압니다. 왜냐하면 부처님은 진리[法]를 말씀하셨기 때문입니다."

"잘 알겠습니다. 나가세나 존자여."

45. 진리를 보는 자는 부처님을 본다

왕은 물었다.

"나가세나 존자여, 당신은 진리를 본 일이 있습니까?"

"대왕이여, 우리 불제자는 사는 동안 부처님의 지도와 부처님의 가르침에 따라 살아야 하지 않습니까?"

"잘 알겠습니다. 나가세나 존자여."

46. 윤회의 주체는 전생(轉生)하지 않는다

왕은 물었다.

"나가세나 존자여, 사람이 죽었을 때 윤회의 주체가 저 세상에 옮아 감〔轉移〕 없이 다시 태어날 수 있습니까?"

"그렇습니다. 옮아감이 없이 다시 태어날 수 있습니다."

"어찌하여 그럴 수가 있습니까?"

"비유하자면 어떤 사람이 한 등에서 다른 등으로 불을 붙인다고 합시다. 이런 경우 한 등이 다른 등으로 옮아간다고 할 수 있습니까?"

"그렇지 않습니다."

"대왕이여, 마찬가지로 윤회의 주체가 한 몸에서 다른 몸으로 옮아 감이 없이 다시 태어나는 것입니다."

"잘 알겠습니다, 나가세나 존자여."

47. 이 몸에서 저 몸으로 옮아가는 주체가 있는가

왕은 물었다.

"나가세나 존자여, 생명체〔有情〕에는 이 몸에서 저 몸으로 옮겨가는 것이 있습니까?"

"아닙니다, 없습니다."

"만일 그렇다면 자기의 악행(惡行)으로부터 벗어날 수 있겠습니까?"

"그렇습니다. 만일 다시 태어나지 않는다면 악행으로부터 벗어날 수 있을 것입니다. 그러나 만일 다시 태어난다면 악행으로부터 벗어날 수 없을 것입니다."

"비유를 들어 주십시오."

"대왕이여, 어떤 사람이 망고 열매를 훔쳤다고 합시다. 그 사람은 처벌을 받아야 하겠습니까?"

"그렇습니다."

"그 사람은 남이 심은 망고 열매와 똑같은 열매를 훔친 것은 아닙니다. 그런데 왜 그 사람은 처벌을 받아야 합니까?"

"그 사람이 훔친 망고는 다른 사람이 심은 망고로부터 생긴 결과이기 때문입니다."

"대왕이여, 마찬가지로 사람은 현재의 명칭·형태에 의해서 선행이나 악행을 짓고 그 행위에 의하여 다른 명칭·형태로 저 세상에 다시 태어나는 것입니다. 그러므로 악행으로부터 벗어나지 못합니다."

"잘 알겠습니다, 나가세나 존자여."

48. 업(業)은 어디에 있는가

왕은 물었다.

"나가세나 존자여, 이 명칭·형태에 의하여 선행이나 악행을 짓게 되는 업은 어디에 머뭅니까?"

"대왕이여, 그림자가 형체를 떠나지 않는 것처럼 업은 인격적 개체에 수반됩니다."

"업은 '여기에 있다', 또 '저기에 있다'라고 지적할 수 있습니까?"

"그럴 수 없습니다."

"비유를 들어 주십시오."

"대왕이여, 어떻게 생각합니까? 아직 열리지도 않은 과일을 '여기 있다', 또는 '저기 있다'라고 지적할 수 있습니까?"

"존자여, 그럴 수 없습니다."

"대왕이여, 마찬가지로 개체(생명체)의 연속이 끊어지지 않는 한 '그 업이 여기 있다', 또 '저기 있다'고 지적할 수 없습니다."

"잘 알겠습니다, 나가세나 존자여."

49. 과거나 미래에 대한 의식의 연속

왕은 물었다.

"나가세나 존자여, 저 세상에서 다시 태어날 것을 압니까?"

"대왕이여, 알고 있습니다."

"비유를 들어 주십시오."

"대왕이여, 한 농부가 곡식을 땅에 심고 나서 비가 알맞게 내린다면 그는 곡식이 나오리라는 것을 알겠습니까?"

"그렇습니다, 그는 압니다."

"대왕이여, 마찬가지로 저 세상에 장차 태어날 자는 자기가 태어날 것을 미리 압니다."

"잘 알겠습니다, 나가세나 존자여."

50. 열반하신 부처님은 어디 계신가

왕은 물었다.

"존자여, 부처님은 실재하십니까?"

"실재하십니다."

"그렇다면 존자여, 여기 계신다든지 저기 계신다든지 하며 지적할 수 있습니까?"

"대왕이여, 부처님은 번뇌를 소멸하고 남은 육체를 여읜 완성의 경지에서 완전한 열반에 드셨습니다. 그래서 부처님은 실제로 여기 계신다든가 저기 계신다고 지적할 수는 없습니다."

"비유를 들어 주십시오."

"비유하자면 큰불이 타다 그 불꽃이 사라졌는데도 불꽃이 여기 있다, 저기 있다 하며 지적할 수 있겠습니까?"

"아닙니다, 존자여. 불꽃이 없어지면 불꽃을 지적할 수 없습니다."

"대왕이여, 마찬가지로 부처님은 번뇌의 불을 끔과 동시에 남은 육체를 떠난 완전한 경지에서 완전한 열반에 드셨습니다. 이미 가버린 부처님을 여기 계신다든가 저기 계신다든가 하며 지적할 수는 없습니다. 그러나 대왕이여, 진리를 몸으로 삼고 있는 것[法身]에 의하여 부처님을 지적할 수는 있습니다. 왜냐하면 진리는 부처님에 의해 가르쳐졌기 때문입니다."

"잘 알겠습니다, 나가세나 존자여."

51. 출가한 자에게 육신은 소중한가

왕은 물었다.

"나가세나 존자여, 출가한 자에게 육신은 소중합니까?"

"아닙니다, 출가한 자는 육신에 애착하지 않습니다."

"그렇다면 왜 당신들은 육신을 아끼고 사랑합니까?"

"당신은 싸움터에 나가 화살을 맞은 일이 있습니까?"

"예, 있습니다."

"대왕이여, 그런 경우에 상처에 연고를 바르고 기름약을 칠하고 붕대를 감았습니까?"

"그렇습니다. 그렇게 했습니다."

"그렇다면 연고를 바르고 기름약을 칠하고 붕대를 감은 것은 그 상처가 소중해서입니까?"

"아닙니다. 상처가 소중한 것은 아니었습니다. 상처가 붓고 곪을까 봐 그렇게 했을 뿐입니다."

"대왕이여, 마찬가지로 출가자에게는 몸이 소중한 것이 아닙니다. 출가자는 육신에 집착하는 것이 아니라 청정한 수행을 이루기 위해 육신을 유지합니다. 대왕이여, 육신은 상처와 같은 것이라고 세존께서는 말씀하셨습니다. 따라서 출가한 자는 육신을 상처처럼 보호합니다. 세존께서는 이렇게 말씀하셨습니다.

육신은 끈적한 살갗에 덮인
아홉 개의 구멍이 있는 큰 종이와 같다.
더럽고 냄새 나는 것이 여기저기서 흘러나온다."

"잘 알겠습니다. 나가세나 존자여."

52. 부처님 가르침의 실천적 성격에 관하여

왕은 물었다.

"나가세나 존자여, 부처님은 모든 것을 아시고 예견하신 분입니까?"

"그렇습니다. 부처님은 모든 것을 아실 뿐 아니라 모든 것을 예견했습니다."

"그렇다면 왜 부처님께서는 제자들에게 비구 승단의 규율을 한꺼번에 제정하지 않으시고 기회 있을 때마다 마련해 주었습니까?"

"대왕이여, 지구상의 모든 의약을 알고 있는 의사가 있겠습니까?"

"아마 있을 것입니다."

"대왕이여, 의사는 이미 병들었을 때 환자에게 투약합니까? 아니면 앓기도 전에 투약을 합니까?"

"존자여, 병든 다음에 투약합니다."

"대왕이여, 마찬가지로 부처님은 모든 것을 아시고 모든 것을 예견하신 분입니다. 제자들에게 때가 아닌 때에 익혀야 할 규율을 마련해 주지는 않으셨고, 그들이 생활하는 동안 필요성이 생겼을 때 비로소 범해서는 안 될 규율을 마련해 주셨습니다."

"잘 알겠습니다. 나가세나 존자여."

53. 부처님의 32상(相)에 관하여

왕은 물었다.

"나가세나 존자여, 부처님께서는 32상(相), 80종호(種好)를 갖추고 피부는 금빛으로 빛나고 몸 주위에도 약 1심(약 6피트) 거리까지 빛이 둘러 퍼져 있었습니까?"

"예, 그러하셨습니다."

"그분의 부모도 그러하셨습니까?"

"아닙니다, 그렇지 않습니다."

"자식은 부모 중 어느 한 쪽을 닮아 태어나는 것 아닙니까?"

"대왕이여, 연꽃은 진흙 속에서 자라납니다. 그렇다고 해서 연꽃이 진흙의 색깔이나 향기나 맛을 닮습니까?"

"그렇지 않습니다."

"대왕이여, 마찬가지로 부처님의 부모는 32상이나 80종호를 갖추지 않았고 피부도 금빛이 아니었으며 1심 거리의 후광도 없었지만 세존은 이를 갖추었습니다."

"잘 알겠습니다, 나가세나 존자여."

54. 부처님은 지혜를 가지신 최고의 인격자이다

왕은 물었다.

"나가세나 존자여, 부처님은 청정한 범행(梵行)을 닦으셨습니까?"

"그렇습니다. 부처님은 청정한 수행자이셨습니다."

"나가세나 존자여, 그러면 부처님은 범천(梵天)의 제자이셨습니까?"

"대왕이여, 당신은 훌륭한 코끼리를 가지고 있습니까?"

"그렇습니다."

"그 코끼리는 전에 학(鶴)의 울음소리를 낸 일이 있습니까?"

"그렇습니다."

"그렇다면 그 코끼리가 학의 제자입니까?"

"그렇지 않습니다."

"그러면 범천은 지혜를 가지고 있습니까, 있지 않습니까?"

"지혜를 가지고 있는 분입니다."

"대왕이여, 그렇다면 범천은 실로 부처님의 제자입니다."

"잘 알겠습니다, 나가세나 존자여."

55. 부처님은 계행을 갖추신 최고의 인격자이다

왕은 물었다.

"나가세나 존자여, 원만하게 갖춘 계행은 훌륭한 것입니까?"

"그렇습니다. 착하고 아름다운 것입니다."

"부처님도 원만하게 갖춘 계를 받으셨습니까? 아니면 받지 못하셨습니까?"

"대왕이여, 세존께서는 보리수 아래서 당신 스스로 일체종지(一切種智)와 함께 원만한 계행을 갖추셨습니다. 그러나 부처님께서 불제자들에게 생활하는 동안 범해서는 안 될 규율을 당신 스스로 마련하신 것처럼 딴 사람으로부터 받은 것은 아닙니다."

"잘 알겠습니다, 나가세나 존자여."

56. 인정을 초월하는 것과 진리를 사랑하는 정신

왕은 물었다.

"나가세나 존자여, 어머니가 죽어 우는 사람도 있고 진리를 사랑해 울부짖는 사람도 있습니다. 이들 두 사람 중 어느 쪽이 약이 될 수 있습니까?"

"대왕이여, 한 사람에게는 탐·진·치로 타오르는 열뇌(熱惱)가 있고 또 한 사람에게는 기쁜 마음으로 진리를 들어 얻는 티없는 청량이 있습니다. 그런데 청량과 정적은 약이 되지만 열뇌와 정염(情炎)은 약이 될 수 없습니다."

"잘 알겠습니다, 나가세나 존자여."

57. 해탈을 얻은 사람의 생존에 관하여

왕은 물었다.

"나가세나 존자여, 욕망으로 가득 차 있는 사람과 욕망을 비워 버린 사람 사이에는 어떤 구별이 있습니까?"

"전자는 탐착(貪着)에 의하여 압도되고 후자는 압도되지 않습니다."

"그 말은 무슨 뜻입니까?"

"대왕이여, 전자는 욕구하고 후자는 욕구하지 않습니다."

"존자여, 나는 이렇게 봅니다. 탐욕을 갖는 사람이나 갖지 않는 사람이나 다 같이 굳은 음식이든 부드러운 음식이든 먹기 좋은 것을 바라고 맛없는 것을 바라지 않습니다."

"대왕이여, 탐욕을 떠나지 않은 사람은 맛에 대한 탐착을 가지고 음식과 맛을 즐기지만, 탐욕을 떠난 사람은 음식맛을 감지할 뿐 탐착하지는 않습니다."

"잘 알겠습니다, 나가세나 존자여."

58. 지혜는 어디에 깃들고 있는가

왕은 물었다.

"나가세나 존자여, 지혜는 어디에 깃들고 있습니까?"

"대왕이여, 아무 데도 깃들고 있지 않습니다."

"존자여, 지혜는 없습니까?"

"대왕이여, 바람은 어디 살고 있습니까?"

"존자여, 아무 데도 살고 있지 않습니다."

"그렇다고 해서 바람이 없습니까?"

"잘 말씀하셨습니다, 나가세나 존자여."

59. 윤회란 생사의 연속을 말한다

왕은 물었다.

"나가세나 존자여, 당신이 말한 윤회란 무엇을 뜻합니까?"

"대왕이여, 이 세상에서 태어난 자는 이 세상에서 죽고, 이 세상에서 죽은 자는 저 세상에서 태어나며, 저 세상에서 태어난 자는 저 세상에서 죽고, 저 세상에서 죽은 자는 다시 딴 곳에서 태어납니다. 윤회가 뜻하는 것은 이런 것들입니다."

"비유를 들어 주십시오."

"어떤 사람이 잘 익은 망고를 먹고 씨를 땅에 심었다고 합시다. 그 씨로부터 망고나무가 성장하여 열매를 맺을 것입니다. 다시 그 나무에 열린 망고를 따먹고 씨를 땅에 심으면 다시 나무로 성장하여 열매를 맺게 될 것입니다. 윤회도 이와 같은 것입니다."

"잘 알겠습니다, 나가세나 존자여."

60. 상기(想起)는 기억에 의존한다

왕은 물었다.

"나가세나 존자여, 오래 전 과거의 일을 상기(想起 : 憶念)한다는 것은 무엇에 의합니까?"

"기억에 의합니다."

"우리가 상기하는 것은 마음에 의한 것이지, 기억에 의한 것은 아닙니다."

"대왕이여, 그렇다면 당신은 잊어버린 일을 상기할 수 있습니까?"

"있습니다."

"그렇다면 잊어버린 그때는 마음이 없습니까?"

"아닙니다. 다만 기억하지 못할 뿐입니다."

"그렇다면 왜 마음에 의해 상기하는 것이지, 기억에 의해 상기하는 것은 아니라고 말합니까?"

"잘 알겠습니다, 존자여."

61. 기억(念)은 어디서 일어나는가

왕은 물었다.

"나가세나 존자여, 기억은 주관적 의식으로부터 자각적으로 일어납니까? 아니면 외부의 시사에 의하여 조성됩니까?"

"주관적 의식으로부터도 일어나고 외부로부터도 조성됩니다."

"존자여, 모든 기억은 근원적으로 주관적 의식으로부터 일어나는 것이지, 외부로부터 조성되는 것은 아닙니다."

"대왕이여, 만약 외부로부터 조성되는 기억이 없다고 한다면 학습자가 일이나 기술이나 학문에 관해서 헤야 할 것은 아무것도 없으며 스승도 소용없을 것입니다. 그러나 외부로부터 조성되는 기억이 있기 때문에 일이나 기술이나 학문에 관해서 해야 할 것도 있고 스승도 필요한 것입니다."

"잘 알겠습니다, 나가세나 존자여."

62. 염불로써 구하는 것

왕은 물었다.

"나가세나 존자여, 승단의 당신들은 이렇게 말합니다. '한번 살생을 했더라도 지옥에 태어날 것이다.' 그리고 또 이렇게 말합니다. '백 년 동안 악행을 했더라도 죽을 때 한순간만 부처님을 생각할 수 있다면 그 사람은 천상에 태어날 수 있을 것이다.'

나는 그 말을 믿지 않습니다."

"대왕이여, 당신은 어떻게 생각합니까? 조그만 돌이라도 배에 싣지 않고 물 위에 뜰 수 있습니까?"

"그럴 수 없습니다."

"대왕이여, 백 대의 수레에 실을 만한 무거운 바위라도 배에 잘 싣는다면 물에 뜰 수 있습니까?"

"그렇습니다. 물 위에 뜰 수 있습니다."

"대왕이여, 선업(善業)은 마치 그 배와 같습니다."

"잘 알겠습니다, 나가세나 존자여."

63. 수행의 목적에 관하여

왕은 물었다.

"존자여, 당신들은 과거의 괴로움을 버리기 위하여 노력합니까?"

"아닙니다."

"그렇다면 미래의 괴로움을 버리기 위해 노력합니까?"

"그렇지 않습니다."

"그러면 현재의 괴로움을 버리기 위하여 노력합니까?"

"아닙니다."

"그렇다면 당신들은 무엇 때문에 그처럼 노력합니까?"

"대왕이여, 우리는 이 괴로움은 사라지고 저 괴로움은 생기지 말아 주기를 바라는 마음에서 노력합니다."

"존자여, 미래의 괴로움이 지금 있습니까?"

"없습니다."

"나가세나 존자여, 당신들은 지금 있지도 않은 괴로움을 버리기 위해 노력한다니 지나치게 슬기롭습니다."

"대왕이여, 당신은 적군과 대항하여 맞선 일이 있었습니까?"

"있었습니다."

"당신은 적군이 코앞에 있어야 참호도 파고 성루도 쌓으며 성문을 달고 양식을 실어오게 합니까?"

"아닙니다, 그런 것은 모두 미리 준비해 두었습니다."

"당신은 그때서야 비로소 코끼리를 훈련시키고 전차병을 훈련시키고 기마술과 궁술을 훈련시켰습니까?"

"아닙니다. 미리 익혀 두게 하였습니다."

"어떤 목적 때문에 그렇게 했습니까?"

"장차의 위험을 막기 위해 그렇게 했습니다."

"대왕이여, 장차의 위험이란 것이 지금 존재합니까?"

"존재하지 않습니다."

"대왕이여, 당신은 지금 존재하지도 않은 미래의 위험을 대비하기 위해 그런 일을 한다니 지나치게 슬기롭습니다."

"비유를 들어 주십시오."

"대왕이여, 당신은 목이 마를 때 비로소 우물을 파고 저수지를 만듭니까?"

"그렇지 않습니다. 그런 일은 미리 준비해 둡니다."

"왜 그렇습니까?"

"미래의 목마름에 대비하기 위해서 그렇습니다."

"대왕이여, 당신은 지금 존재하지도 않은 미래의 목마름에 대비한다니 지나치게 슬기롭습니다."

"다시 한 번 비유를 들어 주십시오."

"당신은 배가 고파야 비로소 밭을 갈고 곡식을 심습니까?"

"그렇지 않습니다. 미리 준비해 둡니다."

"무엇 때문에 그렇습니까?"

"미래의 굶주림을 막기 위해서입니다."

"그러면 미래의 굶주림이 지금 존재합니까?"

"아닙니다."

"당신은 지금 존재하지도 않은 미래의 굶주림을 위해 준비한다니 지나치게 슬기롭습니다."

"잘 알겠습니다, 나가세나 존자여."

64. 신통력을 갖는 자

왕은 물었다.

"나가세나 존자여, 범천계는 여기서 얼마나 떨어져 있습니까?"

"여기서 참으로 멉니다. 대궐만한 큰 바위가 그곳에서부터 떨어진다면 일주야에 4만8천 요자나씩 떨어져 4개월 만에야 비로소 땅에 닿습니다."

"존자여, 그대들은 이렇게 말합니다.

'힘센 사람이 팔을 구부렸다가 펴는 사이에 신통자재한 수행승은 잠부다아에서 사라져 범천에서 나타날 것이다.'

나는 그런 말을 믿지 않습니다."

"그렇게 상상할 수 없을 만치 빨리 먼 곳에 도달할 수 있습니다. 대왕이여, 당신은 어디에서 태어났습니까?"

"알라산다라는 섬에서 태어났습니다."

"알라산다는 여기에서 얼마나 떨어졌습니까?"

"2백 요자나입니다."

"당신은 전에 그곳에서 있었던 일을 지금 상기할 수 있습니까?"

"있습니다."

"대왕이여, 당신은 2백 요자나를 아주 쉽게 다녀왔습니다."

"잘 알겠습니다, 나가세나 존자여."

65. 죽은 뒤 다시 태어나기까지의 시간

왕은 물었다.

"나가세나 존자여, 여기서 죽어 범천계에 태어나는 사람과, 여기서 죽어 카슈미르 지방에서 태어나는 사람 중 어느 사람이 먼저 태어납니까?"

"둘 다 동시에 태어납니다."

"비유를 들어 주십시오."

"대왕은 어디서 태어났습니까?"

"알라산다 섬의 칼라시라는 마을에서 태어났습니다."

"칼라시는 여기에서 얼마나 멉니까?"

"약 2백 요자나 떨어졌습니다."

"카슈미르는 여기서 얼마나 떨어졌습니까?"

"약 12요자나입니다."

"대왕이여, 자아, 칼라시를 생각하십시오."

"생각했습니다."

"이번에는 카슈미르를 생각하십시오."

"생각했습니다."

"어느 쪽을 더 빨리 생각했습니까?"

"똑같이 생각했습니다."

"대왕이여, 마찬가지로 여기서 죽어 범천에 태어나는 것이나 여기서 죽어 카슈미르에 태어나는 것이나 동시입니다. 빠르고 늦은 것이 없습니다.

대왕이여, 두 마리 새가 공중을 날고 있다가 한 마리는 높은 가지에 앉고 한 마리는 낮은 가지에 앉았다고 합시다. 두 마리가 동시에 내려 앉았다면 어느 쪽 그림자가 먼저 땅에 비치겠습니까?"

"두 마리의 그림자가 동시에 땅에 비칠 것입니다."

"대왕이여, 그와 같습니다."

"잘 알겠습니다, 나가세나 존자여."

66. 공덕을 증대시킴으로써 얻는 것

왕은 물었다.

"나가세나 존자여, 선행의 과보인 공덕과 악행의 과보인 죄과 중 어느 것이 더 큽니까?"

"공덕이 더 큽니다."

"왜 그렇습니까?"

"대왕이여, 죄를 짓는 사람은 자기의 악행을 알아차리고 후회하게 됩니다. 그러므로 죄과는 증대하지 않습니다. 그러나 공덕을 짓는 사람은 후회하는 일이 없으며 할수록 환희가 생기며 몸이 편안해지고 마음이 평정되어 사물을 있는 그대로 여실하게 봅니다. 그래서 공덕은 더욱 증대하는 것입니다.

대왕이여, 죄를 지어 손발이 잘린 사람일지라도 한 묶음의 연꽃을 부처님께 바친다면 91겁 동안 지옥에 떨어지지 않는다고 합니다. 그래서 내가 '공덕은 죄과보다 더 크다.'라고 말하는 것입니다."

"잘 알겠습니다, 나가세나 존자여."

67. 모르고 짓는 악행은 화가 더 크다

왕은 물었다.

"나가세나 존자여, 알면서 악행을 짓는 사람과 몰라서 악행을 짓는 사람 중 누가 더 화가 큽니까?"

"몰라서 악을 짓는 사람의 화가 더 큽니다."

"존자여, 그렇다면 우리 왕자나 대신들이 모르고 잘못을 범한다면 갑절의 벌을 내려야겠습니다."

"대왕이여, 당신은 어떻게 생각합니까? 이글이글 타오르는 불에 단쇳덩이를 한 사람은 알고 붙잡았고 한 사람은 모르고 붙잡았다면 어느 쪽이 더 심하게 데겠습니까?"

"모르고 붙잡은 사람이 더 심하게 데입니다."

"마찬가지로 모르고 악을 짓는 사람이 더 화가 큽니다."

"잘 알겠습니다, 나가세나 존자여."

68. 신통력과 마음의 자재력

왕은 물었다.

"나가세나 존자여, 이 육신을 가진 채로 웃타라쿠루(북방의 이상향)나 범천계나 딴 대륙으로 갈 수 있는 자가 있습니까?"

"있습니다."

"어떻게 하여 갈 수 있습니까?"

"대왕이여, 당신은 전에 지상에서 반 길이나 한 길을 건너뛴 기억이 있습니까?"

"예, 나는 8라디니를 건너뛴 기억이 있습니다."

"어떻게 하여 그렇게 뛸 수 있었습니까?"

"내가 뛰겠다고 결심한 순간 제 몸이 가벼워지는 것 같았습니다."

"마찬가지로 신통자재한 수행자의 경우 자기가 뛰어오르겠다고 마음을 먹는다면 마음의 힘에 의해 공중을 날아갑니다."

"잘 알겠습니다, 나가세나 존자여."

69. 뛰어난 심리현상의 분석

나가세나 존자는 말했다.

"세존께서는 어려운 일을 하셨습니다. 그분은 하나의 감관대상에 대하여 작용하는 물질적이지 않은 것, 즉 마음이나 마음의 작용인 사상〔諸法〕의 구별을 말씀하셨습니다. 그것은 곧 접촉〔觸〕이요, 감수〔受〕요, 표상〔想〕이요, 의사〔思〕요, 마음〔心〕이라고 하셨습니다."

"비유를 들어 주십시오."

"대왕이여, 어떤 사람이 바다로 나가 손주걱으로 바닷물을 떠서 맛을 본다고 합시다. 그는 그렇게 함으로써 '이것은 갠지스 강물이다, 이것은 줌나 강물이다, 이것은 사과부우 강물이다, 이것은 마히이 강으로부터 흘러온 물이다.'라고 구별할 수 있겠습니까?"

"존자여, 구별할 수 없습니다."

"대왕이여, 그보다 더 어려운 일을 세존께서는 하셨습니다. 즉 하나의 감관대상에 대해 작용하는 물질적이지 않은 것, 즉 마음이나 마음의 작용인 제법(諸法)의 구별을 말씀하셨습니다. 그것은 곧 접촉이요, 감수요, 표상이요, 의사요, 마음이라고 하셨습니다."

"잘 알겠습니다, 나가세나 존자여."

70. 대론(對論)을 끝내며

존자는 물었다.

"대왕이여, 지금 몇 시인지 아십니까?"

"알고 있습니다. 지금은 초저녁이 지나고 한밤중으로 접어들고 있습니다. 횃불이 켜져 있고 네 개의 깃발이 세워져 있으며 당신을 위한 선물이 창고로부터 운반되고 있습니다."

요나카 인들은 왕에게 이렇게 말했다.

"대왕이여, 이 수도승은 정말로 현자입니다."

"정말 그렇다. 장로는 현자다. 그분과 같은 스승이 있고 나와 같은 제자가 있다면 현자는 진리를 깨우치는 데 많은 시간이 걸리지 않을 것이다."

존자의 대답에 만족한 왕은 나가세나 존자에게 십만금의 값어치가 있는 모직옷을 선사하고 말했다.

"나가세나 존자여, 오늘부터 8백 일 동안 나는 당신에게 식사 공양을 드리겠습니다. 궁정에 있는 것 중에서 당신에게 알맞은 것은 무엇이든 바치겠습니다."

"대왕이여, 그만하십시오. 나는 생활할 수 있습니다."

"나가세나 존자여, 당신이 생활할 수 있다는 것을 나는 잘 알고 있습니다. 그러나 당신 자신을 옹호하고 또 나를 옹호해 주십시오. 즉 '나가세나 존자는 밀린다 왕에게 청정한 신앙을 불러일으켰지만 아무것도 얻지 못했다.'고 하는 세평이 닥쳐올 것입니다. 그러니까 이러한 선물을 받음으로써 당신 자신을 옹호하십시오. 또 '밀린다 왕은 청정한 신앙을 얻었지만 그러한 신앙을 얻었다는 표시를 하지 않았다.'는 세평이 빗발칠 것입니다. 그러니까 이러한 선물을 받으심으로써 나를 옹호해 주십시오."

"그렇다면 그렇게 하십시오."

"존자여, 사자왕은 금궤에 들어가더라도 얼굴을 밖으로 향합니다. 마찬가지로 나는 속가생활을 하더라도 출가하려는 생각을 가지고 얼굴을 밖으로 향하겠습니다. 그러나 내가 집을 버리고 출가하더라도 출가생활을 오래 하지는 않을 것입니다. 왜냐하면 출가하려고 생각하자마자 나의 적은 많아지기 때문입니다."

그리고 나가세나 존자는 밀린다 왕과의 문답을 마치고 자리에서 일어나 승방으로 돌아갔다. 나가세나 존자가 돌아간 뒤 얼마 안되어 밀린다 왕은 '나는 무엇을 물었고 존자는 무엇을 대답했던가.' 라고 생각했다. 그리고 왕은 '나는 바르게 질문했고 존자도 바르게 대답했다.' 라고 결론지었다.

승방에 돌아온 나가세나 존자도 또한 '왕은 무엇을 물었고 나는 무엇을 대답했던가.' 라고 생각했다. 그리고 존자는 '왕은 바르게 질문했고 나도 바르게 대답했다.' 라고 결론지었다.

다음날 아침 나가세나 존자는 밀린다 왕의 궁전에 갔다. 존자가 자리에 앉자 왕은 존자에게 인사드리고 한편으로 앉았다. 그리고 왕은 존자에게 이렇게 말했다.

"나가세나 존자여, 내가 존자에게 질문했다는 즐거움 때문에 밤새도록 잠을 이루지 못했다고 생각하지는 마십시오. 대신 나는 밤새도록 '나는 무엇을 질문했으며 존자는 어떻게 대답했던가.' 하고 생각에 잠긴 끝에 '나는 바르게 질문했고 존자는 모든 것을 바르게 대답했다.' 라고 결론지었습니다."

존자는 또 이렇게 말했다.

"대왕이여, 아무쪼록 내가 왕의 질문에 대답했다는 즐거움 때문에 뜬눈으로 밤을 새웠다고 생각하지는 마십시오. 대왕이여, 나는 밤새 '무엇을 질문받았고 무엇을 대답했던가를 생각한 끝에 '밀린다 왕은 모든 것을 바르게 질문하고 나는 바르게 대답했다.'라고 여겼습니다."

이리하여 두 현자는 서로 올바르게 말한 것에 대해 만족스러워했다.

밀린다왕 문경

제3장

난 문
難 問

71. 논란

능란한 논객이며 뛰어난 지성을 소유한 밀린다 왕은 지혜를 계발하기 위해 나가세나 존자를 방문했다.

왕은 나가세나의 비호 아래 그간의 질문을 통해 지혜를 계발하여 삼장(三藏)에 정통한 사람이 되었다.

고요한 밤 한적한 곳에 홀로 가서 가르침을 연찬(研鑽)하여 풀기 어렵고 논란을 일으키는 여러 가지 난문들을 발견한 밀린다 왕은 이렇게 생각했다.

'세존의 가르침은 차례로 설명한 것도 있고 연관하여 설명한 것도 있다. 그리고 진리 그것의 본질을 설명한 것도 있다. 세존께서 설하신 난문에서 그 뜻을 식별하지 못하면 장차 논쟁이 일어나리라. 이제 나는 나가세나 존자를 믿고 난문을 풀 것이며 그가 보여주는 길을 따라 미래의 광명을 얻으리라.'

날이 밝고 아침 해가 돋았을 때, 밀린다 왕은 머리를 감고 합장하여 과거·현재·미래에 있어 완전히 깨달은 부처들을 마음속으로 생각하며 여덟 가지 서약을 지키기로 맹세하고 혼자 이렇게 말했다.

"지금부터 7일간 나는 여덟 가지 덕목을 지키고 고행할 것이다. 나는 고행을 닦음으로써 스승을 만족시키고 여러 가지 난문을 물을 것이다."

밀린다 왕은 왕의 의상을 벗고 여러 가지 장식을 푼 다음 가사를 몸에 걸치고 머리에 두건을 쓰고 침묵하는 성자의 모습으로 여덟 가지 덕목을 지키기로 맹세하고 다음과 같이 생각했다.

'이 7일 동안 나는 왕으로서 해야 할 정치를 해서는 안 된다. 탐내는 마음을 일으켜서는 안 된다. 성내는 마음을 일으켜서도 안 된다. 미망을 수반하는 마음을 일으켜서도 안 된다. 모든 시종과 신하에 대해서도 겸허히 처신할 것이다. 악한 탐심으로부터 몸과 마음을 지켜야 한다. 여섯 가지 영역도 남김없이 악으로부터 수호하지 않으면 안 된다. 마음의 작용은 자비의 실천으로 돌리지 않으면 안 된다.'

이들 여덟 가지 덕목을 마음에 새기고 마음의 작용을 이 여덟 가지 덕목에 집중시켜 집 밖으로 나가는 일이 없었다.

이리하여 7일이 지나 8일째 되는 날, 날이 밝자 왕은 일찍 아침을 먹고 눈을 내리깔고 말을 삼가며 위의를 바르게 갖추고 마음을 잘 가다듬어 즐겁고 깨끗한 신심으로 나가세나 존자에게 갔다.

밀린다 왕은 나가세나 존자의 발에 머리 숙여 절하고 한편으로 비켜서서 이렇게 말했다.

"나가세나 존자여, 나는 당신과 조용히 담론할 것이 있습니다. 나는 한 사람이라도 당신 옆에 있는 것을 바라지 않습니다. 출가한 자에게 알맞은 여덟 가지 조건을 구비한 조용한 숲 속에서 질문을 해야겠습니다. 거기서 나는 아무것도 숨길 것이 없고 감출 것이 없습니다. 나에게는 당신과의 깊은 담론 속에 들어가 비장된 가르침을 들을 자격이 있을 것입니다. 그리고 그 문제들은 비유로 밝혀질 것입니다.

나가세나 존자여, 재보를 숨기는 최상의 장소는 땅인 것처럼 깊은 담론 속에 들어갈 때 나는 비장된 가르침을 들을 자격이 있을 것입니다."

왕은 존자와 함께 마을에서 멀리 떨어진 숲 속으로 들어가 이렇게 말했다.

"나가세나 존자여, 담론하려는 사람이 피해야 할 여덟 장소가 있습니다. 지혜로운 자는 여덟 장소에서 담론하지 않습니다. 만일 담론을 한다면 산란한 논의에 의해 결론에 이르지도 못할 것입니다. 여덟 장소란, 즉 평탄하지 않은 곳, 위험한 곳, 바람이 지나치게 센 곳, 은폐된 곳, 신역(神域), 도로, 다리, 수영장 등입니다."

"그러한 곳에 어떤 결점이 있습니까?"

"평탄하지 않은 곳에서 담론하면 문제가 흩어지고 흘러내려 결론에 이르지 못하며, 위험한 곳은 두려움에 싸여 문제를 바르게 관찰하지 못하며, 바람이 센 곳에서는 소리가 분명하게 들리지 않으며, 은폐된 곳은 사람들이 엿들으며, 신역에서는 문제가 심각해지기 쉬우며, 도로에서는 문제가 공허해지며, 다리에서는 문제가 흔들리며, 수영장에서는 통속적인 이야기로 흐르기 쉬울 것입니다. 그래서 그 여덟 장소는 피해야 한다고 말합니다.

나가세나 존자여, 또 다음 여덟 종류의 사람들은 담론할 때 담론하는 문제를 손상시킵니다. 여덟 가지 사람이란 탐욕에 찬 생활을 하는 사람, 성내는 생활을 하는 사람, 어리석은 미망에 빠진 생활을 하는 사람, 오만한 생활을 하는 사람, 탐욕에 찬 사람, 게으른 사람, 편협한 사람, 바보 같은 사람들입니다. 이들 여덟 가지 사람들은 담론하는 문제를 손상시키는 사람들입니다."

존자는 물었다.

"그런 사람들에게는 어떠한 결점이 있습니까?"

"나가세나 존자여, 탐욕에 찬 사람은 탐욕스럽기 때문에 담론하는 문제를 손상시키며, 성내는 생활을 하는 사람은 화를 내기 때문에 담론하는 문제를 손상시키며, 미망의 생활을 하는 사람은 미망으로 인하여 담론을 손상시키며, 오만한 생활을 하는 자는 오만 때문에, 탐욕에 찬 사람은 탐욕 때문에, 게으른 사람은 그 태만 때문에, 편협한 사람은 그 집착 때문에, 바보 같은 사람은 어리석기 때문에 문제를 손상시킵니다.

나가세나 존자여, 다음의 아홉 종류의 사람들은 이야기한 내용을 폭로하여 비밀을 지키지 못합니다. 아홉 종류의 사람이란 탐욕에 찬 생활을 하는 사람, 성내는 생활을 하는 사람, 어리석은 미망의 생활을 하는 사람, 소심한 사람, 재물을 중시하는 사람, 부녀자, 술을 좋아하는 술고래, 거세당한 사람, 어린이들입니다."

존자는 물었다.

"그런 사람들에게는 어떤 결점이 있습니까?"

"탐·진·치에 빠진 사람은 그 탐진치 때문에, 소심한 사람은 소심함 때문에, 재물을 중시하는 사람은 재물 때문에, 부녀자는 지혜가 저열하기 때문에, 술고래는 술을 좋아하기 때문에, 거세당한 사람은 정욕이 과도하게 억제되기 때문에, 어린이는 마음이 잘 흔들리기 때문에 각각 이야기한 내용을 폭로하여 비밀을 지키지 못합니다.

그리고 또 나가세나 존자여, 지혜는 여덟 가지 방법에 의해 발전되고 성숙합니다. 즉 지혜는 나이가 듦으로써 발전 성숙하며, 명성이 높아짐에 따라 발전 성숙하며, 질문을 함으로써 발전 성숙하며, 조사와 함께 사는 것으로써 발전 성숙하며, 바른 주의력을 가짐으로써 발전 성숙하며, 대담을 나눔으로써 발전 성숙하고, 친애하는 사람과 함께 사는 것으로써 발전 성숙하고, 알맞은 사람과 사는 것으로써 발전 성숙합니다.

나가세나 존자여, 이곳은 담론에 관한 여덟 가지 장애로부터 벗어난 곳입니다. 그리고 나는 이 세상에서 담론의 비밀을 지킬 수 있는 최상의 친구입니다. 나는 살아있는 동안 비밀을 지킬 것입니다. 또 나는 여덟 가지 방법에 의해 지혜를 발전시켰습니다. 나와 같은 제자는 만나기 어려울 것입니다.

바르게 실천하는 제자에 대하여 스승은 스물다섯 가지 스승의 덕을 실천해야 합니다. 스물다섯 가지 스승의 덕이란 다음과 같습니다. 즉 스승은 제자를 계속 보살펴야 하고, 제자가 배워야 할 일과 배워서는 안 될 일을 가려 주어야 하며, 제자가 열심인가 태만한가를 알아야 하며, 제자가 잠자는 시간을 알아야 하며, 제자가 건강을 잘 유지하는가를 알아야 하며, 제자가 먹어야 할 음식과 먹어서는 안 될 음식을 알아야 하며, 제자의 특성을 알아야 하며, 바루의 음식을 제자들에게 나누어 주어야 하며, 수행에 진전이 있을 것이니 염려하지 말라고 제자들을 격려해 주어야 하며, 다른 사람과의 교제 관계를 알아야 하며, 마을에서 누구와 교제하는가를 알아야 하며, 승방에서는 누구와 교제하는지 알아야 하며, 제자와 쓸데없는 이야기를 나누지 말 것이며, 제자의 허물에 대해서 관대해야 하며, 철저하게 가르쳐야 하며, 빠뜨리지 말고 가르쳐야 하며, 숨기지 않고 가르쳐야 하며, 남김없이 가르쳐야 하며, '내게는 이런 법손이 있다.' 라고 하며 그를 자식처럼 여겨야 하며, '어떻게 하면 이 세사가 퇴보하지 않을까.' 하고 그를 향상시키려는 마음을 가져야 하며, '나는 그를 유능한 수행자로 만들겠다.' 고 제자를 유능하게 만들 결심을 해야 하며, 인자한 마음을 가져야 하며, 어려운 때 버려두지 말아야 하며, 제자에게 해 주어야 할 일을 등한히 해서는 안 되며, 제자가 실패했을 때는 똑바로 격려해 주어야 하는 것 등입니다. 이러한 덕목으로 당신은 나를 대해야 합니다.

존자여, 나에게 의문이 생겼습니다. 세존께서 설하신 난문이 있는데 그것들에 대해 장차 논쟁이 일어날 것입니다. 그런데 앞으로 당신과 같이 지혜 있는 분을 찾아보기는 어려울 것입니다. 난문에 대해 나에게 지혜의 광명을 비추어 반대자의 논란을 극복하게 해 주십시오."

존자는 왕의 말을 승낙하고 재가신도가 지켜야 할 열 가지 덕목을 설했다.

"대왕이여, 신도의 덕목에는 열 가지가 있습니다. 즉 신도는 승단과 고락을 같이해야 하며, 부처님의 가르침을 길잡이로 해야 하며, 될 수 있는 한 보시하는 것을 기쁘게 생각해야 하며, 부처님의 가르침이 쇠퇴하는 것을 보면 회복시키려 노력해야 하며, 바른 견해를 가져야 하며, 흥미를 끄는 일에 마음이 쏠리지 말며, 생계를 위해서 딴 스승을 좇아가지 말 것이며, 몸과 말로 짓는 행위를 삼가야 하며, 화합을 기뻐하고 좋아해야 하며 시새우지 말고, 또 부처님의 가르침을 거짓으로 행하지 말며 부처님과 부처님의 가르침과 승단에 귀의할 것 등입니다.

대왕이여, 이 열 가지 덕목은 모두 당신이 실천하기 위해서 있는 것입니다. 당신이 부처님의 가르침이 쇠퇴함을 보고 번창시키려 함은 당신에게 가능한 일이며 또 적절한 일입니다. 나는 가르치는 자의 의무를 다할 것이니 당신은 무엇이든 질문하십시오."

72. 부처님은 전지자이다

"나가세나 존자여, 부처님은 모든 것을 다 알고 계셨습니까?"

"그렇습니다, 대왕이여. 부처님은 무엇이든 알고 계셨습니다. 부처님께서 모든 것을 아심은 숙고(熟考)에 의해서였습니다. 부처님은 숙고하시면 알고 싶은 것은 무엇이든 아셨습니다."

"존자여, 부처님의 전지가 추구에 의해서 가능한 것이었다면 그분은 모든 것을 아셨을 리 없습니다."

"대왕이여, 여기 쌀을 일곱 가마씩 실은 수레가 있다고 합시다. 사려 없는 사람이 그것을 잠깐 훑어보고 쌀알이 모두 몇 알인지 알 수 있겠습니까?

대왕이여, 마음에는 일곱 가지 종류가 있습니다.

탐·진·치로 가득차 있고 몸과 마음의 계행이 결여되어 있고 수련이 되어있지 않은 자는 사고력이 약하고 행동이 느립니다. 그것은 마치 가지들이 축 늘어져 있고 헝클어져 있는 대나무를 하나 끌어내려는 것 같이 둔하고 느립니다. 이렇듯 활동이 느리고 둔한, 번뇌로 헝클어진 마음이 첫째 종류의 마음입니다.

이에 비해 둘째 종류의 마음은 다음과 같습니다. 정견(正見)으로 스승의 가르침을 식별하여 성자류(聖者流)에 들어 악도에 태어나는 길이 끊긴 사람은 세 가지 속박을 벗어난 정도 만큼은 마음의 활동이 빠르고 동작이 쉽습니다. 그러나 보다 높은 영역에 있어서는 마음의 활동은 더디고 행동이 어려워집니다. 왜냐하면 세 가지 속박을 벗어난 상태〔三處〕에 있어서는 마음이 청정하지만 그 이상의 영역에 있어서는 여러 가지 번뇌가 여전히 존재하기 때문입니다. 그것은 마치 세 마디까지는 매끄럽고 그 윗부분은 가지들이 휘감겨 맞물려 있는 큰 대를 끌어내는 것과 같습니다. 그 대를 끌어낼 때 매끄러운 세 마디까지는 쉽게 움직이지만 그 위쪽은 꼼짝도 하지 않습니다. 이런 것이 둘째 종류의 마음입니다.

다음에 이와 구별되는 셋째 종류의 마음이 있습니다. 단 한 번만 더 태어나면 되는 경지에 이른 사람〔一來果 : 사다함〕들은 다섯 가지 속박을 벗어난 상태[五處]에 있어서는 마음의 활동이 빠르고 동작이 쉽습니다. 그러나 이 이상의 영역에 있어서는 마음의 활동이 느리고 행동은 둔합니다. 왜냐하면 다섯 가지 속박을 벗어난 상태에 있어서는 마음이 청정하지만 그 이상의 영역에서는 번뇌가 아직 남아 있기 때문입니다. 이것이 셋째 종류의 마음입니다.

감각적 욕망이 생존을 일으키는 하위의 속박을 벗어나 두 번 다시 태어날 필요가 없는 사람[不還果 : 아나함]들은 열 가지 속박을 벗어난 상태[十處]에서는 마음의 활동이 빠르고 동작이 쉽습니다. 그러나 그 이상의 영역에 있어서는 마음의 활동이 둔하고 행동이 느려집니다. 이것을 넷째 종류의 마음이라 합니다.

그 다음은 아라한의 마음입니다. 번뇌의 때를 씻어 청정한 수행을 완수하고 해야 할 선행을 마치고 속박의 짐을 버려 진실한 뜻을 성취하고 무애한 지혜를 이룬 아라한은 성문경(聲聞境)에 있어서는 마음의 활동이 빠르고 동작은 쉽지만 그보다 더 높은 연각경(緣覺境)에 있어서는 마음의 활동은 느리고 행동은 둔합니다. 이것이 다섯째 종류의 마음입니다.

연각(緣覺)은 스스로 독존하며 스승도 구하지 않고 외뿔소처럼 홀로 행하고 자신의 경계에 있어서는 청정무구한 마음을 가집니다. 이같은 사람은 자기의 경계에 있어서는 마음의 활동이 빠르고 동작은 쉽습니다. 그러나 모든 것을 깨쳐 안 사람의 경계에서는 마음의 활동은 둔하고 행동은 느립니다. 왜냐하면 자기의 경계에 있어서는 자재하지만 모든 것을 깨쳐 안 사람의 경지는 보다 광대하기 때문입니다. 비유컨대 어떤 사람이 자기 고향의 시냇물은 밤낮없이 아무 두려움 없이 건너는데 끝없는 넓이의 대양을 보면 놀라고 주저하여 감히 건너지 못하는 것과 같습니다. 왜냐하면 자기 고향에는 친숙하지만 대양은 너무나 광대하기 때문입니다. 이러한 연각의 마음이 여섯째 마음입니다.

다음 일곱째 마음은 완전한 각자(覺者)의 마음입니다. 열 가지 힘(十力)을 갖추고 네 가지 두려움이 없음(四無所畏)을 갖추고 열여덟 가지 수승한 부처님의 특징을 갖춘 승자, 붓다는 어느 곳에서나 마음의 활동이 빠르고 행동이 쉽습니다. 마치 잘 닦아 녹이 슬지 않고 마디가 없으며 날카로운 촉이 붙어 있고 휘거나 구부러짐이 없이 똑바르게 생긴 화살이 있다고 합시다. 그 화살을 힘센 궁수가 부드러운 마나 면이나 모직에 쏜다면 화살의 활동이 둔하겠습니까?"

"존자여, 그렇지 않습니다. 왜냐하면 과녁바탕은 아주 훌륭하고 화살은 고도로 조절되어 있고 궁수는 힘이 세기 때문입니다."

"대왕이여, 붓다의 경지에 오른 사람들도 이와 마찬가지로 어느 곳에서나 마음의 활동이 빠르고 행동이 쉽습니다. 왜냐하면 모든 면에서 마음이 청정하기 때문입니다. 이것이 일곱째 종류의 마음입니다.

일곱 가지 마음 가운데 완전한 각자의 마음은 나머지 여섯 가지의 마음에서와 같은 계량(計量)을 초월하였기 때문에 우리가 그 청정함과 민활함을 추측하기 어려운 특성을 지니고 있습니다.

대왕이여, 부처님이 행하는 마음의 활동력은 청정하고 민활하기 때문에 그는 두 가지 신통변화를 나타냅니다. 우리는 두 가지 신통변화에서 부처님의 마음의 활동은 그처럼 민활하다는 것을 알아야 합니다. 거기서는 그 이상 아무런 이유를 말할 수 없습니다. 부처님의 신통변화는 전지전능한 부처님의 마음에 의거하는 것이므로 계산하거나 쪼개기나 분석할 수 없습니다.

모든 것을 아시는 부처님의 지혜는 숙고에 의합니다. 숙고하면 바로 아시는데 거기 걸리는 시간은 한 사람이 한쪽 손에 있는 것을 저쪽 손에 옮겨 놓거나, 입을 열어 말하거나, 입에 들어간 음식을 내뱉거나, 눈을 감았다 뜨거나, 팔을 굽혔다 펴거나 하는 데 드는 시간보다 더 빠릅니다.

부처님의 마음은 그 활동이 민활하고 용이하여 당신의 숙고 또한 빠르고 용이합니다. 그러므로 숙고하셔야 안다는 이유로 부처님이 전지자가 아니라고 해서는 안 됩니다."

"나가세나 존자여, 숙고는 추구에 의해 행해집니다. 지금 몇 가지 비유를 들어 설명해 주십시오."

"대왕이여, 많은 재보와 곡식을 가지고 있는 큰 부자가 가진 곡물과 기름, 버터, 꿀, 설탕 등을 단지에 담아 창고에 저장해 두었다고 합시다. 그 집에 초대받아 온 사람이 식사 시간을 맞춰 오지 않았으므로 음식이 이미 다 먹어 없어졌다고 합시다. 그래서 다시 손님을 대접하기 위해 단지에서 재료를 꺼내 요리를 만든다고 한다면 그때 당장 내놓을 음식이 차려져 있지 않다고 그 집 주인을 빈곤하다고 하겠습니까?"

"그렇지 않습니다, 존자여. 왕 중의 왕인 전륜성왕의 궁전에도 식사 때 외에는 요리된 음식이 갖추어져 있지 않습니다. 하물며 일반 부잣집에서이겠습니까?"

"대왕이여, 이와 같이 부처님께서는 숙고하지 않으실 때도 일체종지를 가지고 계시며 숙고한 뒤에는 무엇이든 마음대로 파악하십니다.

풍성하게 열린 과일로 가지가 축 늘어져 있으나 단 하나의 과일도 나무에서 떨어진 일이 없는 나무가 있다고 합시다. 그 나무에서 하나도 떨어진 과일이 없다는 이유로 대왕께서는 그 나무가 열매를 맺지 못하는 나무라고 하겠습니까?"

"아닙니다. 과일은 저절로 떨어지기를 기다려야 합니다. 과일이 떨어졌을 때 사람들은 마음대로 그것을 가질 수 있습니다."

"대왕이여, 숙고는 지혜의 필요조건입니다. 부처님은 숙고하심으로써 무엇이든 마음대로 아십니다."

"존자여, 부처님은 숙고하셔야 비로소 모든 것을 마음대로 아십니까?"

"그렇습니다, 대왕이여. 마치 전륜성왕이 그의 윤보(輪寶)가 나와 주었으면 하는 생각을 일으키자마자 윤보가 나타나는 것처럼 부처님의 지혜는 숙고하자마자 바로 일어납니다."

"잘 알겠습니다, 나가세나 존자여."

73. 악인 데바닷다는 어찌하여 출가하게 되었는가

"나가세나 존자여, 데바닷다를 출가시킨 이는 누구였습니까?"

"대왕이여, 세존께서 깨우침을 얻은 후 고향에 갔을 때 밧디야, 아누룻다, 아난다, 바구, 킴빌라, 데바닷다 등 6명의 귀족 청년들과 이발사 우팔리가 마음속에 환희를 느끼고 세존을 따라 출가했습니다."

"그러나 출가한 뒤 승단에 분열을 일으킨 것은 데바닷다가 아니었습니까?"

"그렇습니다. 데바닷다는 출가한 뒤 승단에 분열을 일으켰습니다. 속인도 비구니도 사미도 승단에 분열을 일으킬 수 없습니다. 그런 일을 하는 자는 일성한 계율 아래 공동으로 생활하고 일정하게 세한된 지역, 즉 결계(結界)에서 생활하는 정규비구입니다."

"승단을 분열시킨 자는 어떤 업보를 받습니까?"

"1겁 동안 계속되는 업보를 받습니다."

"나가세나 존자여, 그러면 부처님은 데바닷다가 출가한 뒤 승단에 분열을 일으키고 그 행위의 과보로 1겁 동안 지옥고를 받을 것을 알고 계셨습니까?"

"그렇습니다. 부처님은 그것을 알고 계셨습니다."

"나가세나 존자여, 만일 데바닷다가 출가한 뒤 승단에 분열을 일으킬 것이요, 그 과보로 1겁 동안 지옥고를 받을 것을 알고 계셨다면 '부처님은 모든 생명체를 불쌍히 여기시어 이롭게 해준다'는 것은 잘못입니다. 또 만약 그러하리라는 것을 모르고 데바닷다를 출가시켰다면 부처님은 전지자였을 리가 없습니다. 이 양도논법(兩刀論法)의 난문을 논파하여 주십시오."

"대왕이여, 세존께서는 자비롭고 전지전능하신 분입니다. 승단이 분열될 것도 아셨고 그가 그로 인해 1겁 동안 지옥고를 받을 것도 아시고 그에게 출가를 허용하셨습니다."

"존자여, 그러면 부처님은 사람에게 먼저 상처를 입힌 다음 기름약을 발라 주는 분이란 말씀입니까? 또 벼랑에 떨어뜨린 다음 구해 주시고 죽인 다음 소생시키는 분이란 뜻입니까?"

"데바닷다가 만약 출가하지 않았다면 그는 속인으로서 더 많은 악업을 짓고 십만 겁 동안 지옥에서 지옥으로 전전했을 것입니다. 세존께서는 그의 운명을 아시고 자비를 베풀어 출가를 허락하신 것입니다.

대왕이여, 예를 들면 재산과 명예와 권력을 구족한 사람의 친구나 친척이 무거운 형벌을 받아야 할 때 왕이 그 사람을 대단히 신임한 덕분으로 그 친구나 친척의 형벌이 가벼워지는 것과 같은 이치입니다.

세존은 데바닷다가 십만 겁 동안 지옥고를 치를 것을 아시고 그를 출가게 하여 계·정·혜 삼학과 해탈력을 갖추게 하여 그가 십만 겁 동안 치러야 할 무거운 고통을 가볍게 해 주셨습니다.

대왕이여, 또 독 있는 화살에 맞은 상처를 잘 치료하는 의사가 중태에 빠진 환자에게 유용한 약을 써서 거뜬히 낫게 해 주는 것처럼 세존께서는 데바닷다 앞에 놓인 고통과 그 고통의 치유법을 아시기에 그를 출가시켜 진리의 약으로 그의 고통을 가볍게 해 주셨습니다. 그렇게 하신 세존의 행동에 무슨 잘못이 있습니까?"

"그렇지 않습니다, 존자여. 부처님은 추호의 잘못도 범하지 않으셨습니다."

"다시 한번 비유를 들어보겠습니다. 어떤 사람이 강도를 붙잡아 와서 '대왕이여, 이 사람은 강도입니다. 적절한 처벌을 내려 주십시오.' 라고 했다고 합시다. 그래서 왕은 그 강도를 성 밖으로 끌어내어 목을 베라고 분부했습니다. 부하들은 왕의 분부대로 그 사람을 참수대로 끌고 갈 것입니다. 그런데 명성과 재물이 있고 왕의 총애를 받으며 말에 무게가 있고 하고자 하는 일을 강력히 실행하는 한 대신이 그 광경을 보고 불쌍한 생각이 일어나 끌고 가는 사람들에게 이렇게 말했습니다. '여보게, 자네들이 그 사람의 목을 잘라서 무슨 좋은 일이 있겠나. 그 사람의 손이나 발을 자르고 목숨은 살려 주게나. 내가 왕에게 그 사람을 위해서 말씀을 올릴 테니.' 그래서 그들은 유력한 대신의 말을 듣고 강도의 손과 발만 자르고 살려 주었다고 합시다. 그렇다면 대왕이여, 그 대신은 강도에게 해서는 안 될 일을 한 것입니까?"

"존자여, 대신은 그 강도의 복숨을 살려 주었습니다. 목숨을 선서 주었는데 해서는 안 될 일을 하였겠습니까?"

"그러나 그 대신은 그 강도의 손발이 잘린 데 대해 잘못을 범한 것은 아닙니까?"

"존자여, 그 강도는 자신의 잘못으로 고통을 받았습니다. 대신에게는 아무 잘못이 없습니다."

"대왕이여, 마찬가지로 세존께서는 자기 가르침에 따라 출가한다면 데바닷다의 고통은 경감되리라 생각하여 그를 출가시켰습니다.

데바닷다는 임종할 때 말했습니다.

　최상자 중의 최상자이시고
　신 중의 신이시고
　신과 인간의 도사(導師)이시고
　세계를 두루 보는 눈을 가진 분이시고
　백 가지 선복의 특징을 지니신 분인 부처님께
　생명이 지속하는 한
　신명을 다하여 지극히 귀의합니다.

　대왕이여, 데바닷다는 지옥고를 치른 후 앗티사라고 하는 벽지불(辟支佛)이 될 것입니다."

　"존자여, 세존은 데바닷다에게 커다란 은혜를 베푸셨습니다. 부처님이 데바닷다에게 잘못한 것이 무엇이 있겠습니까."

　"대왕이여, 그러나 데바닷다는 1겁 동안 지옥고를 받았습니다. 세존께서는 그 고통에 대해 무슨 잘못이라도 범하지 않았습니까?"

　"아닙니다. 데바닷다는 자기가 지은 죄과로 지옥고를 치렀을 뿐입니다. 그의 고통을 경감시켜 준 세존은 조금도 그를 해롭게 하지 않았습니다."

　"그렇다면 대왕은 이것을 세존께서 데바닷다를 출가시킨 이유라고 믿으십시오. 또 하나 비유를 들겠습니다. 독화살로 인한 상처를 잘 치료하는 의사가 있다고 합시다. 그 의사가 피고름으로 범벅이 된 상처를 치료하기 위해서 상처 부위에 독한 약을 발라 붓게 한 다음 부은 상처를 째고 부식침으로 태우고 그 다음 알칼리 액을 부려 상처를 완치시켰다고 합시다. 그 의사가 독한 약을 바르고 칼로 째고 부식침으로 태우고 알칼리 액을 뿌리고 한 것이 잔인하기 때문입니까?"

"존자여, 그렇지 않습니다. 그는 환자를 생각하는 자비로운 마음으로 그런 치료를 한 것입니다."

"그런 치료로 인해 환자가 고통을 받는다면 의사에게 잘못이 있는 것입니까?"

"그럴 리가 있겠습니까? 그 의사는 오히려 공덕을 쌓은 것입니다."

"대왕이여, 마찬가지로 세존 또한 데바닷다가 고통으로부터 벗어나도록 출가시켰습니다.

어떤 사람이 가시에 찔렸을 때 다른 사람이 있어 날카로운 칼이나 침으로 찔린 곳을 째고 피를 흘리게 하여 그 가시를 빼내었다면 그는 잔인한 생각으로 그렇게 하였겠습니까?"

"존자여, 그렇지 않습니다. 그는 친절한 마음으로 남을 이롭게 하기 위해 가시를 빼내어 주었습니다. 만일 가시를 빼내어 주지 않았다면 그 사람은 죽었거나 죽을 정도의 고통을 받았을 것입니다."

"대왕이여, 마찬가지로 여래의 자비는 데바닷다를 출가하게 하였습니다. 만약 그가 출가하지 않았다면 그는 십만 겁 동안 세세생생 지옥에서 고통을 받았을 것입니다."

"나가세나 존자여, 여래는 번뇌의 흐름에 휩쓸려가는 데바닷다를 그 흐름에 거슬러 올라가도록 하고, 밀림 속에서 길 잃은 그에게 길을 가리켜 주시고, 벼랑에 떨어지는 그에게 발디딜 곳을 마련해 주시고, 파멸의 구덩이에 빠진 그를 건져 주셨습니다.

그러나 나가세나 존자여, 당신의 지혜가 아니고는 누구도 그 이유와 의미를 가르쳐 주지 못했을 것입니다."

74. 벳산타라 왕의 보시

"나가세나 존자여, 세존께서는 '비구들아, 대지가 진동을 일으키는데는 여덟 가지 인(因)과 연(緣)이 있다.'라고 말씀하셨습니다. 세존의 이 말씀은 총괄적이고 보충할 여지가 없는 말씀이요, 완전무결한 말씀입니다.

대지를 진동시키는 아홉 번째 원인이 있다면 세존께서는 그것에 대해서도 말씀하셨을 것입니다. 그러나 여덟 가지 외의 원인이 없으므로 부처님은 그것을 말씀하지 않으셨습니다.

그런데 벳산타라 왕이 보시할 때 대지가 일곱 번 진동했다고 한다면 우리는 대지 진동에 관한 아홉 번째 원인을 생각할 수 있을 것입니다.

이 두 가지는 모순됩니다. 당신같이 지혜로운 분이 아니고는 누구도 이 모순을 해명해 줄 수 없습니다."

"대왕이여, 세존의 말씀대로 대지 진동에는 여덟 가지 인과 연이 있고 또 벳산타라 왕이 보시할 때 대지는 일곱 번 진동했습니다. 그러나 그 진동은 일어나야 하는 때 정상적으로 일어난 것이 아니고 특수한 것이었습니다. 따라서 정상적인 여덟 가지 원인에는 포함되지 않은 것입니다.

대왕이여, 세상에서 비는 세 종류가 있습니다. 즉 장마철의 비와 여름철의 비와 겨울철의 비가 있습니다. 이 세 종류의 비의 범주를 벗어난 비는 내리더라도 일반적인 비의 범주에 넣지 않고 '철을 벗어난 비'라고 합니다. 마찬가지로 벳산타라 왕이 보시를 할 때 일곱 번 진동한 것은 정상적 진동이 아니라 특수한 진동입니다.

또 예를 들어 히말라야 산으로부터 흘러내리는 강은 5백 개가 있는

데 그 중 열 개만이 강의 수에 포함되는 것과 같습니다. 즉 갠지스, 줌나, 아지라바티이, 사라부우, 마히이, 인더스, 베트라바티이, 비탐사아, 사라스바티이, 잔다바아가 등입니다. 그 밖의 강은 언제나 넘실넘실 흐르지는 않기 때문에 강으로 간주되지 않습니다.

대왕이여, 이를테면 왕의 수하에 1, 2백 명의 관료가 있는데 그 중 여섯 명의 장관만을 국왕의 신하로 간주하는 것과 같습니다. 왜냐하면 그들의 직무는 왕의 대권과 결부되어 있기 때문입니다. 나머지는 신하라 부르지 않고 관료라고 부릅니다.

이와 같이 벳산타라 왕의 보시 때 대지가 진동한 것은 여덟 가지 범주에 포함되지 않는 원인으로 말미암은 것이지만 역시 존재하는 것입니다.

대왕이여, 당신은 부처님의 가르침을 받들어 헌신하는 자가 이 세상에서 공덕을 지어 그 명성이 인간들 사이에는 물론 신들 사이에도 미쳤다는 이야기를 들어본 적이 있습니까?"

"예, 나는 그런 사람이 일곱 명 있다고 들었습니다."

"누구입니까?"

"꽃집 주인인 수마나, 바라문인 에카사타카, 하인인 푼나, 왕비인 말리카, 고팔라의 어머니로 알려진 왕비, 여신도인 숩피야, 하녀인 푼나입니다. 이들은 부처님의 가르침을 받들어 헌신함으로써 이 세상에서 즐거운 과보를 받았으며 그 명성은 신들에게까지 미쳤습니다."

"대왕이여, 당신은 공덕을 지어 인간의 육신을 가진 채 33천으로 승천했다는 이야기를 들어본 적이 있습니까?"

"그렇습니다. 나는 그런 이야기를 들어본 적이 있습니다."

"누구 누구입니까?"

"음악가인 굿틸라, 사디나 왕, 니미 왕, 만다타 등입니다. 이 네 사람은 육신을 가진 채 33천으로 승천했으며 또 행하기 어려운 선행을 오래오래 행했다고 들었습니다."

"대왕이여, 당신은 전생과 현생에 이러이러한 보시를 행할 때 한 번, 또는 두 번, 또는 세 번 대지가 진동했다는 이야기를 들은 적이 있습니까?"

"아닙니다, 존자여. 나는 그런 이야기를 듣지 못했습니다."

"대왕이여, 나도 부처님의 가르침을 듣기를 좋아하며 질문도 하며 잘 외우고 있지만 벳산타라 왕이 보시한 경우를 제외하고는 대지가 진동했다는 소리를 들은 적이 없습니다.

대왕이여, 가섭불과 석가 세존 사이에는 천만 년이란 헤아릴 수 없는 긴 세월이 흘렀지만 그 사이에 이러이러한 보시를 누군가 해서 대지가 진동했다는 소리를 들은 적이 없습니다.

대지는 노력과 정진에 의해 진동하지는 않습니다. 대왕이여, 대지는 청정한 공덕의 무게에 눌려 그것을 지탱할 수 없을 때 비로소 흔들리고 진동합니다.

마치 과도하게 무거운 짐을 실은 수레의 바퀴통이 쭈그러지고 굴대가 부러지는 것과 같습니다. 또 마치 하늘이 비바람에 휩싸이고 무거운 비구름에 눌리며 회오리바람이 세차게 휘몰아칠 때 천지가 삐걱거리고 진동하는 것과 같습니다.

이와 같이 대지는 벳산타라 왕의 막대한 공덕의 짐을 지고 그것을 지탱할 수 없을 때 떨고 진동했습니다. 왜냐하면 벳산타라 왕의 마음은 탐욕이나 분노나 어리석음이나 자만이나 잘못된 견해나 논쟁이나 불만에 의해 움직이는 일이 없고 오직 보시를 위해서만 세차게 움직였기 때문입니다.

왕은 항상 '보시받고 싶은 사람으로 보시받지 못한 사람은 모조리

오게 하리라. 또 찾아오는 사람에게는 그들이 원하는 대로 흡족히 보시하리라.' 하며 한없이 보시에 대해서만 마음을 쓰고 있었습니다.

대왕이여, 벳산타라 왕은 항상 변함없이 열 가지 마음의 상태, 즉 자제와 평정, 인내, 자율과 억제와 제어, 분노하지 않음과 잔학하지 않음과 진실함과 청정함에 마음을 집중시켰습니다.

대왕이여, 그는 욕정을 향한 추구를 버리고 생존에 관한 욕망을 극복하고 청정한 수행생활에만 알찬 노력을 기울였습니다.

그는 자기를 돌보는 일을 버리고 남을 돌보는 일에만 헌신했습니다. 그의 마음은 늘 '어떻게 하면 모든 사람을 화평하게 하며 풍족하게 하며 무병장수하게 할 것인가?' 하는 생각에 완전히 집중되어 있었습니다. 벳산타라 왕은 자신이 극락에 태어나기 위하여, 또 사회적으로 칭송받기 위하여, 권력 또는 명예를 위하여, 후손들의 번영을 위해서 보시하지는 않았습니다. 모든 것을 깨달은 최상의 지혜를 위해 최상의 보시를 행했습니다. 그는 모든 것을 깨달은 최고의 지혜에 도달했을 때 이렇게 읊었습니다.

내 아들 자알리도, 내 딸 캉하지나도,
정숙한 내 아내 맛디이까지도
나는 모든 사람에게
사심없이 보시했다
나는 다만 깨침을 얻기 위해
그런 일을 했다.

대왕이여, 벳산타라 왕은 유화로 성낸 자를 이기고 선으로 악한 자를 이기고 보시로 인색한 자를 이기고 진실로 거짓말하는 이를 정복하고 정의로 모든 악을 굴복시켰습니다.

그가 이같이 보시를 행하며 진리를 추구하고 진리 파악을 목적으로 하고 있을 때 그가 행하는 보시에서 생기는 광대한 작용력과 활동력은 땅 속에서 바람을 일으켜 몇 번이고 미칠 듯이 상하좌우로 휘몰아치고 그 바람에 큰 나무의 잎들은 떨어지고 둥지째 넘어졌습니다. 그리고 구름은 뭉게뭉게 뭉쳐 하늘을 달리고 먼지바람은 맹렬하게 하늘을 감돌며 사납게 날개쳤습니다. 소름끼치는 큰 소리가 울렸습니다. 강풍에 해일이 일어 악어와 거북은 놀라 뛰고 수중동물들은 당황하여 떨었습니다. 대양의 물이 넘쳐 사방을 할퀴고 조류가 미친 듯이 날뛰어 사방으로 부딪혔습니다.

이리하여 아수라와 금시조와 용과 약카는 '어찌된 일인가, 도대체 어찌된 일인가? 대양이 뒤집히려고 하는구나!' 하고 공포에 떨며 도망길을 찾았습니다. 조수가 격동하고 휘몰아칠 때 대지는 산과 바다와 함께 진동하고 수메르 산은 뒹굴어 산꼭대기가 크게 변했습니다. 대지가 진동하고 있을 때 뱀과 몽구스〔大黃鼠〕와 고양이와 시랑이와 돼지와 사슴과 새는 당황했으며 힘 약한 약카는 눈물을 흘리고 힘센 약카는 즐거워했습니다.

대왕이여, 이를테면 큰솥에 물을 가득 채워 쌀을 넣은 다음 솥 밑에서 불을 때면 맨 먼저 솥이 뜨거워지고 다음에 물이 끓고 그 다음에 쌀이 뜨거워집니다. 쌀이 뜨거워질 때 물거품고리가 생기는 것처럼 벳산타라 왕은 세상에서 버리기 어려운 것을 버리는 보시를 행했기 때문에 땅 속 큰바람이 견디지 못해 격동하고, 큰 바람이 격동하자 바닷물이 진동하고, 바닷물이 진동하자 대지가 진동했습니다. 그리하여 큰 바람과 물과 대지는 큰 보시로 인해 생기는 광대한 작용력과 활동력에 의하여 하나가 되었습니다. 벳산타라 왕의 큰 보시와 같이 위력을 가진 보시는 세상에 다시 없었습니다.

대왕이여, 이를테면 땅 속에 수많은 귀중한 보석들이 있다고 합시다. 즉 인다니라(사파이어), 마하니라(대사파이어), 조티라사(스타사파이어), 베루리아(유리), 움마아프파(아마꽃), 시리샤프파(아카시아꽃), 마노하라(매혹), 스리야칸타(日), 찬다칸타(月), 바지라(다이아몬드), 캇죠팟 카마카, 푸사라가(황사파이어), 로히탄카(루비), 마사라갓라(묘안석)와 같은 많은 보석들이 있지만 전륜왕의 마니보주는 보석 중의 우두머리요, 그 광채에 있어서 모든 보석을 능가하여 1요자나 거리의 사방을 두루 비춘다고 합니다.

대왕이여, 마찬가지로 벳산타라 왕의 보시는 다른 모든 훌륭한 보시를 넘어선다고 합니다. 그래서 그의 보시에 대지가 일곱 번 진동했던 것입니다."

"나가세나 존자여, 세존께서 구도의 노상에 있는 보살로 계실 때 세상에 비할 바 없는 온화하고 확고한 의지로 끊임없는 노력을 쌓았습니다. 그것은 전에 없던 놀라운 일이었습니다.

나가세나 존자여, 당신은 보살의 권능을 명시하시고 또 그 실천 덕목을 아주 밝은 광채로 비추어 주었습니다. 그리고 그분이 신과 인간의 세계에서 얼마나 높은 존재였는가를 분명히 보여 주었습니다.

잘 알겠습니다, 나가세나 존자여. 승자의 가르침은 칭송받고 최고의 실천덕목은 해명되었으며 다른 학파들이 논란하는 그물코는 풀리고 반대지의 항아리는 산산조각이 났습니다. 심오한 난문은 환하게 풀리고 밀림은 확 트인 땅으로 변하고 승자의 도제들은 미혹으로부터 탈출했습니다.

모든 학파의 지도자 중 최상자여, 당신이 말씀하신 그대로 나는 믿습니다."

75. 눈을 보시한 시비 왕

"나가세나 존자여, 비구들은 말하길, '시비 왕은 자기 눈을 달라는 사람에게 두 눈을 주고 장님이 되었을 때 하늘로부터 새로운 눈〔天眼〕이 주어졌다.'라고 합니다. 이 말은 사리에 맞지 않습니다. 거기에는 비난받을 점이 있고 잘못이 있습니다. 왜냐하면 경전에 '원인이 완전히 제거되어 그 이상 어떤 원인이나 근거가 없을 때는 천안이 생기지 않는다.'고 말하고 있기 때문입니다.

나가세나 존자여, 만일 시비 왕이 눈을 달라는 사람에게 자기 두 눈을 주었다면 새로 천안이 주어졌다는 말은 잘못이요, 또 만약 천안이 새로 주어졌다면 시비 왕이 눈을 달라는 사람에게 자기의 두 눈을 주었다는 말은 잘못임에 틀림없습니다.

이것도 양도논법의 문제로 이 난해한 의문을 풀어 주십시오."

"대왕이여, 시비 왕은 눈을 달라는 사람에게 자기의 두 눈을 분명히 주었습니다. 그 점에 대해서는 의문을 가지지 마십시오. 그리고 그 대신 시비 왕은 천안을 얻었습니다. 그 점에 관해서도 의혹을 두지 마십시오."

"그러면 원인이 완전히 제거되어 더 이상의 어떠한 원인이나 근거도 남아 있지 않은데 어떻게 천안이 생길 수 있습니까?"

"대왕이여, 이 세상에 진실은 존재하며 그 진실한 맹세에 의해 진실한 행위를 수행할 수 있습니까?"

"그렇습니다, 존자여. 진실한 맹세에 의해서 비를 내리게 할 수 있고 불을 꺼지게 하며 독을 해독시키며 그 밖에 하고자 하는 많은 일을 성취합니다."

"대왕이여, '시비 왕에게 천안이 생긴 것은 진실의 힘에 의했다.' 는
것은 이 점에서 상응되고 들어맞습니다. 아무런 원인도 현존하지 않지
만 진실의 힘에 의해서 천안이 생겼습니다. 왜냐하면 진실, 그것이 천
안이 생기는 원인입니다.

대왕이여, 이를테면 마술사가 '큰비야, 내려라.' 라고 주문을 외우자
큰비가 내렸다고 합시다. 이때 하늘에 비가 내릴 원인이 축적되어 그
원인에 의해서 큰비가 내렸겠습니까?"

"아닙니다, 존자여. 주문 자체가 큰비를 내리게 하는 원인입니다."

"대왕이여, 마찬가지로 시비 왕의 경우, 천안이 생기는 통상적인 자
연인(自然因)은 없었습니다. 진실 자체가 천안이 생기는 충족 조건이
었습니다.

대왕이여, 또 마술사가 '맹렬하게 타오르는 불덩이야, 꺼져라.' 하고
주문을 외운다고 합시다. 주문을 되풀이하는 순간 불이 꺼졌습니다. 거
기에 불을 끄는 결과를 가져올 축적된 원인이 미리 있었겠습니까?"

"아닙니다, 그런 경우는 주문 자체가 순간적으로 불을 끄는 근거입
니다."

"대왕이여, 마찬가지로 시비 왕의 경우 천안이 생기는 통상적인 원
인은 없습니다. 진실 자체가 천안이 생기는 충족조건입니다.

대왕이여, 또 마술사가 '이 해로운 독을 치료약으로 변하게 하라.' 고
주문을 외웠다고 합시다. 주문을 되풀이하는 동안 해로운 독은 치료약
으로 변했습니다. 거기에 해로운 독을 치료제로 바꾸는 원인이 미리부
터 있었겠습니까?"

"그렇지 않습니다. 주문 자체가 해로운 독을 물리쳐 약으로 바꾸는
원인입니다."

"대왕이여, 마찬가지로 천안(天眼)이 생기는 통상적인 원인은 없습

니다. 그 경우 진실 자체가 천안이 생기는 충족 이유입니다. 대왕이여, 네 가지 성스러운 진리를 깨달음에는 딴 원인이 없습니다. 이 진리는 진실의 실행에 의해서만 깨달아집니다.

중국에 한 임금이 있었습니다. 간혹 대양에 진상을 올리고자 주문을 외우고 사자가 끄는 궁정 수레를 타고 1요자나 쯤 대양으로 들어갔습니다. 그때 수레머리 앞에 큰파도가 밀어닥쳤습니다. 그 파도가 물러가면 그 자리에 또다른 파도가 밀어닥쳤습니다. 그러한 대양을 신이나 사람들의 보통 체력으로 물리칠 수 있겠습니까?"

"존자여, 그렇지 않습니다. 신이나 인간들의 보통 체력으로는 조그마한 강물조차 물리칠 수 없습니다. 어찌 대양의 물을 물리칠 수 있겠습니까?"

"대왕이여, 이것으로 진실의 힘을 아실 것입니다. 진실에 의하여 이르지 못할 곳은 없습니다.

아쇼카 왕이 파탈리풋타에서 시민과 군대와 대신들 가운데 서 있을 때였습니다. 산골짜기에서 흘러내린 신선한 물이 모여 넘실거리며 흘러가는 갠지스 강물을 보고는 이렇게 말했습니다.

'여봐라, 이 갠지스 강 물줄기를 거슬러 흐르게 할 사람은 없는가?'

신하들은 불가능하다고 대답했습니다. 마침 그때 군중들 속에 반두마티라는 창녀가 있었습니다. 그녀는 사람들이 왕의 질문을 되풀이하는 소리을 듣고 이렇게 말했습니다.

'저는 파탈리풋타에서 몸을 팔아 생계를 꾸려가는 가장 미천한 창녀입니다. 대왕께 제가 맹세에 의해서 진실을 실천하는 힘을 보여드리겠습니다.'

그리고 그녀가 진실을 실행하자 그 순간 갠지스 강물은 모든 사람 눈 앞에서 굉장한 소리를 내며 거꾸로 흘러갔습니다.

그때 왕은 갠지스 강이 소용돌이치며 거슬러 흐르는 소리를 듣고 깜짝 놀라 외경하는 마음으로 근신들에게 물었습니다.

'어떻게 하여 갠지스 강물이 거꾸로 흐르느냐?'

근신들은 이러이러해서 그런 일이 일어났다고 왕에게 아뢰었습니다. 왕은 몸소 급히 창녀에게 가 그녀에게 물었습니다.

'네가 진실을 실행하는 마음으로 이 갠지스 강물을 거꾸로 흐르게 한 것이 사실인가?'

'대왕이시여, 그렇나이다.'

'어떻게 해서 너에게 그런 힘이 있는가? 하찮은 네가 무슨 힘이 있어 갠지스 강물을 거꾸로 흐르게 할 수 있다는 말인가. 너의 부탁을 들어주는 자는 도대체 누구인가?'

그녀는 대답했습니다.

'대왕이시여, 저는 진실의 힘에 의해 이 갠지스 강물을 거꾸로 흐르게 하였습니다.'

왕은 또 물었습니다.

'어찌하여 너에게 진실의 힘이 있을 수 있단 말인가? 너야말로 부도덕한 자요, 타락한 자요, 죄 많은 방탕자이며 눈먼 바보로부터 돈을 갈취하여 살아가는 자 아닌가.'

'대왕이시여, 말씀하신 그대로입니다. 저는 바로 그러한 족속입니다. 그러나 저에게는 진실을 실행하는 힘이 있어 제가 하려고 하면 진실의 실행력에 의해 신과 인간세계를 변전시킬 수 있습니다.'

왕은 또 물었습니다.

'그렇다면 너에게 진실을 실행하는 힘이란 무엇인가? 그것을 나에게 들려 달라.'

창녀는 답했습니다.

'대왕이시여, 저는 귀족이건 바라문이건 평민이건 노예건 저에게 돈을 주는 사람이면 모두 평등하게 대합니다. 귀족이라고 해서 존경하거나 노예라고 해서 경멸하는 일이 없습니다. 저는 친애와 혐오를 떠나 저의 몸을 사는 사람에게는 평등하게 봉사합니다. 대왕이시여, 이것이 제가 진실을 실행하는 근거이며 그 힘에 의해서 저는 대(大) 갠지스 강물을 거슬러 흐르게 하였습니다.'

대왕이여, 그러므로 진실에 의거하여 사는 사람으로서 이익을 향수하지 않는 사람은 없습니다. 그리고 시비 왕은 눈을 달라는 사람에게 자기 눈을 주고 천안이 생겼습니다. 그것 또한 진실을 행했기에 생긴 것입니다. 그러나 경전에 '육안이 없어지고 그것에 대한 원인과 근거가 없어질 때 천안은 생길 수 없다.' 한 것은 단지 수행을 통하여 생긴 지혜의 눈에 관해서 말한 것입니다. 대왕이여, 당신은 경전의 뜻을 그렇게 이해해야 합니다."

"훌륭합니다, 나가세나 존자여. 당신은 내가 제출한 난문을 훌륭하게 풀어 주시고 난점을 똑바로 해명하셨으며 반대론자를 완전히 굴복시켰습니다. 당신이 말씀하신 그대로라고 나는 믿습니다."

76. 정법의 존멸에 관하여

"나가세나 존자여, 세존께서 말씀하시길, '아난다여, 이제 올바른 가르침[正法]은 5백 년간 존속할 것이다.' 라고 하셨습니다. 그러나 또 한편 세존께서는 완전한 열반에 드실 때, 즉 임종시에 수밧다의 질문을 받고 이렇게 말씀하셨습니다.

'수밧다여, 만일 비구들이 이러한 조직을 가지고 완전한 생활을 한다면 이 세상은 아라한을 잃지 않을 것이다.'

세존의 절대적이고 포괄적이고 결정적인 말씀을 잘 이해할 수 없습니다. 만약 첫번째 말씀이 옳다면 두 번째 말씀은 잘못이요, 만일 두 번째 말씀이 옳다면 첫번째 말씀이 잘못입니다. 이것은 양도논법의 난문으로 밀림보다 더 빽빽이 얽혀 있습니다. 이 난문이 이제 당신에게 제출되었습니다. 태양에 있는 마카라 해(海)의 거대한 짐승처럼 당신의 지력(智力)이 광대함을 보여 주십시오."

"대왕이여, 세존께서는 당신이 인용한 두 가지 말씀을 다 하셨습니다. 그러나 양자는 뜻으로나 문장상으로나 각기 다릅니다. 하나는 부처님의 가르침이 존속할 기간에 대해 말씀하신 것이고 하나는 종교적 생활의 실천에 관해서 말씀하신 것입니다. 양자는 크게 다릅니다. 이를테면 하늘과 땅이 현격하고 지옥과 천상이 현격하고 선과 악이, 환락과 고통이 서로 현격하게 다르듯 다릅니다. 그러나 당신의 질문이 헛되지 않게 하기 위해서 나는 본질 문제에 관련시켜 그것을 설명하겠습니다.

세존께서 '아난다여, 이제 올바른 가르침은 5백 년간 지속할 것이다.'고 말씀하신 것은 올바른 가르침이 다하는 시기를 언명함으로써 앞으로 그 가르침이 존속할 나머지 기간을 한정하신 것입니다. 왜냐하면 세존께서는 '아난다여, 만일 여자가 출가하시 않았다면 올바른 가르침은 천 년간 존속할 것이다. 그러나 여자가 부처님의 가르침[法]과 규율[律]에 의해 출가했으므로 이제 정법은 5백 년간 존속할 것이다.'라고 말씀하셨기 때문입니다.

대왕이여, 세존께서 이렇게 말씀하신 것은 정법이 없어진다는 것을 말씀하신 것이겠습니까, 아니면 정법을 깨치는 것을 책망하신 것이겠습니까?"

"존자여, 그렇지 않습니다."

"대왕이여, 그것은 이미 없어진 것을 언명하심으로써 정법이 존속할 나머지 기간을 한정한 것입니다. 이를테면 재산이 줄어진 사람이 남은 재산을 확인하고 '내 재산은 이만큼 없어지고 아직도 이만큼 남아있다.'고 사람들에게 공언하는 것과 같습니다. 마찬가지로 세존께서는 이미 없어진 것을 언명하심으로써 '정법이 5백 년밖에 존속하지 않을 것이다.'라고 모든 신과 인간들에게 가르쳐 주셨습니다.

그러나 세존께서 완전한 열반에 드실 때 수밧다의 질문을 받고 '수밧다야, 만일 비구들이 바른 조직을 가지고 완전한 생활을 한다면 이 세상은 아라한을 잃지 않을 것이다.'라고 출가자에게 가르쳐 주신 것은 종교적인 생활실천, 즉 종교의 존재를 말씀하신 것입니다.

그런데 당신은 종교적 생활의 실천을 말씀하신 것과 올바른 가르침이 존속할 기간을 혼동했습니다. 당신이 원한다면 이 두 가지를 같은 성질의 것으로 다루어 설명하겠습니다. 경건한 마음으로 명심하여 나의 말을 들어 주십시오."

"예, 그렇게 하겠습니다."

"대왕이여, 이를테면 신선한 물이 가장자리까지 가득 차 있는 저수지가 있다고 합시다. 그 저수지는 튼튼한 둑으로 둘러싸여 있습니다. 그 물이 마르기 전에 큰비가 계속 내려 고인다면 저수지 물이 말라 없어지겠습니까?"

"존자여, 그럴 리가 없습니다."

"대왕이여, 어째서 그 저수지는 말라 없어지지 않습니까?"

"비가 계속 쏟아지기 때문입니다."

"대왕이여, 마찬가지로 최상승자에 의한 정법의 저수지는 의무와 덕과 도덕과 청정한 생활의 실천이라는 깨끗하고 신선한 물로 가득 차 있고 계속 흘러넘쳐 최상의 천계에까지 넘칩니다.

만일 거기에다 부처님의 제자들이 의무와 도덕과 청정의 실천이라는 비를 더 계속해서 내리게 한다면 최상승자의 정법은 오래오래 존속할 것이며 또 이 세상은 아라한을 잃지 않을 것입니다.

세존께서는 이런 뜻으로 '수밧다야, 비구들이 이러한 조직을 가지고 완전한 생활을 한다면 이 세상은 아라한을 잃지 않을 것이다.'고 말씀하셨습니다.

대왕이여, 이를테면 반들반들하고 반듯하고 잘 갈아져 있으며 반짝거리고 때가 묻지 않은 거울을 부드럽고 결이 가는 분가루로 닦는다면 그 거울은 표면에 더러움이나 때나 먼지 같은 것이 생기겠습니까?"

"그렇지 않습니다, 존자여. 실로 전보다 더 깨끗해질 것입니다."

"대왕이여, 마찬가지로 최상승자의 가르침은 본래 때가 없으며 번뇌의 때나 먼지가 묻어 있지 않습니다.

만일 부처님의 아들들이 의무와 도덕과 청정한 생활과 번뇌를 끊는 실천을 함으로써 최상승자의 가르침을 익힌다면 최상승자의 가르침은 오래오래 존속할 것이며 또 이 세상은 아라한을 잃지 않을 것입니다. 세존께서는 이런 뜻으로 '수밧다여, 비구들이 바른 조직을 가지고 완전한 생활을 한다면 이 세상은 아라한을 잃지 않을 것이다.'고 말씀하셨습니다. 대왕이여, 부처님의 가르침은 실천을 근본으로 하고 실천을 본질로 합니다. 실천이 없어지지 않는 한 부처님의 가르침은 존속할 것입니다."

"나가세나 존자여, 올바른 가르침이 없어진다고 할 때 그 없어짐이란 무엇을 뜻합니까?"

"대왕이여, 거기에는 세 가지 양상이 있습니다. 첫째 정법의 깨침이 없어지는 것, 둘째 정법에 대한 실천이 없어지는 것, 셋째 정법의 외적 특징[外相]이 없어지는 것 등입니다.

정법에 대한 깨침이 없어질 때 정법에 대한 실천이 사라집니다. 그리고 정법에 대한 실천이 사라질 때 승단 생활의 규율은 사라지고 그 가르침의 껍데기만 남습니다. 그리고 정법의 외적 특징이 없어질 때 전통의 상속이 끊어집니다. 이것이 정법이 없어지는 세 가지 양상입니다."

"나가세나 존자여, 당신은 심오한 난문을 잘 설명해 주고 맺혀진 매듭을 풀어 주었습니다. 모든 학파의 지도자 중에 최상승자인 당신은 반대자의 논의를 타파하여 산산조각이 나게 하고 그들의 의론이 잘못임을 입증해 주었습니다."

77. 세존께서는 모든 죄악을 소멸하고 부처님이 되셨는가

"나가세나 존자여, 세존께서는 모든 죄악을 다 태워버리고 부처님이 되셨습니까, 아니면 죄악이 남아 있는데 부처님이 되셨습니까?"

"세존께서는 모든 죄악을 다 태워 없애버리고 부처님이 되셨습니다. 세존에게 죄악은 조금도 남아 있지 않았습니다."

"존자여, 부처님은 육신에 고통을 받지 않으셨습니까?"

"대왕이여, 세존께서는 라자그라하[王舍城]에서 바위 조각에 발을 상하신 적이 있으며 또 이질과 설사병에 걸렸을 때 지바카가 하제(下劑)를 복용하게 해 드린 일이 있었습니다. 또 오한 때문에 떨 때 시자가 부처님께 백비탕을 올린 일이 있었습니다."

"존자여, 정말 부처님께서 모든 죄악을 다 태워버리고 부처님이 되셨다면 부처님께서 발을 상하시고 이질병에 걸리셨다는 말씀은 잘못입니다. 왜냐하면 죄업이 없으면 고통도 없기 때문입니다. 모든 고통은 업에 근거하며 업 때문에 일어납니다. 이 양도논법의 난문을 해결해 주십시오."

"대왕이여, 고통이 모두 업에 근거하는 것은 아닙니다. 고통은 여덟 가지 원인에 의해서 생기며 많은 중생들은 그 원인 때문에 고통을 받습니다. 여덟 가지 원인이란 위장 내 가스의 과잉, 담즙의 과잉, 가래의 과잉, 이들 세 가지의 화합, 계절의 변화, 불규칙한 섭생, 심한 상해, 업 등입니다. 고통은 이러한 원인으로부터 생기며 이들 여덟 가지 원인 때문에 많은 사람은 고통을 받습니다. '사람은 누구나 업에 의하여 고통받으며 업 이외에 고통을 일으키는 원인도 없다.'는 말은 잘못입니다."

"그러나 존자여, 업 이외의 일곱 가지 원인에 의해서 생기는 고통도 근본적으로는 업에 의해서 생긴 것입니다."

"대왕이여, 모든 질병이 정말 업에서 유래한다면 그것들을 서로 구별짓는 특징은 없을 것입니다. 위장 내 가스가 난동하는 것은 열 가지 원인, 즉 차가움, 뜨거움, 굶주림, 목마름, 과식, 너무 오래 서 있음, 과로, 너무 빨리 달림, 상해(傷害), 업의 결과 등에 의합니다. 열 가지 중 앞의 아홉 가지는 과거나 미래에는 작용하지 않고 현재의 생존에만 작용합니다. 그러므로 현재의 고통이 업에 기인한다고 말하는 것은 옳지 않습니다.

대왕이여, 담즙이 교란되는 것은 세 가지 원인, 즉 차가움, 뜨거움, 알맞지 않은 음식 등에 의합니다. 또 가래가 난동하는 것도 세 가지 원인, 즉 차가움과 뜨거움, 음식물 등에 의합니다. 가스와 담즙과 가래가 난동하고 뒤범벅이 될 때 각기 다른 고통이 생기며 또 계절의 변화와 불규칙한 섭생에 의해서도 각기 다른 고통이 생깁니다. 그러나 심한 상해로부터 생기는 고통은 우연히 생기기도 하고 업보에 의해서 생기기도 합니다. 그리고 업보로 생기는 고통은 전생에 지은 업으로 인한 것입니다. 그러므로 업의 결과로 생기는 것은 적고 우연히 생기는 것이 더 많습니다. 잘 알지도 못하면서 모든 것은 업의 결과로 생긴다고 한다면 그것은 어리석은 말입니다. 그리고 부처님의 지혜가 없이는 어떤 사람도 업의 작용범위를 확정지을 수 없습니다.

대왕이여, 세존께서 바위 조각에 발이 상하셨을 때 받은 고통은 위장 내 가스나 담즙이나 가래나 또는 이 세 가지의 화합이나 계절의 변화나 불규칙한 섭생이나 업의 결과로 생긴 것이 아닙니다. 그것은 심한 상해로부터 생겼습니다. 데바닷다는 수십만 년 동안 부처님께 증오심을 품고 있었습니다. 그는 그 증오심 때문에 커다란 바위를 밀어다 부처님의 머리에 떨어뜨리려 하였습니다. 그러나 그때 다른 두 개의 바위가 튀어나와 데바닷다가 떨어뜨린 바위가 부처님에게 닿기 전에 가로막았습니다. 그리하여 두 개의 바위와 충돌하므로 큰 바위가 깨지고 그 조각이 부처님 발에 떨어져 상처를 내어 부처님 발에서 피가 흘렀습니다.

그러므로 그때 세존께서 받은 고통은 업의 결과로서 생긴 것이거나, 아니면 우연한 작용으로 생긴 것이거나 둘 중의 하나입니다. 그밖에 딴 원인은 없기 때문입니다. 이를테면 밭이 나쁘다든지 씨앗이 좋지 않다든지 해서 씨앗이 싹트지 않은 것과 같으며, 또 위에 결함이 있든지 음식이 나쁘다든지 하여 음식물이 소화되지 않는 것과 같습니다.

그러나 세존께서는 업의 결과로 생기는 고통이나 불규칙한 섭생으로 생기는 고통은 없으며 그 밖의 여섯 가지 원인으로부터 생기는 고통도 일어나지 않습니다. 게다가 고통에 의해서 세존의 생명을 빼앗을 수 없습니다.

대왕이여, 46요소로 이루어진 이 육신에는 쾌와 불쾌, 청정과 부정이란 감각이 생깁니다. 가령 위에서 떨어진 흙덩이가 땅 위로 떨어진다면 그 흙덩이는 전생에 지은 어떤 행위의 결과로 땅 위에 떨어지겠습니까?"

"아닙니다, 존자여. 대지에는 선악 간에 업보를 받는 원인은 없습니다. 흙덩이가 땅 위로 떨어지는 것은 전생의 업에 의해서가 아니라 현재의 원인에 의한 것입니다."

"대왕이여, 부처님은 마치 넓은 대지처럼 보아야 합니다. 흙덩이가 대지로 떨어지는 것이 전생의 업에 의한 것이 아닌 것처럼 세존의 발 위에 바위조각이 떨어진 것도 전생의 업에 의한 것은 아닙니다.

대왕이여, 또 사람들이 땅을 갈고 하는 것이 전생에 지은 업의 결과로 그러합니까?"

"존자여, 실로 그렇지 않습니다."

"대왕이여, 마찬가지로 바위 조각이 세존의 발에 떨어진 것은 전생에 지은 업의 결과로 그렇게 된 것도 아니고 또 가스나 담즙이나 가래나 이들 세 가지의 화합으로 일어난 것도 아닙니다.

세존께 생긴 육신상의 질병은 근본적으로 자신의 업 때문에 생긴 것은 아니고 나머지 여섯 가지 원인 중 하나에 관계됩니다. 왜냐하면 모든 성인 중의 성인이신 세존께서는 상윳타 니카야〔相應部〕의 최고 묘전(妙典)에서 몰리야 시이바카의 물음에 대하여 이렇게 대답했기 때문입니다.

'시이바카여, 이 세상에는 담즙을 원인으로 하여 생기는 고통이 있다. 담즙을 원인으로 하여 생기는 고통이 있다는 것을 너는 응당 알아야 한다. 왜냐하면 담즙을 원인으로 하여 생기는 고통이 있다는 것은 세상에서 일반적으로 알고 있는 사실이기 때문이다.

그러나 시이바카여, 수행승과 바라문들 가운데는 개체가 받는 괴로움이나 즐거움이나 또는 괴로움도 즐거움도 아닌 것들이 모두 전생에 지은 업에 기인한다고 생각하는 자가 있다. 그런 생각은 확실성을 넘어 있고 또 세상에서 일반적으로 알고 있는 사실을 넘어 있으므로 나는 그러한 수행승과 바라문은 잘못된 견해를 가졌다고 하는 것이다.

시이바카여, 가래를 원인으로 하여 생기는 고통 등과 세 가지 기액 (氣液)의 혼합으로 생기는 고통도 있고 불규칙한 섭생으로 생기는 고통도 있고 심한 상처로부터 생기는 고통도 있고 업보에 의하여 생기는 고통도 있다. 시이바카여, 업보에 의해서도 고통이 생긴다는 것을 너는 응당 알아야 한다.

그러나 수행승과 바라문들 중에는 개체가 받는 즐거움이나 괴로움이나 또는 즐거움도 괴로움도 아닌 것들이 전생에 지은 업에 기인한다고 생각하는 자들이 있다. 그러한 생각은 확실성을 넘어 있고 또 세상에서 일반적으로 알고 있는 사실을 넘어 있으므로 나는 그들의 견해는 잘못이라고 말하는 것이다.'

대왕이여, 그러므로 모든 고통이 업의 결과인 것은 아닙니다. 그래서 세존께서 모든 죄악을 다 태워 없애고 부처님이 되셨다는 사실을 진실이라고 믿어야 합니다."

"잘 알겠습니다. 나가세나 존자여. 정말 그렇습니다. 당신이 말씀한 그대로라고 믿습니다."

78. 부처님에게 다시 더 수행해야 할 것이 있는가

"나가세나 존자여, 비구들은 '부처님은 성취할 모든 것을 보리수 아래서 이미 다 이루시어 더 이상 수행해야 할 아무것도 없다. 이미 성취한 것에 더 부가해야 할 아무것도 없다.' 라고 말합니다. 그러나 부처님은 성도한 뒤 석 달 동안 홀로 무아의 경지에 잠기셨다고 알려져 있습니다. 만일 첫번째 말이 옳다면 두 번째 이야기는 잘못이요, 두 번째 이야기가 옳다면 첫번째 말은 잘못입니다. 성취할 것을 이미 다 이룬 사람은 홀로 명상에 들 필요가 없습니다. 그것은 수행해야 할 것이 아직 남아 있는 사람에게만 필요합니다.

이를테면 앓는 사람에게 의약이 필요하고 건강한 사람에게는 의약이 필요치 않은 것과 같으며, 또 배고픈 사람에게 먹을 것이 필요하고 배가 부른 사람에게는 먹을 것이 필요치 않는 것과 같습니다. 이것도 양도논법의 난문으로 당신에게 제기되었으니 해결해 주십시오."

"대왕이여, 두 가지가 다 진실입니다. 무아의 명상에는 많은 공덕이 있습니다. 모든 부처님은 홀로 무아의 명상에 들어 부처님이 되었고 그 선공덕(善功德)을 회상하면서 명상의 수행을 실천했습니다. 이를테면 왕으로부터 높은 지위를 얻고 많은 재산을 받은 사람이 그로 인한 복을 누리면서 끊임없이 왕에게 봉사하는 것과 같습니다.

마찬가지로 모든 부처님은 홀로 무아의 명상에 들어 부처님이 되셨지만 그 선공덕을 회상하면서 더욱 명상의 수행을 실천했습니다. 또 중병에 걸려 고통을 받는 사람이 약을 써 건강을 회복하고서도 그 약의 효능을 회상하면서 계속 약을 복용하는 것처럼 모든 부처님들은 부처님이 된 다음에도 그 선공덕을 회상하면서 더욱 명상의 수행을 실천했습니다. 대왕이여, 명상의 선공덕은 스물여덟 가지이며 모든 부처님은 그러한 선공덕을 감지하면서 명상의 수행에 전념했습니다. 스물여덟 가지 선공덕이란 명상하는 자를 수호하며, 장수하게 하며, 체력을 주며, 잘못이 생기지 않도록 하며, 불명예를 제거하고, 명성을 주며, 불만족을 없애고, 즐거움을 주고, 공포를 없애고, 자신을 주며, 게으름을 없애며, 분발시키며, 탐욕을 없애고, 노여움을 진정시키고, 미망을 없애며, 자만심을 죽이고, 모든 의심을 타파하고, 마음을 평화롭게 하고, 마음을 부드럽게 하며, 기쁜 마음을 일으키며, 존엄하게 하며, 이익되게 하고, 존경을 받게 하며, 즐겁게 하며, 기쁘게 하며, 모든 형성작용의 무상한 본성을 보여 주며, 다시 태어나지 않게 하며, 출가자의 모든 지위를 얻게 합니다. 대왕이여, 이것들이 명상의 스물여덟 가지 선공덕으로 모든 부처님은 이 선공덕을 감지하며 명상의 수행에 전념했습니다.

대왕이여, 모든 부처님이 명상의 수행에 전념한 데는 네 가지 이유가 있습니다. 즉 안락하게 살기 위해서, 공덕을 결함없이 풍요하게 하기 위해서, 명상은 예외없이 신성한 것으로 통하는 길이기 때문에, 모든 부처님이 명상을 칭찬하고 찬미하고 칭송하고 찬탄했기 때문에 모든 부처님은 명상의 실수(實修)에 전념했습니다. 이것들이 모든 부처님이 명상의 실수에 전념하는 이유입니다.

대왕이여, 이와 같이 모든 부처님은 수행해야 할 어떤 것이 아직 남아 있거나 이미 성취한 것에 더 부가해야 할 어떤 것이 있어서가 아니라 다만 명상의 뛰어난 선공덕을 감지하기 때문에 홀로 명상의 수행에 전념했습니다."

"잘 알겠습니다, 나가세나 존자여. 정말 그렇습니다. 당신이 말씀하신 그대로라고 믿습니다."

79. 교단의 규정은 버릴 수 있는가

"나가세나 존자여, 세존께서 말씀하셨습니다. '비구들이여, 나는 증득된 지혜로 진리를 말하지, 그것이 없이는 진리를 말하지 않는다.' 그러나 또 한편 교단의 규율에 관해 이렇게 말씀하셨습니다. '아난다여, 내가 죽은 뒤 승단이 원한다면 보다 작고 중요치 않은 규칙(小學處와 隨小學處)은 버려라.'

존자여, 세존께서 당신이 죽은 뒤 보다 작고 중요치 않은 규칙을 버리라 하신 것은 규칙들이 잘못되어 있기 때문입니까? 아니면 정당한 이유 없이 잘 모르고 만들어졌기 때문입니까? 만약 그렇다면 부처님에게는 증득된 지혜가 없는 것입니다. 이것은 양도논법의 문제로서 당신은 이 난문을 풀어 주셔야 합니다."

"세존께서는 두 가지 모두 말씀하셨습니다. 그러나 두 번째 말씀은 당신이 죽은 뒤 규칙을 버리는 것이 허용된다면 보다 작고 중요치 않은 규칙을 버릴 것인지, 아니면 보존할 것인지를 제자들에게 말씀하셨습니다.

이를테면 전륜왕이 자기 아들들에게 이렇게 말하는 것과 같습니다. '애들아, 이 대국토는 사방이 바다에까지 뻗쳐 있다. 우리가 가진 병력으로 이 대국토를 보존하기는 어려운 일이다. 그러니 너희는 내가 죽은 뒤 변방지방을 포기하라.'

대왕이여, 왕자들은 아버지가 죽은 뒤 자기들 손 안에 있는 변방지방을 포기하려고 하겠습니까?'

"아닙니다, 존자여. 왕자들은 다른 사람보다 더 탐욕이 강합니다. 그들은 정권욕 때문에 그 영토의 두 곱, 세 곱이나 더 많은 영토를 손아귀에 넣으려 할지도 모릅니다. 그런 그들이 자기 손아귀에 든 영토를 이유없이 왜 포기하겠습니까?'

"대왕이여, 마찬가지로 부처님 또한 비구들에게 시험삼아 그렇게 말씀하셨습니다. 대왕이여, 부처님의 제자들은 괴로움으로부터 해탈하기 위하여 부처님의 가르침을 지키려 하기 때문에 다시 더 250가지 규칙을 지킵니다. 그러므로 본래 제정되어 있는 어떤 규칙도 버릴 수 없습니다."

"나가세나 존자여, 그런데 세존께서 '보다 작고 중요하지 않은 규칙들'이라고 말씀하셨을 때 비구들은 '보다 작은 규칙은 무엇이고 중요치 않은 규칙은 무엇인가.' 하고 당황하고 의심하고 의혹에 떨어졌습니다."

"대왕이여, 보다 작은 규칙이란 신체적인 행위에 의하여 짓는 죄악에 대한 규정이요, 중요치 않은 규칙이란 언어에 의하여 짓는 죄악에 대한 규정입니다. 대왕이여, 옛날의 덕이 높은 장로들도 여기에 대하여 의심을 품고 교법을 확정, 결집할 때 의견이 일치하지 않았습니다. 세존께서는 이미 이런 문제가 일어날 것을 아셨습니다."

"나가세나 존자여, 오랫동안 감추어져 있던 승자의 비밀이 오늘에야 세상에 드러나 모든 사람에게 분명하게 되었습니다."

80. 부처님은 비장해 두고 가르치지 않는 것이 없다

"나가세나 존자여, 세존께서 말씀하시길, '아난다여, 타타가타〔如來〕는 진리에 관하여 숨겨 두고 가르치지 않은 숨은 주먹 같은 것은 없다.'라고 말씀하셨습니다. 그러나 부처님은 또 말룽카아 풋타 장로(말룽카아 부인의 아들)가 질문했을 때 아무런 대답도 하지 않았습니다.

나가세나 존자여, 이 문제는 틀림없이 몰라서 대답을 회피했거나 아니면 숨겨 두려고 대답하지 않았든가 양자 중의 어느 한 쪽에 기인합니다. 만일 첫번째 말씀이 진실이라면 해답을 모르기 때문에 장로의 질문에 대답하지 않았을 것이며, 또 알고 계시면서 대답을 안 했다면 부처님은 진리에 대해 숨겨 두고 가르치지 않은 주먹이 있음에 틀림없습니다. 이것도 양도논법의 난문으로서 이제 당신에게 제출되었으니 당신은 이 난문을 해결해 주셔야 합니다."

"대왕이여, 세존께서는 아난다에게 그러한 주먹은 없다고 하셨고 또 말룽카아 풋타 장로의 질문에는 해답을 내려 주시지 않았습니다. 그러나 세존께서 대답을 안 하신 것은 모르기 때문이 아니요, 숨겨 두려는 의도 때문도 아니었습니다.

대왕이여, 모든 문제는 해답이 주어질 수 있는 방법에 따라 네 가지 종류로 나눌 수 있습니다. 네 가지 종류란 해답이 결정적으로 주어질 수 있는 문제, 상세하게 분석함으로써 해답될 수 있는 문제, 반문(反問)함으로써 해답될 수 있는 문제, 해답을 방치해 버릴 수 있는 문제 등입니다.

대왕이여, 결정적인 해답이 주어질 수 있는 문제란 이를테면 '형상은 무상한 것인가, 감수작용(受)은 무상한 것인가, 표상작용(想)은 무상한 것인가, 형성작용(行)은 무상한 것인가, 식별작용(識)은 무상한 것인가' 등의 문제입니다.

상세하게 분석함으로써 해답될 수 있는 문제란 이를테면 '그러므로 무상한 것은 형상인가, 그러므로 무상한 것은 감수작용인가, 그러므로 무상한 것은 표상작용인가, 그러므로 무상한 것은 형성작용인가, 그러므로 무상한 것은 식별작용인가' 하는 등의 문제입니다.

다른 질문을 함으로써 해답될 수 있는 문제란 이를테면 '그렇다면 무엇 때문에 눈은 모든 것을 지각할 수 있는가' 하는 것과 같은 문제입니다.

해답을 방치해 버릴 수 있는 문제란 이를테면 '세계는 영속한 것인가, 아니면 세계는 영속하지 않은 것인가', '세계는 유한한 것인가, 아니면 무한한 것인가', '정신과 육체는 같은 것인가, 다른 것인가', 타타가타는 사후에도 존재하는가, 아니면 존재하지 않은가, 아니면 사후에 존재하기도 또 존재하지 않기도 하는가' 등의 문제입니다.

대왕이여, 세존께서 말룽카아 풋타 장로에게 대답을 안 한 것은 방치해 버려야 할 그런 문제입니다. 어째서 그런 문제는 방치해 버려야 하는가. 거기에는 대답할 이유나 대상이 없습니다. 그것이 방치해 버려야 할 이유입니다. 모든 부처님들은 이유가 없고 대상이 없는 발언을 하지 않기 때문입니다."

"잘 알겠습니다, 나가세나 존자여. 실로 당신이 말씀하신 그대로라고 나는 믿습니다."

81. 죽음에 대한 공포

"나가세나 존자여, 세존께서 말씀하셨습니다. '모든 사람은 매질을 무서워하고 또 죽음을 두려워한다.' 세존께서는 또 이렇게 말씀하셨습니다. '아라한은 모든 공포를 초월했다.'

그러나 나가세나 존자여, 아라한이 공포를 초월했다면 어찌하여 매질을 두려워하고 공포에 떱니까? 또 지옥에 떨어진 중생들은 지옥에서 타고 볶이고 지져지고 그을리고 있을 때 그 무서운 지옥의 타오르는 불길을 벗어나는 죽음을 두려워합니까?

존자여, 만일 세존께서 '모든 사람은 매질을 무서워하고 또 죽음을 두려워한다.'고 말씀하셨다면 '아라한은 모든 공포를 초월했다.'고 한 말씀은 잘못임에 틀림없습니다. 또 만일 세존께서 진정으로 '아라한은 모든 공포를 초월했다.'고 말씀하셨다면 '모든 사람은 매질을 무서워하고 또 죽음을 두려워한다.'고 하신 말씀은 잘못임에 틀림없습니다. 이것도 양도논법의 난문으로 이제 당신에게 제출되었습니다. 당신은 이 난문을 해결해 주셔야 합니다."

"대왕이여, '모든 사람은 매질을 무서워하고 또 죽음을 두려워한다.' 라고 한 것은 아라한에 대하여 한 말씀이 아닙니다. 아라한은 이 진술에서 제외되었습니다. 왜냐하면 아라한에게는 공포의 모든 원인이 제거되었기 때문입니다. 세존께서는 번뇌가 아직 남아 있고 자기의 견해에 강하게 붙잡혀 있고 고(苦)와 낙(樂) 사이를 부침하고 있는 중생들에 관하여 무서움이나 두려움이 있다고 말씀하셨습니다.

대왕이여, 아라한에게는 모든 상태의 윤회하는 생존이 끊어지고 4종의 미래 생존이 파괴되고 다음 세상에 몸 받아 나는 일이 끝나고 번뇌궁(煩惱宮)의 서까래가 부러지고 생존에 대한 모든 집착이 완전히 사라지고 모든 형성력이 근절되고 선악이 끊어지고 무지가 소멸되고 식별작용(識)에 새로 나올 딴 종자가 다시 없고 모든 죄악이 다 없어지고 모든 세간적인 상태(이익, 손실, 명예, 불명예, 칭찬, 비난, 고, 낙 등 여덟 가지 세간적 존재방식)가 극복되었습니다. 그러므로 아라한은 어떠한 두려움으로도 떠는 일이 없습니다.

대왕이여, 이를테면 왕에게 성실하고 신임받고 높은 권좌에 있는 이름난 네 명의 대신이 있다고 합시다. 어떤 위급한 사태가 일어나자 왕은 전 국민에게 '국민은 세금을 낼 것이며 너희 네 명의 대신은 이 위급한 사태에 필요한 대책을 세우라.'고 명령을 내렸다고 합시다. 대왕이여, 대신들의 마음 속에 세금에 대한 두려움에서 생기는 공포가 일어나겠습니까?"

"아닙니다, 존자여. 일어나지 않습니다."

"어찌하여 공포가 일어나지 않습니까?"

"대신들은 왕에 의하여 높은 자리에 임명되었고 그들에게는 납세의 의무가 면제되어 있어 과세는 영향을 미치지 않습니다. 국민은 세금을 바치라는 명령은 네 명의 대신을 제외한 국민들에게 내린 것입니다."

"마찬가지로 세존께서 '모든 사람은 매질을 무서워하고 또 죽음을 두려워한다.' 란 말에서 아라한은 제외되어 있습니다."

"나가세나 존자여, 그러나 '모든 사람' 이란 말은 '한 사람도 남기지 않은 사람 전부' 라는 뜻입니다. 그 점에 대해서 확실한 이유를 말해 주십시오."

"대왕이여, 어떤 마을의 촌장이 전령자에게 명령하기를, '온 마을 사람을 급히 내 앞으로 모이게 하라.' 고 했다고 합시다. 그래서 전령자는 마을 한가운데 서서 '모든 사람들은 모두 곧 촌장 앞으로 모이라.' 하고 세 번 큰소리로 외쳤습니다. 그리하여 마을 사람들은 급히 모여 촌장에게 말했습니다. '촌장님, 마을 사람이 모였으니 하고 싶은 일을 시키십시오.' 라고.

그런데 대왕이여, 이 경우 촌장은 장정들을 모으려고 한 것이었고 명령을 듣고 모인 사람도 마을 사람 전부가 아니었고 장정들만 모였습니다. 장정들이 모두 집합한 것을 보고 촌장은 마을 사람 전부가 모였다고 만족합니다. 그러나 실제로 마을 사람 중 여자나 하인들이나 아이들이나 병자들이나 노쇠한 사람은 모이지 않았습니다.

마찬가지로 대왕이여, 모든 사람은 죽음을 두려워한다는 말은 아라한에 대하여 한 말은 아닙니다. 왜냐하면 아라한은 공포를 가질 어떤 내적 원인이 이미 소멸되었기 때문입니다.

대왕이여, 말과 뜻 둘 다에 설명되지 않은 것이 있고, 말로는 다 표현되지 못하나 그 뜻에는 다 설명되는 것이 있으며, 말로는 설명되나 뜻에는 다 설명되지 않은 것이 있으며, 말과 뜻 둘 다에 설명되는 것이 있습니다. 그러므로 경우에 따라 진실을 파악해야 합니다.

진실을 파악하는 데는 다섯 가지 방법이 있습니다. 즉 인용구에 의하여, 내용에 의하여, 스승의 전수에 의하여, 사량(思量)에 의하여, 근거의 타당성에 의하여 알아냅니다. 그 중 인용구란 경전 자체에서 보여진 뜻이요, 내용이란 다른 경전과 일치함이요, 스승의 전수란 스승의 주장이요, 사량이란 자기의 견해요, 근거의 타당성이란 이들 네 가지의 결합된 것을 말합니다."

"나가세나 존자여, 잘 알겠습니다. 나는 당신이 말씀하신 그대로라고 믿습니다. 모든 사람은 두려워한다고 한 말은 아라한에게는 적용되지 않으며 공포에 가득차 있는 것은 아라한 이외의 중생입니다.

그러나 지옥에 떨어진 중생은 비참하고 끔찍한 고통을 받고 있습니다. 지독한 불길에 휘감겨 소름끼치는 비명과 고함을 지르며 피난할 곳을 찾지만 육방에서 감겨오는 화염으로부터 피할 수 없는 화탕지옥의 중생들도 죽음을 두려워하겠습니까?"

"그렇습니다. 죽음을 두려워합니다."

"지옥의 고통을 벗어나는 죽음을 그들이 두려워하는 이유를 모르겠습니다."

"그들은 지옥으로부터 벗어나기를 갈망하지만 죽음의 위력을 두려워합니다."

"나가세나 존자여, 지옥의 고통으로부터 벗어나기를 바라는 사람들이 죽어서 다시 태어나는 것을 두려워한다는 것을 나는 믿을 수 없습니다. 그들은 자신이 원하는 생존을 얻을 수도 있다는 기대 때문에 오히려 만족해할 것입니다."

"대왕이여, 죽음이란 네 가지 진리[四聖諦]를 보지 못하는 사람이 두려운 생각을 갖게 되는 근거입니다. 예를 들어 독사를 두려워하는 사람은 죽음을 두려워하기 때문에 독사를 두려워합니다. 마찬가지로 코끼리, 사자, 호랑이, 표범, 곰, 불, 물, 가시, 철못, 화살 따위를 두려워하는 사람도 역시 죽음을 두려워하기 때문에 그것을 두려워합니다.

대왕이여, 어떤 사람의 몸에 고름이 가득 찬 종기가 났다고 합시다. 종기 때문에 고통을 받는 그 사람은 위험으로부터 벗어나려고 일반 외과 의사를 찾아갑니다. 의사는 그 환자의 병을 치료하기 위해 여러 가지 의료기구를 준비합니다. 즉 칼을 날카롭게 갈고 부식침(腐蝕針)을 불에 넣어 달구고 알칼리 세척액에 섞을 약을 갈아서 빻습니다. 그 환자는 의사가 종기를 칼로 째고 부식침으로 태우고 알칼리 세척액을 쏟아넣는 것을 두려워하겠습니까?"

"그렇습니다. 그는 두려워합니다."

"대왕이여, 종기로부터 벗어나고자 하는 환자라도 고통에 대한 공포 때문에 두려워 떱니다. 마찬가지로 지옥에 떨어진 중생도 그곳에서 벗어나기를 갈망하지만 죽음에 대한 공포로 두려워 떱니다.

대왕이여, 대역죄를 지은 사람이 사슬에 묶인 채 투옥되어 석방되기를 갈망하고 있다고 합시다. 왕은 석방해 주려고 그를 불러내게 하였습니다. 자신의 죄를 잘 알고 있는 그 사람은 왕과 만나는 것을 두려워하지 않겠습니까?"

"존자여, 두려워합니다."

"대왕이여, 지옥에 떨어진 중생들도 지옥에서 벗어나기를 갈망하지만 죽음을 두려워합니다."

"존자여, 내가 납득할 수 있는 또 다른 비유를 들어 주십시오."

"대왕이여, 이를테면 독사에 물린 사람이 독으로 인하여 무서워 떨며 엎치락뒤치락 이리저리 구른다고 합시다. 그때 어떤 사람이 신효한 주문을 외움으로써 독사를 다시 끌어내어 독사로 하여금 그 독을 뽑아내게 한다고 합시다. 독사에 이미 물렸던 사람은 다시 독사를 보고 두려운 생각을 일으키지 않겠습니까? 설혹 그 독사가 독을 뽑아내려고 오고 있다 하더라도."

"두려운 생각을 일으킬 것입니다."

"지옥 중생도 마찬가지입니다. 죽음은 일체 생명이 싫어하는 것입니다. 그러므로 지옥 중생들은 지옥으로부터 벗어나기를 갈망하면서도 죽음을 두려워합니다."

"잘 알겠습니다, 나가세나 존자여."

82. 보시에 관한 네 가지 장애

"나가세나 존자여, 비구들은 말합니다. '부처님은 출가자의 필수품, 즉 의복과 음식과 거처(좌구와 침구)와 필요한 약품 등을 끊임없이 얻는다.' 그러나 이런 일도 있었습니다. '부처님은 판차실라에 있는 바라문 촌에 탁발하러 갔을 때 아무것도 얻지 못하고 빈 바루 그대로 돌아오지 않으면 안 되었다.'

만일 앞말이 진실이라면 뒤의 말은 잘못이요, 또 뒤의 말이 진실이라면 앞말은 잘못입니다. 이 양도논법의 난문을 해결해 주십시오."

"두 가지 다 사실입니다. 그날 바라문 촌에서 아무것도 얻지 못한 것은 악마 마라[波旬]의 소행이었습니다."

"나가세나 존자여, 도대체 세존께서 헤아릴 수 없는 세월 동안 쌓아 올린 공덕은 그날로 끝났습니까? 지금 막 나타난 마라가 어떻게 세존의 그 공덕의 위력을 압도할 수 있습니까? 마라의 힘이 세존보다 더 강하다면 악의 힘이 선의 힘보다 더 강하다는 말입니까?"

"대왕이여, 그것만으로 선의 힘이 악의 힘보다 더 강하다든가 마라의 힘이 세존보다 더 강하다고 입증할 수는 없습니다.

이를테면 어떤 사람이 전륜성왕에게 꿀이나 꿀로 만든 음식이나 그밖의 훌륭한 음식을 가져온다고 합시다. 그런데 왕의 문지기가 그 사람에게 말하길, '여보세요, 지금은 임금님을 뵐 때가 아닙니다. 그러니 임금님께서 당신에게 벌을 내리기 전에 빨리 돌아가세요.' 라고 했습니다. 그래서 그 사람은 매질을 당할까 봐 두려워서 진상품을 가지고 총총히 돌아갔습니다. 전륜성왕이 그 진상품을 받지 못했다는 이유로 그 문지기보다 힘이 약한 사람이라는 것이 입증됩니까?"

"아닙니다, 존자여. 문지기는 심술궂은 그의 성질 때문에 진상품을 가져온 자를 돌려보냈습니다. 전륜성왕에게는 그보다 몇천 갑절 훌륭한 진상품이 다른 방법으로 얼마든지 진상될 수 있습니다."

"대왕이여, 마찬가지로 마라는 시기하는 그의 성질 때문에 판챠살라촌 사람들의 마음을 사로잡았습니다. 그러나 수십만의 천신들은 하늘의 진수를 세존께 공양올리고 그분께서 드시고 몸에 기운이 충만하시기를 바라며 합장 예배하며 서 있었습니다."

"그러나 세존에게 음식을 보시하려는 것을 막은 마라의 의도만은 달성된 셈입니다. 신과 사람들 가운데 최상자이신 분이 어찌하여 마라처럼 열등하고 비천하며 죄많은 존재가 방해를 놓을 수 있었는지 나의 의혹은 가시지 않은 채 마음이 석연치 못합니다."

"대왕이여, 보시물에 대해서는 네 가지 방해가 있습니다. 즉 특정인을 의도하지 않은 보시물에 대한 방해, 어떤 사람을 지목한 보시물에 대한 방해, 이미 준비되어 있는 보시물에 대한 방해, 보시물의 향유에 대한 방해 등입니다.

첫번째 방해는 어떤 사람을 생각함이 없이 보시하려고 준비된 보시물에 대하여 누군가가 '남에게 이것을 준들 무엇하겠는가.' 해서 방해를 일으킴이요, 두 번째 방해는 특정인에게 주려고 준비된 공양물에 대하여 누군가가 방해를 놓음이요, 세 번째 방해는 이미 준비된 선물이 아직 향유되지 않았을 때 그 보시물에 대하여 누군가가 방해를 놓음이요, 네 번째 방해는 이미 준비된 공양물을 향유하는 것을 누군가 방해하는 것입니다. 그런데 마라가 판차살라 촌의 바라문이나 가장들의 마음을 사로잡은 것은 세존께서 보시물을 향수하는 것을 방해한 것도 아니요, 세존을 위해 이미 준비된 보시물에 대하여 방해를 놓은 것도 아니요, 세존을 위하여 특별히 의도되어 준비된 보시물에 대하여 방해를 놓은 것도 아닙니다. 그 방해는 아직 사람이 오지 않았으며 보시물이 도착하지도 않았으며 누구에게도 의도되지 않은 보시물에 대한 것입니다. 그것은 세존 한 분에 대한 것이 아니었습니다. 그날 그 마을로 들어간 사람들은 모두 보시를 받지 못했습니다.

대왕이여, 인간계와 천계와 마계에 있는 그 누구도 세존에게 의도되었거나 이미 준비되었거나 세존에게 주어지는 보시물에 대하여 방해를 놓을 수 있는 사람은 한 사람도 없습니다. 만일 누가 그런 경우에 방해를 놓는다면 그 사람의 머리는 백천 조각으로 산산조각이 날 것입니다.

대왕이여, 부처님에게는 아무도 침해할 수 없는 네 가지가 있습니다. 첫번째는 세존을 위해서 의도되고 준비된 보시물에 대해서, 두 번째는 세존의 몸 주변에 퍼지는 1심(약 6피트) 가량의 후광에 대하여, 세 번째는 세존의 전지한 지혜보(智慧寶)에 대하여, 네 번째는 세존의 생명에 대하여 아무도 방해를 할 수 없다는 것입니다. 이 네 가지는 본질적으로 동일하며 손상되지 않고 동요되지 않으며 남이 공격할 수도 없고 딴 작용에 의하여 변화되지도 않습니다.

대왕이여, 마라는 자기의 모습을 남의 눈에 띄지 않게 감추고 판챠살라 촌 사람들의 마음을 사로잡았습니다. 대왕이여, 도적들이 변경지방에서 눈에 띄지 않게 숨어 대로를 공격한다고 합시다. 만일 그들이 왕에게 발견되면 그들은 안전하겠습니까?"

"아닙니다. 나가세나 존자여, 왕은 그들을 백천 조각으로 베어 죽일 것입니다."

"대왕이여, 마찬가지로 마라는 모습을 보이지 않고 숨어서 판챠살라 촌의 사람들 마음을 사로잡았습니다. 이를테면 유부녀가 남편 눈에 띄지 않게 정부와 자주 만난다고 합시다. 정부와 정사를 맺다가 남편에게 들키면 그녀는 무사할까요?"

"아닙니다, 존자여. 남편은 그녀를 죽이거나 때려서 상처를 입히거나 끈으로 꽁꽁 묶거나 아니면 노예로 만들거나 할 것입니다."

"대왕이여, 마찬가지로 마라는 도적의 소행을 한 것입니다. 마라는 자기 모습을 감추고 숨어서 판챠살라 촌민의 마음을 사로잡았습니다. 만일 마라가 세존을 위해 의도되고 이미 준비된 보시물에 대하여 방해를 놓거나 세존께서 보시물을 받으시는 것을 방해했다면 그의 머리는 백천 조각으로 산산조각이 났을 것이며 그의 몸뚱이는 한줌의 왕겨처럼 흩어졌을 것입니다."

"잘 알겠습니다, 나가세나 존자여. 당신이 말씀하신 그대로라고 나는 믿습니다."

83. 무의식적 범죄는 유죄가 성립되는가

"나가세나 존자여, 비구들은 말합니다. '모르고 살생하는 자는 누구나 알고 살생하는 자보다 아주 중대한 죄과를 쌓는다.' 한편 세존께서는 승단의 규율을 제정하실 때 이렇게 말했습니다. '모르고 행한 자에게는 죄가 없다.'

이 두 말은 모순되는 것으로 회통하기 어렵고 극복하기 어려운 난문입니다. 이 난문을 해결해 주셔야 합니다."

"대왕이여, 당신이 인용한 두 가지 다 세존께서 말씀하셨습니다. 그러나 양자는 뜻이 다릅니다.

죄과에는 마음에 선악에 대한 동기가 없이 지은 것이 있고 선악에 관한 생각을 가지고 지은 것이 있습니다. 세존께서는 선악에 대한 생각을 못하고 지은 죄에 대하여 '모르고 행한 사람에게는 죄가 없다.'고 말씀하셨습니다."

"잘 알겠습니다, 나가세나 존자여. 당신이 말씀하신 그대로라고 나는 믿습니다."

84. 부처님의 추종자들이 갖는 아집에 관하여

"나가세나 존자여, 세존께서 말씀하셨습니다. '아난다여, 여래는 자기가 비구승단을 지도해야 한다든가 비구승단은 자기에게 의존한다는 생각을 하지 않는다.' 또 한편 세존께서 마이트레야의 덕성을 기술할 때 이렇게 말씀하셨습니다. '내가 지금 수백 명 비구 승단의 지도자인 것처럼 마이트레야는 수천 명 비구승단의 지도자가 될 것이다.'

만일 앞의 말이 옳다면 뒤의 말은 잘못이요, 뒤의 말이 옳다면 앞의 말이 잘못입니다. 이 양도논법의 난문을 당신이 해결해 주십시오."

"대왕이여, 당신은 두 가지 다 옳게 인용하셨습니다. 그러나 당신이 인용한 첫번째는 설명할 여지가 없이 포괄적이요, 또 하나는 포괄적이 아닙니다. 부처님은 대중들을 추종하는 분이 아니요, 대중들은 부처님을 추종하는 자들입니다. '이것은 나이다.', '이것은 나의 것이다.' 하는 것은 세속적 견해에 불과하며 궁극의 선험적 절대진리〔第一義諦〕는 아닙니다. 부처님은 마음의 갈애와 집착을 여의고 '이것은 나의 것이다.' 란 망상을 벗어나 다만 남에게 도움이 되기 위해서만 삽니다.

이를테면 대지는 지상에 있는 생명체의 의지처요, 안주처이지만 대지는 '이것들은 나의 것이다.' 라는 애착을 갖고 있지는 않습니다. 또 커다란 비구름이 풀과 나무들과 동물과 인간들에게 비를 쏟아 그것들을 생육시키고 성장시키지만 비구름에게는 '이것들은 나의 것이다.' 라는 애착이 없습니다.

마찬가지로 부처님은 모든 중생에게 선법을 깨우쳐 주고 그들을 선행으로 지켜 주며 그리하여 모든 중생들은 부처님에 의지하여 생을 영유해 나가지만 부처님에게는 '이들은 나의 것' 이란 애착은 없습니다. 왜냐하면 부처님은 모든 아집을 버렸기 때문입니다."

"잘 알겠습니다, 나가세나 존자여. 난문은 여러 가지 사례에 의해서 해결되었습니다. 밀림은 환하게 치워지고 암흑은 광명으로 바뀌었으며 반대자의 논란은 무너지고 승자의 아들〔佛弟子〕에게 지혜의 눈은 열렸습니다."

85. 승단의 분열에 관하여

"나가세나 존자여, 비구들은 말합니다. '여래는 그를 따르는 대중이 결코 분열하게 할 수 없는 지도자이다.' 당신들은 또 이렇게 말합니다. '5백 명의 비구가 데바닷다의 일격에 분열했다.'

만일 앞말이 옳다면 뒷말이 잘못이요, 또 뒷말이 옳다면 앞말이 잘못입니다. 이것도 양도논법의 난문으로서 심오하여 해결짓기 어렵고 얽혀진 매듭보다 더 얽혀 있습니다. 이 난문에 대하여 세상사람들은 눈이 가려지고 감겨지고 가로막히고 차단되고 덮여 있습니다. 반대자의 난문을 논파해 주십시오."

"대왕이여, 두 가지 말은 다 옳습니다. 부처님은 그를 따르는 대중들이 결코 흩어지게 할 수 없는 분이고 또 데바닷다의 일격에 5백 명의 비구가 갈라져 나갔습니다. 그러나 갈라져 나간 것은 파괴하는 자의 힘 탓입니다.

대왕이여, 파괴하는 자가 있는 곳에 분열되지 않는 것은 없습니다. 파괴되는 자가 있는 한 어머니가 자식과 헤어지고 자식이 어머니와 헤어지며 아버지가 자식과 헤어지며 자식이 아버지와 헤어지며 형제가 자매와 헤어지며 자매가 형제와 헤어지며 친구가 친구와 헤어집니다. 각종의 재목으로 조립된 배도 노도에 맞아 부서지며 열매가 주렁주렁 열리는 생기에 찬 나무도 폭풍우에 두들겨 맞고 부러지며 최량의 금도 구리와 분리됩니다. 여래의 대중이 분열된 것은 여래의 의사도 아니요, 현자나 지자들의 의도도 아니었습니다.

그리고 부처님의 대중이 분열될 수 없다고 한 것에는 특별한 근거가 있습니다. 내가 아는 한 부처님께서 어디선가 베풀지 않은 것〔不施〕,

불친절한 말[不愛語], 불이익을 주는 나쁜 행위[不利行], 모든 사람과
함께하지 않는 불공평[不同事] 등 무슨 불선한 행위를 하여 부처님을
따르는 대중이 분열했다는 소리를 듣지 못했습니다. 그런 뜻에서 부처
님의 대중은 난공불락입니다.

또 당신은 이런 것을 들은 일이 있습니까? 즉 부처님의 아홉 가지 가
르침에서 보살의 어떤 행위가 부처님의 대중을 분열시켰다는 실례를
말입니다."

"아닙니다, 존자여. 그러한 것은 한번도 보지도 듣지도 못했습니다.
나가세나 존자여, 잘 알겠습니다. 당신이 말씀하신 것을 나는 그대로
믿습니다."

86. 비구의 자격과 특징

"나가세나 존자여, 세존께서 말씀하셨습니다. '바셋타여[婆斯陀]여,
진리의 가르침은 현재에도 미래에도 세상에서 최상의 것이다.' 그러나
비구들에 의하면 재가신도로서 성자의 경지에 들어 고해에서 윤회전생
하는 가능성이 소멸되고 바른 지견에 도달하고 부처님의 가르침을 회
통한 사람일지라도 성자의 경지에 이르지 못한 비구나 사미에 대해서
공손히 인사하고 또 자리에서 일어나 공경과 경의를 표해야 한다고 합
니다.

존자여, 만일 진리의 가르침이 최상의 것이라면 인사하고 경의를 표
해야 한다는 행동규율은 잘못된 것이요, 또 만약 그러한 행동규율이 옳
다면 진리의 가르침이 최상이라고 한 말씀은 잘못임에 틀림이 없습니

다. 이 난문을 해결해 주십시오."

"대왕이여, 세존께서는 두 가지 말씀을 분명히 하셨습니다. 그러나 행동규율이 그렇게 된 데는 이유가 있습니다.

그 이유란 다음과 같습니다. 즉 출가자를 출가자답게 하는 스무 가지 일신상의 특징과 두 가지 외적인 특징이 있으며 그것 때문에 출가자는 인사받고 존경과 경의를 받을 가치가 있습니다. 스무 가지 일신상의 특징이란 최상의 자제, 최고의 극기, 바른 행위, 정숙한 태도, 바른 언행, 근신, 감관의 정복, 인내, 유화, 독거(獨居)의 실천, 독거의 애호, 독좌의 사유, 명상, 죄를 두려워하고 부끄럽게 여기는 참괴(慙愧)함, 정진, 방일하지 않음, 학습의 엄수, 경전의 암송, 경ㆍ율에 대한 질문, 계행을 기꺼이 엄수함, 세상일에 대한 무집착, 배움의 원만성취 등입니다. 두 가지 외적 특징이란 황색 가사를 착용하고 삭발을 하는 등의 밖으로 드러나는 모습입니다.

비구는 이들 모든 규율을 실천하며 또 규율로 생활합니다. 비구는 이들 모든 규율을 완비하므로 더 이상 배울 것이 없는 경지, 즉 아라한의 경지에 이르며 이 세상 최고의 지위로 향해 나아갑니다. 그러므로 이미 성자의 경지에 든 재가신도라도 아직 범부의 상태에 있는 비구들에게 경의를 표하는 것은, 비구는 이미 아라한의 지위에 접근해 있다고 보기 때문입니다.

또 이미 성자의 경지에 든 재가신도라도 아직 범부의 상태에 있는 비구에게 경의를 표하는 것은, 비구는 모든 번뇌가 소멸된 경지에 접근하고 있는 데 반해 자신은 그렇지 않다고 보기 때문입니다.

또 이미 성자의 경지에 이른 재가신도라도 아직 범부의 상태에 있는 비구를 존경하고 그에게 경의를 표할 만한 가치가 있다고 생각하는 것은, 비구는 최상의 대중인 승단의 사람들과 접촉하고 있는 데 반해 자기는 그러한 상태에 이르지 못하고 있다는 것을 알기 때문입니다.

또 이미 성자의 경지에 이른 재가신도라도 아직 범부의 상태에 있는 비구를 존경하고 그에게 경의를 표할 만한 가치가 있다고 생각하는 것은, 비구는 포살 때 바라제목차(波羅提木叉)의 암송을 경청할 수 있는데 비해 자기는 그런 일을 할 수 없다고 알기 때문이며, 또 비구들은 사람들을 출가시켜 부처님의 가르침을 넓히는 반면에 자기는 그런 일을 할 수 없다고 알기 때문이며, 또 비구는 헤아릴 수 없는 많은 가르침을 이행하는 데 반하여 자기는 그런 것을 준수할 수 없다고 알기 때문입니다.

또 재가신도로서 성자의 지위에 오른 사람이라도 아직 범부 자리에 있는 비구를 존경하고 그에게 경의를 표할 만한 가치가 있다고 생각하는 것은, 비구는 출가자다운 외적 특징을 갖추고 부처님의 의도를 실행하고 있는 데 반하여 자기는 그러한 외적 특징으로부터 멀어지고 있다고 알기 때문이며, 또 비구는 기름이나 장신구를 쓰지 않고 계율의 향〔戒香〕을 갖춘 반면 자신은 그렇지 않다는 것을 알기 때문입니다.

또 재가신도로서 성자의 지위에 오른 사람이라도 아직 범부의 자리에 있는 비구를 존경하고 그에게 경의를 표할 만한 가치가 있다고 생각하는 것은, 비구에게는 스무 가지 일신상의 특징과 두 가지 외적인 특징이 있을 뿐 아니라 비구는 그러한 것을 보지(保持)하고 그러한 것을 남에게 가르친다고 알고 있기 때문이며 이에 비해 자신은 법의 전승과 그 유지에 대해 그만큼 밀접한 관련이 없다고 알고 있기 때문입니다.

대왕이여, 이를테면 바라문 밑에서 그의 학문을 배우고 왕족의 의무를 익힌 왕자가 뒷날 관정하여 왕이 되었을 때 그 바라문을 자기의 선생이라 생각하고 그를 존경하고 그에게 경의를 표하는 것처럼 성자의 경지에 오른 재가신도라도 비구는 만인의 교사요, 진리의 전지자(傳持

者)라고 생각하기 때문입니다.

대왕이여, 그 외에도 당신은 이러한 사실에 의해서도 비구의 지위가 비길 데 없이 위대함을 알 수 있습니다.

만일 어떤 재가신도가 아라한의 경지를 증득했다면 그는 바로 그날에 완전히 죽음을 수행하든가 아니면 비구의 상태에 이르든가 둘 중의 하나입니다. 이 두 가지 외의 딴 결과는 오지 않습니다. 왜냐하면 출가자의 상태는 움직일 수 없이 숭고하고 고귀하기 때문입니다. 그러한 것이 승단의 구성원인 비구의 상태라고 생각합니다."

"나가세나 존자여, 미묘한 난문은 당신의 강력하고 위대한 지혜에 의해서 충분히 해결되었습니다. 당신처럼 지혜있는 분이 아니면 어느 누구도 이 난문을 이같이 해결할 수 없습니다."

87. 사리신앙에 관하여

"나가세나 존자여, 세존께서는 말씀하셨습니다.

'아난다여, 부처님의 사리를 숭배함으로써 당신 자신의 길을 막아서는 안 된다.' 또 부처님은 이렇게 읊으셨습니다. '숭배할 만한 분의 사리를 숭배하라. 그럼으로써 당신들은 이 세상에서부터 천상계에 태어난다.'

그런데 만일 앞의 계고(誡告)가 옳다면 뒤의 시구는 잘못이며 또 뒷 시구가 옳다면 앞의 계고는 잘못입니다. 이것도 양도논법의 난문으로서 이제 당신에게 제출되었으니 해결해 주십시오."

"대왕이여, 부처님은 당신이 인용한 계고와 시구를 둘 다 말씀하셨습니다. 그러나 계고는 모든 사람에게 말한 것이 아니라 승자의 아들〔佛弟子〕들에게 대해서만 말한 것입니다.

승자의 아들들의 본분은 그러한 공양을 드리는 것보다 모든 사물의 본성을 파지하는 것, 바른 사유를 수행하는 것, 사념처에 따라 명상에 잠기는 것, 사유대상의 정수를 파악하는 것, 번뇌와 투쟁하는 것, 진실의(眞實義)의 터득에 전심전력하는 것 등입니다. 이런 것들이 승자의 아들들이 할 일이요, 공양을 드리는 것은 천신이나 재가신도들이 할 일들입니다.

대왕이여, 이를테면 이런 것과 같습니다. 각종 무술과 전술, 용병술의 실습이나 학문과 사색 등은 이 세상 왕자들의 직분인 데 반해 농경이나 목축, 산업 등은 바이샤나 수드라의 직분인 것처럼. 또 리그 베다, 아주르 베다, 삼마 베다, 아타르바 베다, 관상학, 고담, 전설, 의궤(儀軌)나 사전 편찬법, 음운론, 어원론, 문법, 점, 해몽, 천문학 등의 학술은 바라문 청년의 직분과 관계있고 이에 비해 농경, 상업, 목축 등은 바이샤나 수드라의 할 일인 것처럼.

대왕이여, 그같이 부처님은 본분이 아닌 것에 전념하지 말고 본분에 전념하라는 뜻으로 '아난다야, 부처님 사리를 숭배함으로써 당신들 자신의 길을 막아서는 안 된다'고 말씀하셨습니다.

대왕이여, 부처님이 이런 말씀을 안하셨다면 비구들은 바루와 가사를 버리고 부처님께 공양올리는 일에 종사하였을 것입니다."

"잘 알겠습니다, 나가세나 존자여. 당신이 말씀하신 그대로라고 나는 믿습니다."

88. 데바닷다의 악행

"나가세나 존자여, 비구들은 말합니다. '세존께서 대지를 걸으면 의식 없는 대지이지만 깊은 곳을 메우고 가파른 곳을 평탄하게 한다.' 또 한편 당신들은 이렇게 말합니다. '바위 조각이 세존의 발에 찰과상을 냈다.'

존자여, 부처님 발에 떨어진 바위 조각은 어째서 부처님 발을 비켜가지 않았습니까? 만일 의식 없는 대지가 부처님 발을 위하여 깊은 곳을 메우고 가파른 곳을 평탄하게 한다는 말이 진실이라면 바위 조각이 부처님 발을 다치게 했다는 말은 잘못이며 또 만약 찰과상을 냈다는 말이 진실이라면 앞의 말은 잘못입니다. 이것도 양도논법의 난문이니 당신이 해결해 주십시오."

"대왕이여, 두 가지가 다 진실입니다. 그러나 바위 조각은 자신의 본성에 의하여 떨어진 것이 아니라 데바닷다의 소행에 의해서 떨어졌습니다. 대왕이여, 데바닷다는 수십만 생 동안 부처님에 대한 증오감을 품어왔습니다. 그는 그 때문에 집채만큼 큰 바위를 부처님 머리 위에다 떨어뜨리려고 그 바위를 밀어 넘겼습니다. 그러나 그때 두 개의 바윗돌이 땅에서 튀어나와 데바닷다가 밀어 넘긴 바위가 부처님에게 닿기 전에 그것을 가로막았으며 그 충돌로 큰 바위가 부서지고 그 파편이 떨어질 때 부처님 발에도 떨어졌습니다."

"존자여, 그러나 두 개의 바위가 그 큰 바위를 가로막은 것처럼 깨진 바위 조각도 가로막을 수 있었을 것입니다."

"대왕이여, 가로막을 수도 있었습니다. 그러나 그때 바위 조각들은 빠져나가거나 튕겨지거나 했습니다. 마치 손주먹으로 물을 뜰 수 있지만 물이 손가락 사이로 새어나가고 빠져나가는 것처럼. 대왕이여, 또 우유나 버터, 꿀물, 버터기름이나 고깃국을 손주걱으로 뜰 수 있지만 그것들이 손가락 사이로 흘러버리고 빠져버리는 것처럼. 또 매끄럽고 미세하고 먼지 같은 모래알을 손주걱으로 움켜쥘 수 있지만 그것이 손가락 사이로 흘러 빠져나가 버리는 것처럼. 또 쌀알을 손가락으로 움켜쥐어 입에 넣을 때 쌀알이 손가락 사이로 흘러 빠지는 것처럼."

"나가세나 존자여, 그것은 그렇겠습니다. 나는 두 개의 바위가 저 큰 바위를 가로막았다는 것은 인정합니다. 그러나 적어도 대지가 부처님께 존경을 바친 만큼 바위 조각도 부처님에게 존경을 바쳐야 하지 않습니까?"

"대왕이여, 여기 열두 종류의 사람들은 부처님에게 존경을 바치지 않습니다. 즉 욕심 많은 사람은 탐욕 때문에, 노기에 찬 사람은 노기 때문에, 어리석은 사람은 미망 때문에, 교만한 사람은 자만심 때문에, 덕 없는 사람은 좁은 차별성 때문에, 완고한 사람은 순종성이 없기 때문에, 비열한 사람은 그 비열한 성질 때문에, 잘 지껄이는 사람은 허황되기 때문에, 간악한 사람은 잔인성 때문에, 불쌍한 사람은 비참하기 때문에, 도박자는 탐욕에 휘감겨 있기 때문에, 분주한 사람은 이익 추구에 혈안이 되어 있기 때문에 각각 부처님을 존경하지 않습니다.

대왕이여, 그 바위 조각은 큰 바위가 두 개의 바위와 부딪힐 때 쪼개져 나온 조각들이 이리저리 흩어지는 바람에 세존의 발에도 떨어졌습니다. 마치 정묘하고 미세한 모래알이 바람에 날려 아무렇게나 어지럽게 흩어지는 것처럼.

대왕이여, 만일 저 바위조각이 큰 바위로부터 쪼개져 나가지 않았다면 튀어나온 두 개의 바위는 바위 조각도 가로막았을 것입니다. 그러나 사실은 큰 바위의 파편은 땅 위에 고정되거나 공중에 정착해 있지 않고 바위들이 충돌한 바람에 쪼개져 나와 아무데나 떨어졌으므로 우연히 세존의 발을 다치게 되었습니다. 마치 낙엽이 회오리 바람에 휘날려 이리저리 흩어져 떨어지는 것처럼.

대왕이여, 실은 저 바위조각이 세존의 발에 떨어졌기 때문에 배은망덕한 데바닷다는 오랫동안 지옥고를 치르게 되었습니다."

"잘 알겠습니다, 나가세나 존자여."

89. 해탈한 성자도 번뇌가 남아 있는가

"나가세나 존자여, 세존께서 말씀하셨습니다. '모든 번뇌의 더러움이 다함으로써 사문(沙門)이 된다.' 그러나 또 세존께서는 이렇게 말씀하셨습니다. '이들 네 가지 사항을 구비한 사람을 세상에서 사문으로 안다.'

여기 네 가지 사항이란 인내, 음식의 절제, 애착을 여읨, 아무것도 소유하지 않음 등입니다. 이것들은 모두 번뇌의 더러움이 완전히 없어지지 않고 번뇌가 아직 남아있는 사람에 대한 것입니다.

만일 앞말씀이 사실이라면 뒷말씀이 잘못이요, 뒷말씀이 옳다면 앞말씀은 틀림없이 잘못입니다. 이 양도논법의 난문이 당신에게 제출되었으니 당신이 해결해 주십시오."

"대왕이여, 세존께서는 둘 다 말씀하셨습니다. 그러나 뒷말씀은 그 사람 각자의 특성에 관하여 말한 것이고 앞말씀은 모든 경우를 포함한 포괄적인 말입니다. 게다가 모든 번뇌의 더러움이 다한 아라한은 수행자 중의 최상자입니다.

대왕이여, 이를테면 이렇습니다. 사람들은 수륙의 모든 꽃 중에 밧시카아가 제일이라고 합니다. 그 밖의 여러 가지 꽃은 그저 꽃에 지나지 않고 사람들은 밧시카아를 더 좋아하고 사랑합니다. 또 모든 곡식 중에 쌀이 제일이라고 합니다. 그밖의 여러 곡식도 식물로서 체력의 유지에 유용하지만 딴 곡식에 비해 쌀이 제일입니다. 마찬가지로 번뇌를 없애기 위해 수행하는 사람들을 하나하나 비교한다면 모든 번뇌의 더러움이 다한 사문이 제일이라고 합니다."

"잘 알겠습니다, 나가세나 존자여."

90. 진리를 닦는 기쁨

"나가세나 존자여, 세존께서 말씀하셨습니다. '어떤 사람이 삼보(三寶)를 칭찬하는 말을 하더라도 기뻐 좋아하고 만족해 날뛰어서는 안 된다.' 또 한편 부처님은 셀라 바라문이 사실대로 칭찬하는 말을 했을 때 부처님은 만족하여 자신의 미덕을 이렇게 말씀하셨습니다. '셀라여, 나는 왕, 무상의 진리의 왕이니라. 나는 법의 수레바퀴를 굴린다, 아무도 반전시킬 수 없는 그 수레바퀴를.' 존자여, 만약 처음 말씀이 옳다면 뒷말씀은 잘못이요, 뒷말씀이 옳다면 앞말씀은 잘못입니다. 이 양도논법의 난문을 해결해 주십시오."

"대왕이여, 당신이 인용한 말은 둘 다 진실입니다. 그러나 처음 말씀은 세존께서 진리의 본래적이고 여실한 자성과 본질과 특징을 진실하고 정확하게 밝혀 주기 위하여 말씀하신 것입니다. 그리고 뒷말씀은 자신의 명예나 이익을 위해서나 파당심에서 제자를 얻기 위해서가 아니고 실로 그렇게 말함으로써 셀라와 3백 명의 바라문 청년들이 진리에 대한 바른 통찰력을 갖게 되리라 생각하여 연민과 자비에서 말씀하셨습니다. 그래서 '나는 왕, 무상의 진리의 왕이라.' 하고 자찬하신 것입니다."

"잘 알겠습니다, 나가세나 존자여. 당신이 말씀하신 그대로라고 나는 믿습니다."

91. 친절과 처벌

"나가세나 존자여, 세존께서 이렇게 읊으셨습니다. '세상에서 남을 해치지 말고 완전한 사랑과 친절로써 살아가라.' 또 한편 세존께서는 이렇게 말씀하셨습니다. '처벌해야 할 자는 처벌하고 섭수(攝受)할 만한 자는 섭수하라.'

나가세나 존자여, 처벌이란 손과 발을 끊고 매질하고 포박하고 고문하며 사형에 처하고 신분을 낮추는 따위를 말합니다. 따라서 이런 말은 세존에게 어울리지 않으며 또 세존은 이런 말을 해서는 안 됩니다. 왜냐하면 앞말이 옳다면 뒷말이 잘못이며 뒷말이 옳다면 앞말은 잘못이기 때문입니다.

이 양도논법의 난문을 해결해 주십시오."

"대왕이여, 세존께서는 당신이 인용한 것을 둘 다 말씀하셨습니다. 첫번째 말씀, 즉 세상에서 남을 해치지 말고 완전한 사랑과 친절로써 살라고 한 말씀은 모든 부처님이 인정한 교설이요, 진리입니다. 왜냐하면 진리는 아힘사, 즉 비폭력을 그 특징으로 하기 때문입니다.

그러나 뒤의 말씀은 특별하게 쓰여진 말씀입니다. 그 말의 참뜻은 이러합니다. 즉 자만심은 정복되어야 하고 겸손한 마음은 배양되어야 하며, 악한 마음은 정복되어야 하고 착한 마음은 배양되어야 하며, 분별 없는 생각은 정복되어야 하고 여법한 생각은 배양되어야 합니다. 또 나쁜 짓을 하는 자는 처벌받아야 하고 바른 일을 하는 자는 칭찬받아야 하며, 못된 자는 처벌받아야 하고 훌륭한 이는 칭찬받아야 하며, 도적은 처벌받아야 하고 정직한 친구는 칭찬받아야 합니다."

"나가세나 존자여, 그렇습니다. 당신은 이제야 내가 논의하려는 것에 다가섰으며 내가 물으려고 한 문제로 돌아왔습니다. 나가세나 존자여, 대체 도적은 어떻게 처벌받아야 합니까?"

"대왕이여, 도적은 견책받을 만하면 견책하고 벌금을 과할 만하면 벌금을 과하고 추방할 만하면 추방하고 사형에 처해야 마땅하다면 사형에 처해야 합니다."

"나가세나 존자여, 그러면 도적을 사형에 처한다는 것을 모든 부처님께서 인정하셨습니까?"

"대왕이여, 그렇지 않습니다."

"그렇다면 왜 부처님은 도적이 처벌을 받아야 한다고 인정했습니까?"

"대왕이여, 사형에 처하는 자는 모두 부처님이 공표한 훈계 때문에 처형되는 것은 아닙니다. 도적은 자기 자신의 소행 때문에 사형에 처해집니다. 대왕이여, 분별 있는 사람들이 부처님의 가르침을 신봉하면서도 나쁜 짓도 하지 않은 죄없는 행인을 붙잡아 살해할 수 있습니까?"

"그렇지 않습니다."

"어째서 그러합니까?"

"존자여, 그 행인에게는 아무런 죄도 없기 때문입니다."

"대왕이여, 마찬가지로 도적은 부처님이 공표한 훈계 때문에 사형에 처해지는 것이 아니라 그 자신의 소행 때문에 처형됩니다. 그렇다고 훈계자에게 무슨 잘못이라도 있을 수 있습니까?"

"존자여, 거기에는 아무 잘못도 있을 수 없습니다."

"그러므로 모든 부처님의 가르침은 올바른 가르침입니다."

"잘 알겠습니다, 나가세나 존자여. 당신이 말씀하신 그대로라고 나는 믿습니다."

92. 두 제자의 퇴장에 관하여

"나가세나 존자여, 세존께서 말씀하셨습니다. '나는 분노와 노기를 마음에 품지 않는다.' 그런데 세존께서는 사리풋타 장로와 목갈라나 장로를 비구 회중과 함께 퇴장시켰습니다.

나가세나 존자여, 어떻습니까? 부처님은 화가 나서 두 비구를 회중에서 퇴장시켰습니까? 아니면 기뻐서 퇴장시켰습니까? 아무쪼록 그 이유를 설명해 주십시오. 존자여, 만일 부처님께서 화가 나서 그들을 퇴장시켰다면 부처님은 아직 분노를 완전히 끊은 것이 아니며 또 만일 기뻐서 그들을 퇴장시켰다면 타당한 원인도 없이 사실을 모르고 한 것입니다.

이 양도논법의 난문이 당신에게 제출되었습니다. 이를 해결해 주십시오."

"대왕이여, 세존께서는 '나는 분노와 노기를 마음에 품지 않는다.'라고 말씀하셨습니다. 또 비구 회중과 두 장로를 퇴장시켰습니다. 그러나 퇴장시킨 것은 화가 나서 하신 일이 아닙니다.

대왕이여, 어떤 사람이 대지 위에 있는 나무 밑둥이나 말뚝이나 돌이나 사금파리나 평탄치 못한 곳에 걸려 넘어졌다고 합시다. 대지는 화가 나서 그 사람을 넘어뜨렸겠습니까?"

"존자여, 그렇지 않습니다. 대지는 무엇에 대하여 노하거나 기뻐하는 감각이 없습니다. 대지는 또한 애호하고 혐오하는 마음이 전혀 없습니다. 그 사람이 걸려 넘어진 것은 자신의 부주의 때문입니다."

"대왕이여, 모든 부처님은 누구에 대해서도 노여워하거나 기뻐함이 없습니다. 응공(應供), 정변지(正遍知)인 부처님은 호오(好惡)의 감정을 떠났습니다. 저들 비구 회중들은 자신들의 소행 때문에 퇴장했습니다. 대왕이여, 대양은 시체와 계속 함께 있지 않고 대양 안의 시체를 재빨리 밀어내어 해변으로 밀어올립니다. 대양이 화가 나서 시체를 밀어올리겠습니까?"

"존자여, 그렇지 않습니다. 대양은 어떤 것에 대해서도 노하거나 기뻐하는 것이 없습니다. 대양은 조금도 어떤 것을 좋아하려고 하지도 않으며 해치고자 하는 욕구도 전혀 없습니다."

"대왕이여, 마찬가지로 모든 부처님은 어떤 사람에 대하여 노여운 마음을 일으키지도 않고 당신의 믿는 바를 사람들에게 집어넣으려고 하지도 않습니다. 응공, 정변지인 부처님은 남의 호의를 사려는 욕망이나 남을 해치려고 하는 욕망으로부터 완전히 해탈했습니다. 저들 비구 회중이 퇴장한 것도 그들 자신의 잘못된 소행 때문이었습니다.

대왕이여, 마치 대지에 걸린 사람이 넘어지는 것처럼 승자의 수승한 가르침을 어긴 사람은 설법하는 자리에서 퇴장당했습니다. 그러나 부처님이 저들 회중을 퇴장시킨 것은 저들의 이익과 소득과 행복과 정화를 위해서였으며 또 그렇게 함으로써 저들을 생로병사의 고통으로부터 해방시키려는 생각에서였습니다."

"잘 알겠습니다, 나가세나 존자여. 당신이 말씀하신 그대로라고 나
는 믿습니다."

93. 신통제일 마하목갈라나의 피살에 관하여

"나가세나 존자여, 세존께서 말씀하셨습니다. '비구들이여, 비구 승
단에 있는 나의 제자로서 신통력을 가진 자 중에 제일은 바로 마하목갈
라나이다.' 그런데 사람들은 말하길, 마하목갈라나는 곤봉에 맞아 두
개골이 깨지고 뼈가 부러지고 근육과 혈관과 골수에 멍이 들어 죽었다
고 합니다.

나가세나 존자여, 만일 마하목갈라나 존자가 참으로 신통력에 있어
서 최고위에 도달했다면 곤봉에 맞아 죽었다고 하는 말은 잘못입니다.
또 만약 곤봉에 맞아 죽었다고 하면 신통제일이라는 말은 거짓입니다.
이 양도논법의 난문을 해결해 주십시오."

"대왕이여, 세존께서는 마하목갈라나 장로가 신통력에 있어서 제자
중 제일이라고 분명히 말씀하셨습니다. 그런데도 장로는 곤봉에 맞아
죽었습니다. 그러나 그것은 그가 아직 자기의 숙업(宿業)에 묶여 있었
기 때문입니다."

"나가세나 존자여, 신통력을 가진 자의 신통의 경지와 숙업의 과보
가 다같이 상상할 수 없는 것입니까? 또 상상할 수 없는 것을 상상할
수 없는 것으로 제거할 수는 없습니까? 존자여, 이를테면 과일을 따려
는 자가 사과를 쏘아 사과를 떨어뜨리고 망고를 쏘아 망고를 떨어뜨리

는 것처럼 상상할 수 없는 것은 응당 상상할 수 없는 것으로 제압해야 할 것입니다."

"대왕이여, 상상할 수 없는 것 중에도 어떤 것은 다른 것보다 더 우월하고 강력합니다. 이를테면 지상의 군주가 똑같은 왕이지만 그 중 어떤 왕은 다른 왕들을 굴복시켜 그들에게 명령을 내리는 것처럼 상상할 수 없는 것 가운데도 업보만은 다른 어떤 것보다 더 우월하고 강력합니다. 분명히 업보는 다른 모든 것을 압도하고 지배합니다. 왜냐하면 업에 묶여있는 삶은 업 이외의 어떤 세력도 전혀 효력을 거두지 못하기 때문입니다.

대왕이여, 또 어떤 사람이 법률을 어기고 죄를 범했다고 합시다. 부모도 형제 자매도 친구 친지도 그를 보호해 줄 수 없습니다. 다만 왕의 대권만이 그를 보호해 줄 수 있는 명령을 내립니다. 왜 그럴까요? 그는 죄를 범했기 때문입니다. 마찬가지로 상상할 수 없는 것 가운데에도 업보는 다른 모든 것을 압도하고 지배하며 따라서 업에 묶여 있는 사람에게는 업 이외의 어떠한 세력도 전혀 효력을 내지 못합니다.

대왕이여, 또 지상의 밀림에 불이 났다고 합시다. 천 병의 물로도 그 불을 끌 수 없습니다. 그때 그 불은 천 병의 물을 압도하고 마음대로 합니다. 왜 그럴까요? 큰불이 소용돌이치며 강력한 세력을 형성하기 때문입니다. 마찬가지로 상상할 수 없는 것 가운데에도 업보는 모든 다른 세력을 압도하고 지배하며 업에 묶여 있는 사람에게는 업 이외의 어떠한 세력도 전혀 효력을 낼 수 없습니다. 그러므로 마하목갈라나 존자는 자신의 업에 묶여 있었기 때문에 곤봉에 맞아 죽으면서도 신통력을 발휘할 수 없었던 것입니다."

"잘 알겠습니다, 나가세나 존자여. 당신이 말씀하신 그대로라고 나는 믿습니다."

94. 교단의 계율은 비밀인가

"나가세나 존자여, 세존께서 말씀하셨습니다. '비구들이여, 부처가 공포한 법과 율은 드러내면 빛나고 숨겨지면 빛나지 않는다.' 그러나 한편에서는 바라제목차(波羅提木叉)의 독송과 모든 비나야 피타카(律藏)는 비구 이외의 사람들에게 숨겨졌습니다.

존자여, 만일 사람들이 승자의 가르침을 정당하고 바르게 수행하고 이해한다면 규율은 모든 사람에게 드러난 것으로 빛날 것입니다. 왜냐하면 부처님의 가르침, 즉 규율과 자제와 계율과 덕행 등에 관한 규율의 제정은 진리와 정의와 해탈을 본질로 하고 있기 때문입니다.

부처님의 법과 율은 드러내면 빛나고 숨기면 빛나지 않는다고 말씀하셨음에도 불구하고 바라제목차의 독송과 비나야 피타카가 숨겨진 것은 잘못입니다. 또 만약 그런 것이 숨겨진 것이 바른 것이라면 세존께서 하신 말씀은 잘못입니다. 이것도 양도논법의 난문으로서 당신에게 제출되었습니다. 해결해 주십시오."

"대왕이여, 틀림없이 여래가 공포한 법과 율은 드러내면 빛나고 숨겨지면 빛나지 않습니다. 그리고 또 바라제목차의 독송과 모든 비나야 피타카는 숨겨졌습니다.

그러나 바라제목차의 독송은 첫째 옛날부터 내려온 부처님들의 전통적 관습 때문에, 둘째 법을 존중하기 때문에, 셋째 비구의 지위를 존중하기 때문에 일정 범위 내에서 숨겨졌을 뿐입니다. 바라제목차의 독송이 일정한 범위에 한정된 것이 어찌하여 전통적 관습 때문이겠습니까? 이를테면 크샤트리아 계급 사람들의 신주(神呪)는 크샤트리아 계급 사이에만 전해지고 따라서 그것은 크샤트리아 세계의 관습으로서 그밖의 사람들에게는 숨겨져 있는 것처럼 바라제목차의 독송은 비구들 사이에서만 행해지고 그 밖의 다른 사람에 관하여 숨겨진 것은 고불(古佛) 이래의 관습이었습니다. 대왕이여, 세상에는 여러 계층의 사람들이 있습니다. 신에 대한 비밀의식을 거행하는 사람들은 그 비의를 자신의 집단에만 전수하고 다른 집단에 대해서는 숨겨두는 것처럼 바라제목차의 독송이 비구들에게만 행해지고 다른 사람들에게 숨겨진 것은 옛날부터 모든 부처님들의 전통적인 관습이었습니다.

바라제목차의 독송이 일정한 범위에 한정된 것이 어찌하여 법을 존중하기 때문이겠습니까? 대왕이여, 법은 존엄하고 막중합니다. 법을 올바르게 실천하는 사람은 다른 사람에게 이렇게 공포합니다. 즉 '법을 전승하는 사람이 법을 올바르게 실천한다면 법을 온전히 파악할 수 있지만, 법을 전승하는 사람들이 법을 올바르게 실천하지 않는다면 법을 온전히 파악할 수 없다. 이 수승한 진리가 악인들의 수중에 들어가 경시되고 천시되고 수모받고 비난받는 일은 없도록 할 것이다.'

이와 같이 법을 존중하기 때문에 그 독송이 일정한 범위에서 한정된 것입니다. 마치 최상의 나무인 붉은 전단향목을 천민촌인 사바라에 가지고 들어가면 천시받고 놀림받는 것처럼 무상의 법이 자격없는 사람의 수중에서 가치없이 대우되고 그 진의가 왜곡되어서는 안 되기 때문입니다.

바라제목차의 독송이 일정한 범위에서 숨겨진 것이 어찌하여 비구의 지위를 존중하기 때문이겠습니까?

대왕이여, 비구의 신분은 비길 데 없이 고귀합니다. 아무도 함부로 평가하고 비교하고 계량할 수 없습니다. 비구의 신분이 세상 사람들과 동등하게 대우받지 않게 하기 위해 바라제목차의 독송은 비구들 사이에서만 행해집니다. 마치 최상의 코끼리, 천리마, 무적의 용사, 마니주

등 진기한 보물은 왕의 것인 것처럼."

"잘 알겠습니다, 나가세나 존자여. 당신이 말씀하신 그대로라고 나는 믿습니다."

95. 거짓말의 경중

"나가세나 존자여, 세존께서 말씀하셨습니다. '고의로 거짓말하는 것은 교단 추방이라는 중죄에 해당한다.' 또 세존께서는 말씀하셨습니다. '비구로서 고의로 거짓말하는 것은 가벼운 죄이다. 그는 다른 비구들 앞에서 그 죄를 고백해야 한다.'

나가세나 존자여, 똑같은 비구로서 어떤 사람은 거짓말을 하면 교단에서 쫓겨나고 어떤 사람은 거짓말을 하고도 용서를 받는다면 양자의 차이는 무엇이며 그 이유는 무엇입니까? 만일 처음의 결정이 옳다면 뒤의 결정은 잘못이요, 뒤의 결정이 옳다면 처음 결정은 틀림없이 잘못입니다. 이 양도논법의 난문에 답해 주십시오."

"대왕이여, 당신이 말한 두 가지 다 틀림없습니다. 그러나 거짓말은 관계되는 사항에 따라 가벼운 죄가 되기도 하고 무거운 죄가 되기도 합니다. 대왕이여, 만약 여기 한 사람이 다른 사람의 뺨을 때렸다면 당신은 어떤 처벌을 내리겠습니까?"

"만일 피해자가 눈감아 주려고 하지 않는다면 가해자를 용서하지 않고 그에게 1카하파나의 벌금을 물리겠습니다."

"만일 그 사람이 당신의 뺨을 쳤다면 어떤 처벌을 내리겠습니까?"

"나는 그 사람의 손과 발을 끊을 것이며 죽순껍질 벗기듯이 그의 껍

질을 벗길 것입니다. 또 그의 모든 재산을 몰수하고 양쪽 집안의 7대를
멸할 것입니다."

"똑같이 뺨을 때렸을 뿐인데 한 사람에게는 1카하파나의 벌금형에
그치는데 한 사람에게는 그토록 가혹한 벌을 주는 까닭은 무엇입니
까?"

"상대가 다르기 때문입니다."

"대왕이여, 마찬가지로 똑같은 거짓말이라도 상황에 따라 경죄가 되
기도 하고 중죄가 되기도 합니다."

"잘 알겠습니다, 나가세나 존자여. 당신이 말씀하신 그대로라고 나
는 믿습니다."

96. 보살의 관찰

"나가세나 존자여, 세존께서 진리의 본성〔法性〕에 관한 설명을 하실
때 이렇게 말씀하셨습니다. '보살에게는 태어나기 이전에 이미 부모가
결정되어 있고 보리수가 결정되어 있고 수제자가 결정되어 있고 자식
이 결정되어 있고 시봉이 결정되어 있다.'

그러나 또 한편 세존께서는 이렇게 말씀하셨습니다.

'도솔천에서 신인으로 계실 때 보살은 여덟 가지를 관찰한다.

즉 보살은 때를 관찰하고, 대륙을 관찰하고, 국토를 관찰하고, 가문
을 관찰하고, 어머니를 관찰하고, 태중의 기간을 관찰하고, 출생할 달
을 관찰하고, 출가할 시기를 관찰한다.'

존자여, 지식이 성숙하기까지는 어떠한 깨침도 없었습니다. 그러나

지식이 성숙했을 때는 그 이상 무엇에 대해서도 관찰을 기다릴 필요가 없습니다. 성숙하여 전지한 마음의 활동은 다른 어떤 것에 의해서도 압도되지 않기 때문입니다. 그런데 보살은 왜 '나는 언제 출생할 것인가.' 하고 때를 관찰하며 또 '나는 어떤 가문에 태어날 것인가.' 하고 가문을 관찰합니까?

존자여, 만일 보살의 부모가 누구라고 이미 전세에 결정되어 있는 것이 사실이라면 가문을 관찰한다는 말은 잘못입니다. 또 만일 가문을 관찰한 것이 사실이라면 보살의 부모가 이미 결정되어 있다는 말은 잘못입니다. 이 양도논법의 난문을 해결해 주십시오."

"대왕이여, 보살의 부모는 전세에 이미 결정되어 있는 것도 사실이며 보살의 가문도 이미 관찰되어 있습니다. 어떻게 태어날 가문인가를 관찰하는가 하면 당신의 부모될 사람이 크샤트리아인지 바라문인지 관찰합니다.

대왕이여, 미래에 올 일을 미리 관찰하지 않으면 안 될 것이 여덟 가지 있습니다. 즉 상인은 팔기 전에 미리 상품을 조사해 보아야 하며, 코끼리는 아직 밟지 않은 길을 미리 코로써 살펴보아야 하며, 마부는 아직 건너지 않은 여울목을 미리 조사해 보아야 하며, 항해사는 아직 닿지 않은 해안을 살펴보고 배를 이끌어야 하며, 의사는 병을 치료하기 전에 환자의 남은 명을 알아야 하며, 나리를 건널 나그네는 미리 그 다리가 얼마나 튼튼한가 살펴보아야 하며, 비구는 공양 들기 전에 시각이 언제인지 살펴보아야 하며, 보살은 태어나기 전에 크샤트리아 가문에 태어남이 옳은지 바라문 가문에 태어남이 옳은지 관찰해야 합니다. 이 여덟 가지 경우는 미래의 일을 사전에 관찰해야 합니다."

"잘 알겠습니다, 나가세나 존자여. 당신이 말씀하신 그대로라고 나는 믿습니다."

97. 자살의 금지

"나가세나 존자여, 세존께서 말씀하셨습니다. '비구들이여, 비구는 자살해서는 안 된다. 자살을 시도하는 사람은 누구든 법대로 처벌될 것이다.' 한편 비구들은 이렇게 말합니다. '세존께서 제자들에게 법문을 설하실 때에는 언제나 여러 가지 방법으로 생로병사를 여의게 하는 진리를 말씀하시고 누구든 생로병사를 극복하면 최고의 찬사로 칭찬해 주셨다.'

이 두 말씀은 서로 모순되는 것으로 한편이 옳다면 다른 한편은 옳지 않은 것입니다. 이 양도논법의 난문을 해결해 주십시오."

"세존께서는 두 가지 다 말씀하셨고 둘 다 진실한 것입니다."

"그 근거는 무엇입니까?"

"대왕이여, 계행을 이루고 또 완비한 사람은 아가다 약(해독제)처럼 중생의 번뇌독을 소멸시키며, 약초처럼 중생의 번뇌병을 치유해 주며, 마니주처럼 중생의 모든 소원을 들어 성취시켜 주며, 배처럼 중생을 욕(欲)·유(有)·견(見)·무명(無明)의 네 가지 폭류를 지나 피안으로 건네 주며, 대상(隊商)의 주인처럼 중생을 윤회하는 황야에서 인도해 주며, 바람처럼 탐·진·치 삼독의 열화를 불어 끄며, 소생의 비를 내리는 먹구름처럼 중생의 마음을 만족시켜 주며, 훌륭한 스승처럼 중생에게 평화로운 길을 가르쳐 줍니다.

이같이 계행을 갖춘 사람은 여러 가지 한량없는 공덕을 가지고 있으며 공덕을 거듭 쌓은 자로 중생의 이익을 도모하여 줍니다. 그래서 세존께서 중생을 불쌍히 여긴 나머지 '비구들이여, 비구는 자살하지 않는다. 자살하는 자는 누구든 법대로 처벌될 것이다.' 라고 경고했습니다. 이것이 세존께서 비구에게 자살을 금지시킨 이유입니다.

대왕이여, 또 말 잘하는 쿠마라카사파 장로는 파아야시 왕에게 딴 세상〔他界〕을 이야기할 때 이렇게 말했습니다.

'계행을 완비하고 아름다운 인격을 지닌 사문과 바라문들은 아무리 오랜 기간이라도 이 세상에서 계속 생존할수록 더욱더 많은 사람의 이익과 행복을 위해 행동하며 세상을 불쌍히 여기면서 중생계의 이익과 행복을 위해 생활합니다.'

대왕이여, 그러나 세존께서는 또 다음과 같은 이유로 생사를 버릴 것을 권장하셨습니다. 생로병사는 괴로움으로 가득 차 있으며 비애와 절망으로 얼룩져 있습니다. 싫어하는 사람과 만나는 것도 고통이요, 좋아하는 사람과 헤어지는 것도 고통이요, 부모나 형제나 자식이나 아내나 친척의 죽음도 괴로우며, 가정의 파탄과 병마와 재산의 손실도 괴로우며, 계행과 지견의 상실도 괴로우며, 폭군이나 도적의 행패도 괴로우며, 기근·홍수·해일·화재도 괴로우며, 남의 비난을 염려하는 것도 괴로우며, 매질이나 신체의 일부를 잘리는 형벌도 괴로우며, 죽호형(粥壺刑 : 두개골을 깨고 거기다 끓는 죽을 쏟아넣은 것), 패체형(貝剃刑 : 사금파리로 머리가죽을 까뭉개는 것), 라후구형(철침으로 입을 벌리고 기름을 쏟아 불을 붙이는 것), 광환형(光環刑 : 온몸을 기름칠한 베로 감고 불을 붙이는 것), 광명수형(光明手刑 : 손을 기름칠한 베로 감고 불을 붙이는 것), 박피형(剝皮刑 : 목에서 무릎까지 가죽을 가느다랗게 벗겨 발 주위에 드리우는 것), 박피의형(剝皮衣刑 : 가는 베처럼 벗긴 가죽을 하나하나 털에 묶어 베일을 씌운 것처럼 하는 것), 영양형(羚羊刑 : 무릎과 팔꿈치를 같이 묶어 철판 위에 구부려 놓고 그 밑에서 불을 때는 것), 육구형(肉鉤刑 : 살낚시로 낚아올리는 것), 카하파나화형(錢形刑 : 카하파나 동전의 크기로 몸을 도려내는 것), 회즙열형(灰汁裂刑 : 몸을 칼로 째고 횟물을 쏟는 것), 봉회전형(棒回轉刑 : 양 귓

구멍을 철봉으로 꿰뚫어 땅 위를 굴리는 형), 고포단형(온몸의 뼈를 차곡차곡 재워서 멍석처럼 만드는 형), 끓인 기름을 쏟는 것, 개들에게 물리는 것, 산 채로 꿰찔리는 것, 칼로 목을 잘리우는 것 등의 괴로움이 있습니다. 대왕이여, 윤회하는 존재는 이러한 여러 괴로움을 받습니다.

마치 히말라야에 내린 비가 돌, 자갈, 모래, 소용돌이, 물굽이, 급류, 나무뿌리, 나뭇가지의 사이를 거쳐 두루 흘러서 갠지스 강으로 흘러가는 것처럼 윤회의 흐름을 벗어나지 못한 자는 그러한 여러 가지 괴로움을 받습니다.

대왕이여, 세존께서는 윤회전생을 벗어난 공덕과 윤회하는 과정의 공포를 밝히고 생로병사를 넘어설 것을 권장하셨습니다. 이것이 세존께서 생사를 단멸할 것을 권장하신 이유입니다."

"잘 알겠습니다, 나가세나 존자여. 난문은 잘 해명되었습니다. 당신이 말씀하신 그대로라고 나는 믿습니다."

98. 자애심의 공덕

"나가세나 존자여, 세존께서 말씀하셨습니다. '비구들이여, 중생에 대한 자애심을 일으켜 마음의 속박을 벗어나는 선정을 수련하고 수습하여 증대시키며 그것으로 향상의 수단과 행위의 근거로 하며 추구하고 정통하여 훌륭히 선정의 경지에 오름으로써 열한 가지 공덕을 기대할 수 있다.

열한 가지 공덕이란 무엇인가? 그런 사람은 편히 자고, 편안히 깨고, 악몽을 꾸지 않으며, 사람들에게 사랑받고, 사람이 아닌 것에게도 사랑받고, 천신들이 수호하며, 불이나 독이나 무기가 그를 해치지 못하며, 마음이 바르고 쉽게 가라앉으며, 안색(顔色)이 평온하고, 죽음 앞에서 당황하지 않으며, 아라한의 경지에 오르지 않으면 틀림없이 범천계에 태어난다.'

그러나 또 한편 당신들은 이렇게 말합니다.

'사아마 왕자는 자애심을 수행할 때 사슴 떼에 쫓겨 숲 속을 방황하다가 피리약카 왕이 쏜 독화살에 맞아 그 자리에서 실신해 쓰러졌다.'

나가세나 존자여, 만일 내가 인용한 세존의 말씀이 틀림없다면 당신들의 말은 잘못이요, 또 사아마 왕자의 이야기가 옳다면 자애심을 수련한 사람에게는 불도 독도 무기도 그를 해치지 못한다는 말은 참일 수 없습니다. 이것도 양도논법의 난문으로서 당신이 단단히 얽혀 있는 이 의문의 매듭을 풀어 지혜의 눈을 열어 주십시오."

"대왕이여, 세존께서는 당신이 인용한 대로 말씀하셨으며 또 사아마 왕자의 이야기도 사실입니다.

세존이 말씀하신 열한 가지 공덕은 자애심을 선천적으로 가지고 있는 사람에게 속하는 것이 아니고 사람이 마음속에 불러일으킨 자애심에 속합니다.

사아마 왕자는 물병을 치켜올린 순간 실제적인 자애심을 실현한 순간에는 불이든 독이든 무기든 사람에게 해를 끼칠 수 없습니다. 어떤 사람이 해를 끼치려 접근해 오더라도 그를 보지 못할 것이며 그를 해칠 틈을 얻지 못할 것입니다. 이들 열한 가지 공덕은 선천적으로 사람에게 속하는 것이 아니라 사람이 마음속에 불러일으킨 후천적인 자애심의 수행에 속합니다.

대왕이여, 여기 어떤 장수가 있어 화살이 들어오지 못하는 철갑옷을 입고 싸움터에 나간다고 합시다. 날아온 화살은 그에게 닿자마자 땅에 떨어지거나 옆으로 미끄러져 그에게 닿지 못할 것입니다. 날아온 화살이 그에게 닿자마자 땅에 떨어지거나 옆으로 미끄러지는 공덕은 그 장수에게 본래 속해 있는 것이 아니라 화살이 꿰뚫지 못하는 철갑옷을 입고 있기 때문입니다.

대왕이여, 마찬가지로 열한 가지 공덕은 선천적으로 사람에게 속하는 것이 아니라 사람이 마음속에 불러일으키는 실제적인 자애심의 수련에 달려 있습니다.

어떤 사람이 초인적인 은신술을 터득했다고 합시다. 은신술이 있는 한 보통 사람은 아무도 그를 보지 못할 것입니다. 이때 보통 사람 시야에 들어오지 않는 이익은 생득적으로 그에게 속하는 것이 아니라 그가 습득한 초인적 신술에 달려 있습니다. 마찬가지로 이들 열한 가지 공덕은 선천적으로 사람에게 있는 것이 아니라 사람의 마음 속에 불러일으키는 실제적인 자애심의 수련에 달려 있습니다.

대왕이여, 어떤 사람이 잘 만들어진 커다란 동굴에 들어간다고 합시다. 폭우가 쏟아져도 그는 비에 젖지 않을 것입니다. 그가 비에 젖지 않는 이유는 그 사람에게 속하는 것에 연유하는 것이 아니라 동굴에 연유하는 것입니다. 마찬가지로 이들 열한 가지 공덕은 선천적으로 사람에게 속하는 것이 아니라 사람이 마음 속에 불러일으키는 실제적인 자애심의 수련에 달려 있습니다."

"존자여, 정말 놀랍습니다. 참으로 신기합니다. 자애심의 실제적인 수련은 모든 악한 마음 상태를 방지하는 힘을 가지고 있습니다."

"그렇습니다. 자애심을 수련하면 선인에게나 악인에게나 선공덕이 생겨납니다. 커다란 공덕을 낳는 자애심의 수련은 의식적인 존재로 생활하는 중생으로서는 누구나 행하여야 할 것입니다."

99. 데바닷다와 부처님의 우열

"나가세나 존자여, 선을 행한 사람의 공덕과 악을 행한 사람의 공덕은 같습니까, 아니면 거기에 차이가 있습니까?"

"대왕이여, 선과 악 사이에는 차이가 있습니다. 선을 행한 사람은 행복한 과보를 받아 천상에 태어나고, 악을 행한 사람은 불행한 과보를 받아 지옥에 태어납니다."

"나가세나 존자여, 비구들은 말하길, '데바닷다는 간악한 성질로 가득차 있고 이에 반해 보살은 청정한 성질로 가득차 있다.' 라고 합니다. 그런데도 데바닷다는 전 과거생을 통하여 명성이나 추종자의 수에 있어서나 보살과 대등했거나 오히려 보살을 능가한 때도 있었습니다.

데바닷다가 브라흐마닷타 왕의 사제가 되었을 때 보살은 주문을 외우는 사람으로 알려진 미천한 찬달라였습니다. 그는 주문을 외워 제철이 아닌 때 망고나무에 열매를 맺게 했습니다. 이것은 보살이 출신이나 명예에 있어서 데바닷다보다 열등했다는 한 예입니다.

또 데바닷다가 왕이 되어서 모든 쾌락을 누리고 있을 때 보살은 그가 타는 코끼리였습니다. 왕은 그 코끼리의 우아한 매력에 견딜 수 없어 코끼리를 죽일 생각으로 조련사에게 '조련사여, 이 코끼리는 훈련이 잘 되어 있지 않다. 공중비행이라도 재주를 부려 보게 하라.' 고 했습니다. 이 경우에도 보살은 데바닷다에 비해 우매한 동물에 지나지 않았습니다.

또 데바닷다가 사람으로 태어나 쌀 가리꾼으로 살아가고 있을 때 보살은 '대지(大地)' 라는 이름의 원숭이였습니다. 여기에도 인간과 동물이라는 차이가 있으며 보살이 데바닷다보다 출생이 열등했습니다.

데바닷다가 네사다(천한 계급)의 사내로 태어나 코끼리처럼 튼튼한 체력을 가진 '소눗타라' 라는 사냥꾼이 되었을 때 보살은 '육상아(六象牙)' 라는 이름의 코끼리 왕이었습니다. 그때 사냥꾼은 코끼리 왕을 죽였습니다. 이 경우도 데바닷다는 보살보다 우월했습니다.

또 데바닷다가 사람으로 태어나 숲 속의 편력자가 되었을 때 보살은 신주(神呪)를 지저귀는 자고새로 태어났습니다. 그때 숲 속 편력자는 자고새를 죽였습니다. 이 경우도 데바닷다의 출생이 우월했습니다.

데바닷다가 베나레스의 '칼라부' 라는 왕이 되었을 때 보살은 관용을 설교하는 고행자였습니다. 그때 왕은 그 고행자에게 격분하여 죽순을 끊는 것처럼 그의 손발을 끊어버렸습니다. 이 경우도 데바닷다가 출신에 있어서나 명성에 있어서나 보살보다 우월했습니다.

데바닷다가 나무꾼으로 태어났을 때 보살은 '난다야' 라는 원숭이 왕이었습니다. 그때도 나무꾼은 원숭이 왕을 어머니와 동생과 함께 죽였습니다. 이 경우도 데바닷다가 보살보다 출생이 우월했습니다.

데바닷다가 나체의 고행자가 되었을 때 보살은 '판다라카(노랑이)' 라는 코끼리 왕이었습니다. 이 경우도 데바닷다의 출생이 우월했습니다.

데바닷다가 사람으로 태어나 머리털을 길게 묶은 이상한 고행자였을 때 보살은 '닷자카(목수)' 라는 큰 돼지였습니다. 이 경우도 데바닷다의 출생이 보살보다 우월했습니다.

데바닷다가 제타국 '수라파리차라' 라는 왕이 되어 사람들 머리 위 공중을 나는 자였을 때 보살은 '카필라' 라는 바라문이었습니다. 이 경우도 데바닷다는 출신에 있어서나 명성에 있어서나 보살보다 우월했습니다.

데바닷다가 '사아마' 라는 사람으로 태어났을 때 보살은 '루루' 라는 사슴왕이었습니다. 이 경우도 데바닷다의 출생이 우월했습니다.

데바닷다가 사람으로 태어나 숲 속을 뒤지는 사냥꾼이었을 때 보살은 수코끼리였습니다. 사냥꾼은 그 코끼리의 이를 일곱 번이나 잘라갔습니다. 이 경우도 데바닷다의 출생이 우월했습니다.

데바닷다가 세계를 정복하려는 '작칼'이 되어 전 인도의 왕을 빠짐없이 굴복시켰을 때 보살은 '비두라'라는 현인이었습니다. 이 경우 데바닷다의 명성이 보다 더 우월했습니다.

데바닷다가 코끼리로 태어나 메추리 새끼를 죽였을 때 보살도 코끼리로서 그 무리의 우두머리였습니다. 이 경우는 양자가 출신이나 명성이 동등했습니다.

데바닷다가 '아담마〔不正〕라는 야차였을 때 보살도 담마〔正義〕라는 야차였습니다. 이 경우도 양자가 동등했습니다.

또 데바닷다가 배〔舟〕의 선장이 되어 5백 호의 우두머리였을 때 보살도 선장으로 5백 호의 우두머리였습니다. 이 경우도 양자가 동등했습니다.

데바닷다가 대상(隊商)의 우두머리로 5백 수레를 이끄는 두령이었을 때 보살도 5백 수레를 이끄는 대상의 두령이었습니다. 이 경우도 양자가 동등했습니다.

데바닷다가 '사아카'라는 사슴왕이었을 때 보살도 '니그로다'라는 사슴왕이었습니다. 이 경우도 양자가 동등했습니다.

데바닷다가 '칸다할라'라는 바라문이었을 때 보살은 '찬다'라는 왕자였습니다. 이때 칸다할라는 찬다보다 우월했습니다.

데바닷다가 '브라흐마닷타'라는 왕이 되었을 때 보살은 '마하파두마'라는 그의 아들이었습니다. 그때 왕은 그 왕자를 도적을 내던지는 낭떠러지로 일곱 번이나 내던졌습니다. 아버지가 자식보다 상위에 있는 한 이 경우도 데바닷다가 우월했습니다.

데바닷다가 '마하파타파' 라는 왕이었을 때 보살은 그 아들인 '담마팔라' 였습니다. 왕은 자기 아들의 손발과 목을 잘랐습니다. 이 경우도 데바닷다가 우월했습니다.

마지막으로 양자는 둘 다 샤카족으로 태어났습니다. 보살은 무상의 각자(覺者)가 되었고 데바닷다는 출가하여 신통력을 얻고 각자가 되려는 야심으로 가득 차 있었습니다.

존자여, 내 말이 다 옳고 정확하지 않습니까?"

"대왕이여, 당신이 말씀하신 사례는 모두 사실입니다."

"나가세나 존자여, 그렇다면 태어나는 것이 선인이나 악인이나 차이가 없거나 오히려 때로 악인이 우월하기도 했다는 사실은 무엇을 의미합니까?"

"대왕이여, 데바닷다는 모든 사람과 적대한 것이 아니었습니다. 보살에게 적대했을 뿐입니다. 데바닷다가 보살에게 품은 적대감이 그때그때의 생에서 성숙되어 과보를 낳았습니다. 데바닷다가 왕이 되었을 때 그는 불쌍한 사람을 보호하고 다리, 공화당, 숙박소 등을 세우고 사문과 바라문과 걸식 유랑자들에게 그들이 희망하는 대로 보시를 했습니다. 그는 그 과보로 태어날 때마다 영광스런 생을 받았습니다. 대왕이여, 보시가 없고 극기와 자제가 없이 그런 영광을 어떻게 누리겠습니까?

대왕이여, 당신은 데바닷다와 보살이 이 생에서 저 생으로 유전하며 만났다고 말하지만 두 사람은 백생, 천생, 백천생을 지내면서 무궁한 시간을 통하여 부단히 윤회했습니다. 두 사람이 서로 만난 것은 '눈먼 거북이의 비유' 처럼 그렇게 어렵게 만난 것으로 간주해야 합니다.

대왕이여, 보살은 유전하면서 데바닷다와만 만난 것이 아닙니다. 사리풋타[舍利弗] 장로도 몇 백천 생을 통하여 보살의 아버지로, 할아버

지로, 삼촌으로, 형제로, 아들로, 조카로, 친구로 태어났습니다. 또 보
살도 수많은 생 동안 사리풋타의 아버지로, 할아버지로, 삼촌으로, 형
제로, 아들로, 조카로, 친구로 태어났습니다.

　대왕이여, 여러 가지 몸을 바꾸어 가면서 윤회하는 중생은 유전하면
서 반가운 자도 만나고 반갑지 않은 자도 만납니다. 마치 흘러가는 물
이 깨끗한 것도 만나고 더러운 것도 만나며 아름다운 것도 만나고 추한
것도 만나는 것처럼.

　데바닷다가 야차신으로 살았을 때 자신도 불의를 행했고 남들도 불
의로 인도했으므로 그는 그 과보로 5억7천6백만 년이란 무궁한 세월
동안 지옥에서 화탕의 고통을 받았습니다. 그러나 보살은 야차신으로
태어났을 때 자신이 정의를 행하였고 남들도 정의의 생활로 인도했으
므로 무궁한 세월을 천상에서 축복을 받으며 살았습니다.

　또 데바닷다는 이생에서 부처님을 해치고 화합한 승단을 분열시킨
과보로 땅 속에 떨어졌습니다. 이에 반해 부처님은 진리를 남김없이 깨
치고 윤회의 뿌리를 영단(永斷)함으로써 완전한 열반의 경지에 이르렀
습니다."

　"잘 알겠습니다, 나가세나 존자여. 당신이 말씀하신 그대로라고 나
는 믿습니다."

100. 여자의 마음

　"나가세나 존자여, 세존께서 이렇게 읊으셨습니다.
　'만일 기회가 있고 비밀이 보장되고 또 적당한 구애자가 있으면 모

든 여성들은 정사를 할 것이다. 적당한 딴 남자를 만나지 못하면 절름발이와도 그런 짓을 할 것이다.'

한편 세상에는 이런 말이 있습니다.

'마호사다의 아내 아마리아는 남편이 여행을 떠난 뒤 홀로 남아 외로이 지내고 있었으나 남편을 상왕처럼 생각하고 천금을 가지고 꾀어도 거절하며 나쁜 짓을 저지르지 않았다.'

존자여, 만약 나쁜 짓을 할 것이라는 말이 옳다면 나쁜 짓을 저지르지 않았다는 말은 잘못입니다. 또 만약 뒷이야기가 진실이라면 앞의 말씀은 틀린 것입니다. 이 양도논법의 난문을 해결해 주십시오."

"대왕이여, 세존의 말씀과 아마리아 부인의 이야기는 둘 다 틀림이 없습니다. 그러나 문제는 만일 그 부인에게 기회가 주어지고 비밀이 보장되고 또 적절한 남성이 있었다면 그녀는 천금을 받고 그 남성과 나쁜 짓을 저질렀을 것입니다. 그러나 사정을 숙고해 볼 때 아마리아 부인에게는 정사를 맺을 기회도, 비밀보장도, 또 그럴 만한 남성도 없었습니다. 그녀는 세상사람들의 비난이 두렵고 저승에서 지옥고를 받을까 두려웠기 때문에 그런 기회를 갖지 못했습니다. 또 그녀는 나쁜 짓의 과보가 얼마나 지독한지 알았으며 사랑하는 남편을 놓치고 싶지 않았고 남편을 존경했고 착한 일을 선언했고 저속한 생활을 경멸했고 자기의 정절을 깨뜨리고 싶지 않았습니다. 이런 모든 이유 때문에 다른 남자와 정사를 가질 기회를 갖지 못했습니다.

또 그녀는 세상에서 그런 비밀이 보장될 수 없다는 확신을 갖고 있었기 때문에 나쁜 짓을 저지르지 않았습니다. 왜냐하면 설령 그녀가 정사를 세상사람들에게 숨길 수 있다 하더라도 사람 아닌 것, 예를 들어 귀신이나 정령에게는 감출 수 없었을 것이며, 또 설령 사람 아닌 것에게 감출 수 있다 하더라도 타심통이 열린 수행자에게는 감출 수 없을 것이며, 설령 또 그런 수행자에게 비밀을 감출 수 있다 하더라도 남의 마음을 꿰뚫어보는 천신(天神)에게는 감출 수 없을 것이며, 또 설령 그런 천신들에게 비밀을 숨길 수 있다 하더라도 자기 자신에게 자신의 죄악을 감출 수는 없는 것이며, 설령 자기조차 속일 수 있다 하더라도 악한 행위는 고통을 낳는다는 업의 법칙은 속일 수 없는 것입니다. 그런 여러 가지 이유로 그녀는 정사의 비밀을 보장할 수 없다고 확신했으므로 악업을 짓지 않은 것입니다. 또 그녀는 마음을 끄는 구애자를 발견하지 못했기 때문에 악업을 저지르지 않았습니다.

대왕이여, 아마리아 부인의 남편 마호사다 현자는 스물여덟 가지 특징을 완비하고 있었습니다. 마호사다는 용감하고, 겸손하며, 악행을 부끄러워하고, 많은 추종자가 있고, 많은 친구가 있고, 관대하고, 계행을 구비하고, 진실하고, 말과 행동과 마음이 정결하고, 악의가 없고, 교만하지 않고, 질투하지 않고, 정진력이 있고, 복덕을 구하여 노력하고, 세평이 좋고, 온후하고, 친근하고, 검소하고, 교활하지 않고, 속이지 않고, 지성을 구비하고, 덕망 높고, 많은 학식을 가지고 있고, 자기에게 의지하는 사람의 이익을 도모해 주고, 모든 사람에게 칭송받고, 아주 부유하고, 명성이 높았습니다. 아마리아 부인이 간음을 하지 않은 것은 남편만큼 훌륭한 남자를 발견하지 못했기 때문이기도 합니다."

"잘 알겠습니다, 나가세나 존자여."

101. 아라한은 두려움을 여의었다

"나가세나 존자여, 세존께서 말씀하셨습니다. '아라한은 모든 두려움과, 두려움으로 인한 떨림을 여의었다.' 그러나 라자그라하에서 살인 코끼리 다나팔라카가 세존의 머리를 덮치는 것을 보고 아난다 존자한 사람을 제외한 모든 아라한들은 부처님을 버리고 도망갔습니다.

존자여, 아라한들이 무서워 도망쳤습니까? 아니면 '인간은 자신의 숙업에 따라 그 과보를 받는다.' 라는 것을 분명히 보여 주려고 세존이 쓰러지기를 바라며 도망쳤습니까? 아니면 이 기회에 세존의 비할 바 없는 신통력을 구경하려고 도망쳤습니까?

존자여, 만약 아라한은 공포를 여의었다는 것이 진실이면 5백의 아라한이 도망쳤다는 이야기는 잘못이고, 5백의 아라한이 도망친 것이 사실이라면 아라한은 두려움을 여의었다는 말은 잘못입니다. 이것은 양도논법의 난문으로 당신에게 제출되었습니다. 이 난문을 해결해 주십시오."

"대왕이여, 앞의 세존의 말씀도 진실이고 뒤의 일도 사실입니다. 그러나 아라한들이 도망친 것은 공포 때문이 아니었습니다. 왜냐하면 두렵게 하고 부들부들 떨게 하는 인(因)은 아라한에게는 이미 없어졌기 때문입니다. 대왕이여, 대지가 자신이 파헤쳐지고 무너뜨려진다고 해서, 또 대지가 바다와 산을 지탱해야 한다고 해서 두려워합니까?"

"존자여, 그렇지 않습니다."

"왜 그렇지 않습니까?"

"대지에게는 두려움이나 떨림이 생길 인(因)이 없기 때문입니다."

"마찬가지로 아라한에게도 그런 인이 없습니다. 대왕이여, 산봉우리는 자신이 잘리거나 허물어뜨려지거나 불태워질 때 두려워합니까?"

"존자여, 그렇지 않습니다."

"왜 그렇지 않습니까?"

"산봉우리에는 두려워하고 부들부들 떨 인(因)이 없기 때문입니다."

"대왕이여, 마찬가지로 아라한에게도 그러한 것이 없습니다.

우주 안 여러 가지 형태의 생물 전체가 한 사람의 아라한을 두려워 떨게 하려고 공격을 가하더라도 아라한의 마음에는 아무런 변화도 일어나지 않을 것입니다. 왜냐하면 어떠한 공포가 주어져도 아라한에게는 두려움이 생길 조건도 원인도 없기 때문입니다. 대왕이여, 오히려 그때 그 아라한에게는 이러한 생각이 떠올랐습니다.

'오늘 무상(無上)의 승자 세존께서 이 유명한 도시로 들어가 계실 때 살인 코끼리 다나팔라카가 거리로 뛰어들 것이다. 그때 특별한 시중을 들고 있는 아난다 장로는 최상자 중의 최상자 세존을 버리지 않을 것이다. 만일 우리들 모두가 도망치지 않는다면 아난다의 미덕은 드러나지 않을 것이고 코끼리는 부처님께 접근하지 않을 것이다. 그러니 우리는 물러나자. 그래야만 대중들은 그것을 보고 번뇌의 질곡에서 풀려날 수 있을 것이며 또 아난다의 미덕도 잘 드러날 것이다.'

아라한들이 사방으로 흩어진 것은 그들이 그렇게 함으로써 그런 공덕이 생긴다는 것을 알았기 때문입니다."

"잘 알겠습니다, 나가세나 존자여, 아라한들에게 두려움이 있어서가 아니라 그런 공덕이 생길 것을 미리 알았기 때문에 사방으로 물러난 것입니다."

102. 전지자의 마음을 돌리게 하는 것

"나가세나 존자여, 비구들은 말합니다. '부처님은 전지자이다.' 한편 또 이렇게 말합니다. '세존께서 사리풋타와 목갈라나가 주도하는 비구

승단을 퇴거시켰을 때 자아투마아(車頭)의 샤카 족과 브라흐마사바니파티(梵天)는 씨와 송아지의 비유로 부처님을 달래 용서를 받고 상황을 올바로 아시게 했다.'

나가세나 존자여, 도대체 무슨 말들입니까? 부처님이 그들의 말 때문에 노여움을 참고 용서하는 연유를 바로 알았다면 부처님은 저 비유들을 몰랐다는 이야기입니다. 만일 부처님이 저 비유를 모르고 있었다면 부처님은 전지자가 아닙니다. 또 만약 부처님이 그것을 이미 알고 있었다면 부처님은 틀림없이 저 비구들을 고쳐주기 위하여 무자비하고 난폭하게 퇴거시켰을 것이고 그렇다면 부처님의 무자비성이 드러났을 것입니다. 이것도 양도논법의 난문으로서 당신에게 제출되었습니다. 당신은 이 난문을 해결해 주셔야 합니다."

"대왕이여, 부처님은 전지자입니다. 그런데도 부처님은 저 비유 때문에 노여움을 참고 마음이 누그러져서 내쫓은 비구들을 용서하고 사항을 분명하게 알았습니다. 대왕이여, 왜냐하면 부처님은 성전(진리)의 주인입니다. 그들이 부처님을 회유하여 마음을 누그러지게 하여 만족시키고 그리하여 부처님들이 그들의 말에 칭찬의 뜻을 표시한 비유들은, 애초에 부처님이 처음 말씀한 것이기 때문입니다.

대왕이여, 이를테면 아내가 남편의 소유인 물건(재산)으로 남편을 기쁘게 하고 그 마음을 사며 그때 남편이 그녀에게 칭찬의 뜻을 표하는 것처럼. 또 왕궁의 이발사가 왕의 소유인 황금빗으로 왕의 머리를 손질하여 왕을 기쁘게 하고 왕의 마음을 사며 그때 왕은 이발사에게 칭찬의 뜻을 표하는 것처럼. 또 풋내기 시봉이 스승이 탁발해 온 음식을 스승에게 공양하여 스승을 기쁘게 하고 스승의 마음을 사며 그때 스승이 그에게 칭찬을 표하는 것처럼.

대왕이여, 마찬가지로 자아투마아의 샤카 족과 브라흐마사바니파티

는 부처님이 설한 비유로 부처님을 달래어 기쁘게 했고 그리하여 부처
님은 그들에게 칭찬의 뜻을 표한 다음 모든 괴로움으로부터 벗어나는
법문을 설했습니다."

"잘 알겠습니다, 나가세나 존자여."

103. 수도생활의 의의

"나가세나 존자여, 세존께서 이같은 시를 읊으셨습니다. '친교로부
터 두려움이 생기고 가정생활로부터 더러운 먼지가 생긴다. 친교도 가
정생활도 없다면 이는 성자의 깨침으로 가는 길이다.' 또 이렇게 말씀
하셨습니다. '아담한 절을 지어 그곳에 진리를 많이 들은 이들을 살게
하라.'

나가세나 존자여, 만일 부처님이 '친교나 가정생활이 없는 것이 성
자의 깨침으로 가는 길'이라고 말씀하셨다면 아담한 절을 세워 진리를
많이 들은 이들을 살게 하라고 한 말씀은 잘못입니다. 또 만일 부처님
이 절을 세워 진리를 많이 들은 이들을 살게 하라고 한 것이 사실이라
면 친교나 가정생활이 없는 것이 성자의 깨침으로 가는 길이라고 한 말
씀은 틀림없이 잘못입니다. 이 양도논법의 난문을 해결해 주십시오."

"대왕이여, 세존께서는 두 가지 말씀을 틀림없이 하셨습니다. 그러
나 성자의 깨침으로 가는 길이라고 한 말씀은 사물의 실상을 드러낸 말
씀으로 보충할 여지없이 완전무결하며 결정적인 말씀이며 출가자에게
어울리고 알맞은 출가자가 지킬 영역이요, 출가자가 걸어갈 길이요, 출
가자가 실천할 방법입니다.

대왕이여, 이를테면 숲 속에 사는 사슴이 숲을 방황하며 집도 거처도 없이 마음 내키는 곳에서 쉬는 것처럼 비구에게는 친교도 가정생활도 없는 것이 성자의 깨침으로 가는 길이라 할 것입니다.

그러나 세존께서 아담한 절을 지어 진리를 많이 들은 이들을 살게 하라고 한 것은 두 가지 이유에서입니다. 모든 부처님은 절을 세워 승단에 바치는 보시를 찬탄하고 칭송했습니다. 절을 보시한 사람은 생로병사의 괴로움으로부터 해탈할 수 있습니다. 이것이 절을 보시하는 첫번째 공덕입니다. 또 절이 있으면 비구들은 지견있는 비구들과 서로 사귈 수 있고 만나고 싶은 사람을 쉽게 만날 수 있습니다. 만일 비구들의 주거가 없다면 그들을 만나기 어려울 것입니다. 이것이 절을 보시하는 두번째 공덕입니다.

세존께서는 이러한 두 가지 공덕으로 보아 아담한 절을 세워 진리를 많이 들은 이를 그곳에 살게 하라고 하셨습니다. 그러나 부처님의 제자들은 주거에 집착해서는 안 됩니다."

"잘 알겠습니다, 나가세나 존자여. 당신이 말씀하신 그대로라고 나는 믿습니다."

104. 위(胃)의 절제

"나가세나 존자여, 세존께서 이같은 시를 읊으셨습니다. '지나치게 많이 먹어서는 안 된다. 위의 양을 절제해야 한다.' 또 이렇게 말씀하셨습니다. '우다인아, 나는 한 번만이 아닌데 바루에 가득 찬 음식을 먹었고 또 바루에 넘치는 음식도 먹었다.'

나가세나 존자여, 만일 세존께서 읊은 시가 진실이라면 뒤에 말씀하신 일은 잘못이요, 뒤에 말씀하신 일이 사실이라면 앞에 읊은 시는 잘못입니다. 이것도 양도논법의 난문입니다. 이를 해결해 주십시오."

"대왕이여, 세존께서 식사할 때 절제해야 한다고 한 말씀은 사물의 실상을 드러낸 말로 보충할 여지가 없고 완전무결하며 결정적인 말씀이며 진실하고 여실하여 틀림없는 말씀이며 선인(仙人), 성자, 세존, 아라한, 독각, 승자, 전지자의 말씀이며 여래, 아라한, 정등각자의 말씀입니다.

대왕이여, 위를 절제하지 않으면 생명체를 죽이며 주지 않은 것을 갖고 딴 여자와 정을 통하고 거짓말하고 술을 마시며(이상 五戒), 어머니·아버지를 살해하고 아라한을 살해하고 승단을 파괴하고 나쁜 마음을 품어 부처님 몸을 해칩니다(이상 五逆罪).

대왕이여, 데바닷다는 위를 절제함이 없이 승단을 파괴하고 1겁 동안 지옥고를 받는 업을 쌓지 않았습니까? 세존께서는 이같은 여러 가지 사례를 보아 식사할 때 위를 자제해야 한다고 말씀하셨습니다.

대왕이여, 위를 절제하는 자는 사성제(四聖諦)를 똑바로 관찰하며 네 가지의 사문과[四沙門果]를 증득하며 네 가지 무애해[四無礙解]와 8단계 선정의 경지[八等至]와 육신통(六神通)을 마음대로 얻을 수 있습니다.

대왕이여, 고운 비둘기가 위를 자제하여 33천까지 진동시켜 인드라 전세를 시신으로 심아 시중을 들게 하지 않았습니까?

세존께서 이같은 여러 가지 사례를 보아 식사할 때 위를 자제해야 한다고 말씀하셨습니다.

대왕이여, 그러나 세존께서 우다인에게 바루에 가득 찬 음식과 바루에 넘치는 음식을 먹었다고 한 말씀은 해야 할 일과 힘쓸 일을 다 마치고 목적을 이루고 출가자로서 도달할 구경에 이르고 모든 장애를 벗어난 전지자로서 독존하는 부처님 자신을 두고 말한 것입니다.

대왕이여, 이를테면 구토하고 설사하는 병자에게 강장제를 주어야 하는 것처럼 번뇌로 가득차 있어 사성제를 깨치지 못한 사람에게는 위의 절제가 행해져야 합니다.

그런데 빛이 나고 반짝거리고 우수하고 청순한 마니주는 갈고 문질러 반질하게 할 필요가 없습니다. 마찬가지로 최상의 구경에 이른 부처님에게는 어떠한 행위도 장애가 되지 않습니다."

"잘 알겠습니다, 나가세나 존자여. 당신이 말씀하신 그대로라고 나는 믿습니다."

105. 최상의 의사인 부처님

"나가세나 존자여, 세존께서 말씀하셨습니다. '비구들이여, 나는 브라흐만, 진리를 올바르게 실천하는 사람으로서 보시에 응하고 항상 손을 깨끗이 하고 최종의 몸을 받는 자이다. 또 최상의 내과의요, 외과의(外科醫)이다.' 또 이렇게 말씀하셨습니다. '비구들이여, 내 제자 중 무병(無病)으로 제일은 박쿠라 비구이다.'

존자여, 세존의 몸에 누차 병이 생긴 것은 잘 알려진 사실입니다. 만일 부처님이 최상자라면 무병제일인 자는 박쿠라 비구라고 한 말씀은 잘못입니다. 또 만일 박쿠라 비구가 무병으로 제일이라면 부처님이 최상자라는 말은 잘못입니다. 이 양도논법의 난문을 해결해 주십시오."

"대왕이여, 세존께서는 두 가지를 다 틀림없이 말씀하셨습니다. 그러나 뒷말씀은 불교 외의 전승된 가르침을 이해하고 정통한 자들 중 그 사람 자신이 가지고 있는 특성에 관하여 말한 것입니다.

세존의 제자 중에는 멈추어 서고 돌아다니고 하는 자가 있으며 그들은 멈추어 서고 돌아다니고 함으로써 밤낮을 새웁니다. 그러나 세존께서는 멈추어 서고 돌아다니고 앉고 눕고 함으로써 밤낮을 새웠습니다. 대왕이여, 멈추어 서고 돌아다니고 하는 비구들은 모두 특성으로 뛰어납니다.

대왕이여, 세존의 제자 중에는 한 자리에서 한 번만 식사하는 자들이 있으며 그들은 생명에 관계 있어도 딴자리로 옮겨 두 번 식사를 하지 않습니다. 그러나 세존께서는 두 번이나 세 번까지도 식사를 마음대로 하셨습니다. 대왕이여, 한 자리에서만 식사를 하는 비구들은 모두 그 특성으로 뛰어납니다. 이같이 하나하나의 비구에 대하여 그 나름의 특성을 말한 사례가 많습니다.

그러나 세존은 계정혜(戒定慧)와 해탈과 해탈지견(解脫知見)과 열 가지 지혜의 힘〔十力〕과 사무소외(四無所畏)와 18종의 뛰어난 부처님의 특성〔十八不共法〕과 6종의 비범한 지력〔六不共智〕에 있어 최상자이며 깨침의 전 경계에 관하여 최상자입니다. 세존께서는 이런 뜻에서 자신은 최상자라고 말씀하셨습니다.

대왕이여, 이를테면 세상 사람들 중에서는 명문 출신도 있고 재산가도 있고 지식인도 있고 학예인도 있고 용사도 있고 정중한 자도 있습니다. 그러나 왕은 그들보다 윗자리에 있는 최상자입니다. 마찬가지로 세존은 모든 중생 중 최고 최상 최승자입니다.

그런데 박쿠라 존자가 무병 제일인자가 된 것은 전생의 결의에 의한 것입니다. 왜냐하면 아노마닷싱 존자에게 위병이 들었을 때, 또 비팟싱 존자와 6백8십만 비구에게 초화병(草花病 : 피가 풀빛으로 변하는 병)이 생겼을 때 박쿠라 존자는 고행자로서 가지가지 약으로 그들의 병을 치료해 주었습니다. 그 공덕으로 그는 금생에 무병자가 되었습니다. 그래서 세존께서 무병제일은 박쿠라 비구라고 말씀하셨습니다.

대왕이여, 세존은 병에 걸리든 안 걸리든 또 두타의 지분〔頭陀支 : 수행생활에 지켜야 할 덕목을 말함〕을 지키든 안 지키든 어느 때나 그와 대등할 자는 아무도 없습니다.

대왕이여, 신들 중의 신, 세존께서는 상윳타 니카야〔最勝寄與相應部〕묘전(妙典)에서 이렇게 말씀하셨습니다.

'비구들이여, 발 없는 것, 두 발 달린 것, 네 발 달린 것, 여러 발 달린 것, 형체가 있는 것〔有色〕, 형체가 없는 것〔無色〕, 표상작용이 있는 것〔有想〕, 표상작용이 없는 것〔無想〕, 표상작용이 있는 것도 아니요 없는 것도 아닌 것〔非想非非想〕, 이러한 모든 중생들 가운데 부처님이 최상자요, 아라한이요, 올바르게 깨친 정등각자〔正等覺者〕이다.'

"잘 알겠습니다. 나가세나 존자여. 당신이 말씀하신 그대로라고 나는 믿습니다."

106. 옛 성현의 길과 부처님이 깨친 길

"나가세나 존자여, 세존께서 말씀하셨습니다. '비구들이여 여래·응공·정등각자는 일찍이 모르던 길을 발견했다.' 한편 또 이렇게 말씀하셨습니다. '비구들이여, 나는 과거에 올바로 깨친 사람이 걸어간 크고 작은 옛길〔古道와 古徑〕을 깨쳤다.'

나가세나 존자여, 만일 앞말씀이 옳다면 뒷말씀은 잘못이요, 만일 뒷

말씀이 옳다면 앞말씀은 틀림없이 잘못입니다. 이 양도논법의 난문을 해결해 주십시오."

"대왕이여, 세존께서는 두 가지 다 말씀하셨으며 두 말씀은 다같이 진실을 말씀한 것입니다.

대왕이여, 과거의 모든 부처님이 사라지고 교도할 사람이 없었을 때 그 길은 없어졌습니다. 전지자인 부처님은 과거에 올바로 깨친 사람들이 걸어간 길이 무너지고 막히고 닫히고 덮여 통행할 수 없게 된 것을 지혜의 눈으로 찾아냈습니다. 그래서 세존께서 '비구들이여, 나는 과거에 올바로 깨친 사람들이 걸어간 크고 작은 길을 깨쳤다.'라고 말씀하셨습니다.

대왕이여, 또 부처님은 과거 모든 부처님이 사라져 교도할 사람이 없기 때문에 무너지고 막히고 닫히고 덮여 있던 길을 통행할 수 있게 했습니다. 그래서 세존께서 '비구들이여, 여래·응공·정등각자는 일찍이 모르고 있던 길을 발견했다.'고 말씀하셨습니다.

대왕이여, 이를테면 한 전륜성왕이 세상을 떠나므로 산 속에 숨어버렸던 마니주가 다른 전륜성왕이 세상에 나타나 바른 통치를 할 때 다시 나타나는 것과 같습니다. 대왕이여, 그 마니주는 전륜성왕에 의해 만들어졌습니까?"

"그렇지 않습니다, 존자여. 그 마니주는 본래부터 있었습니다. 다만 전륜성왕이 세상에 나타남으로써 다시 나온 것입니다."

"대왕이여, 마찬가지로 과거 모든 부처님이 밟고 간 본래의 상서로운 여덟 갈래 길이 인도할 사람이 없어짐으로써 무너지고 허물어져 통행할 수 없게 된 것을 전지자인 세존께서 지혜의 눈으로 드러내어 만인이 통행할 수 있는 길로 만들었습니다. 그래서 세존께서는 '비구들이여, 여래·응공·정등각자는 일찍이 모르던 길을 발견했다.'라고 말씀하셨습니다.

이를테면 어머니가 달이 차 태아를 낳고 '산모'라고 불리는 것처럼. 또 어떤 사람이 잃어버린 물건을 찾았을 때 사람들이 '그 물건이 나왔다.'라고 말하는 것처럼. 또 이를테면 어떤 사람이 숲을 치우고 토지를 개간하면 사람들은 '그 토지는 그 사람의 것이다.'라고 말합니다. 그러나 그 토지는 그 사람이 만든 것은 아닙니다. 그 사람이 그 토지를 사용하기 때문에 그를 '토지의 주인'이라고 하는 것입니다.

대왕이여, 마찬가지로 전지자인 부처님은 이미 있었던 길이 무너져 통행할 수 없게 된 것을 지혜의 눈으로 드러내어 만인이 통행할 수 있는 길로 만들었습니다. 그래서 세존께서 '비구들이여, 여래·응공·정등각자는 일찍이 모르고 있던 길을 발견했다.'고 말씀하셨습니다."

"잘 알겠습니다, 나가세나 존자여. 당신이 말씀하신 그대로라고 나는 믿습니다."

107. 실성한 사람의 범행은 처벌되지 않는다

"나가세나 존자여, 세존께서 말씀하셨습니다. '나는 전생에 인간으로 태어났을 때 생명있는 중생을 해치지 않았다.' 또 이렇게 말씀하셨습니다. '나는 로마사캇사파라는 선인(仙人)이었을 때 수백의 생명을 죽이고 소마대제〔大供犧祭〕를 올렸다.'

나가세나 존자여, 만일 앞의 말씀이 옳다면 뒷말씀은 잘못이요, 또 만일 뒷말씀이 옳다면 앞말씀은 틀림없이 잘못입니다. 이 양도논법의 난문을 해결해 주십시오."

"대왕이여, 세존께서는 두 가지를 다 말씀하셨습니다. 그러나 수백의 생명을 죽이고 소마대제를 올린 것은 탐욕에 휘감겨 자기 행위에 대한 자각이 없이 행한 일입니다."

"나가세나 존자여, 여기 여덟 가지 사람은 생령(生靈)을 죽입니다. 즉 탐착하는 자는 탐욕 때문에, 성내는 자는 노기 때문에, 우매한 자는 미망 때문에, 교만한 자는 교만 때문에, 욕심이 많은 자는 욕심 때문에, 아무것도 없는 자는 생계 때문에, 어리석은 자는 불장난으로, 왕은 금령(禁令) 때문에 각각 생명을 죽입니다. 그러므로 보살도 본심에서 생령을 죽였음에 틀림이 없습니다."

"대왕이여, 보살은 본심에서 생령을 죽인 것은 아닙니다. 만일 보살이 본심에서 대제를 올리려고 마음을 먹었다면 아래와 같이 읊지는 않았을 것입니다.

대해(大海)에 둘러싸이고
대양을 허리에 두른 대지라도
나는 세상의 비난을 받으면서까지
얻으려고 하지는 않는다.
사이하야,
너는 그렇게 알아라.

그러한 보살이면서도 그는 잔다바티이 여왕을 보자마자 마음이 움직이고 정신이 산란해지고 흥분했습니다. 그런 흥분되고 초조한 마음의 상태에서 그는 큰 짐승의 목피를 뿌리는 소마대제를 올렸습니다. 대왕이여, 이를테면 미친 사람이 정신착란이 되어 타오르는 불 속으로 뛰어들며 성낸 독사를 붙잡고 미쳐 날뛰는 코끼리에 대들고 끝없는 대해에 뛰어들고 흙탕물 웅덩이에 발을 들이밀고 무성한 가시덤불에 뛰어들고 절벽을 뛰어내리고 더러운 것을 집어먹고 알몸으로 거리를 활보하는 등 무슨 짓이라도 가리지 않고 하는 것처럼 보살도 그러했습니다.

대왕이여, 정신착란이 되어 행한 악행은 현재에도 큰 죄가 되지 않으며 미래에도 큰 죄의 과보를 받지 않습니다. 대왕이여, 여기 어떤 미친 사람이 죄를 지었다고 합시다. 당신은 그에게 어떤 형벌을 내리겠습니까?"

"존자여, 미친 사람에게 무슨 형벌이 적합하겠습니까? 나는 그를 두들겨 내보내겠습니다. 그것이 그에 대한 형벌의 전부입니다."

"대왕이여, 그렇습니다. 미친 사람의 범죄를 처벌할 특별한 형벌은 없습니다. 그러므로 미친 사람의 행위는 탓할 것도 없고 용서해야 합니다. 대왕이여, 마찬가지로 보살은 잔다바티이 여왕을 보자마자 마음이 움직이고 정신이 산란해지고 흥분한 마음의 상태에서 큰 짐승의 목피를 뿌리는 소마대제를 올렸습니다.

그러나 보살이 본정신이 들고 바른 생각을 돌이켰을 때 다시 출가하여 다섯 가지 신통을 드러내어 범천계에 태어났습니다."

"잘 알겠습니다, 나가세나 존자여. 당신이 말씀하신 그대로라고 나는 믿습니다."

108. 존경과 비난에 대하여

"나가세나 존자여, 세존께서 이렇게 읊으셨습니다.
'독화살에 맞은 코끼리왕 육색아(六色牙)는 사냥꾼을 죽이려고 찾고 있을 때 수행자의 표시인 황색 가사를 보았다. 그때 견딜 수 없는 고통 속에서 코끼리 왕은, 선인(善人)은 아라한의 표시를 몸에 두른 자를 죽여서는 안 된다는 생각이 들었다.'

그러나 세상에는 이런 말이 있습니다.

'부처님이 전생에서 조티팔라라는 바라문 청년이었을 때 응공·정등각자인 카사파(迦葉) 세존을 까까중이라 부르고 사이비 수행자라 하여 야비하고 난폭한 말로 비난하고 욕했다.'

나가세나 존자여, 만일 앞의 말씀이 옳다면 뒷말은 잘못이요, 또 만일 뒷말이 옳다면 앞의 말씀은 틀림없이 잘못입니다. 축생으로 태어난 보살이 격심한 고통을 받으면서도 사냥꾼이 입은 황색 가사를 보고 존경했다면 그가 인간으로 태어나 수업을 마치고 원만한 예지에 도달한 응공·정등각자·십력을 갖춘 분·최고의 스승·몸에서 1심 가량의 후광이 뻗치는 최상자 카사파 세존이 광채나는 베나레스 황가사를 입고 있는 것을 보고도 존경하지 않은 것은 무슨 까닭입니까? 이 역시 양도논법의 난문으로 당신에게 제출되었으니 해결해 주십시오."

"대왕이여, 세존의 말씀과 세상의 이야기가 모두 진실입니다. 그러나 바라문 청년이 카사파 세존을 비난하고 욕한 것은 그의 출신성분과 가문 때문이었습니다. 왜냐하면 조티팔라는 불교에 대한 신앙이나 신심이 없는 가문에 태어났습니다. 그의 부모, 형제자매, 남녀노비 또는 권속들은 범천을 섬기는 자들이었습니다. 그들은 바라문이 세상에서 최고라고 하며 다른 수행자를 욕하고 미워했습니다. 조티팔라는 옹기장이 가티칼라로부터 승단의 스승을 찾아보라는 권유를 받고 이렇게 말했습니다. '여보, 저 까까중 수행자를 만나서 무엇하겠소?'

대왕이여, 이를테면 감로도 독에 닿으면 쓴맛으로 변하고 찬물도 불에 닿으면 뜨거워지는 것처럼 바라문 청년 조티팔라는 신앙도 신심도 없는 집에 태어나 자신들의 종교를 최상이라 뽐내는 가문 때문에 부처님을 비난하고 욕했습니다.

또 이를테면 훨훨 타오르는 나무는 밝은 빛과 뜨거운 열을 가지고 있지만 물에 닿으면 그 빛은 꺼지고 그 열은 식으며 삶은 닛군디 열매처럼 새까만 숯덩이가 되고 마는 것과 같습니다.

대왕이여, 마찬가지로 바라문 청년 조티팔라는 지혜를 갖추고 신앙이 있고 대광명에 대등할 만한 지식을 갖고 있지만 불교에 대한 신심이 없는 집안에 태어남으로써 가문의 자존심 때문에 맹목적으로 부처님을 비난하고 욕했습니다.

그러나 부처님을 가까이하여 부처님 덕을 알게 되면서부터 그는 종처럼 온순하게 되어 부처님의 가르침에 귀의, 출가함으로써 신통력과 선정력을 드러내어 범천계에 태어났습니다."

"잘 알겠습니다, 나가세나 존자여. 당신이 말씀하신 그대로라고 나는 믿습니다."

109. 신통변화는 대중을 인도하기 위해 나타낸다

"나가세나 존자여, 세존께서 말씀하셨습니다. '옹기장이 가티칼라의 집은 장마철 석 달 동안 하늘을 지붕 삼고 있지만 비가 새지 않았다.' 또 이렇게 말씀하셨습니다. '여래인 카사파 세존의 띠집에는 비가 새었다.'

나가세나 존자여, 그처럼 선근이 깊은 인격자의 집에 비가 새었습니까? 사람은 완전한 인격자의 신통위력을 바랄 것입니다. 존자여, 참으로 옹기장이 가티칼라의 지붕 없는 집에 비가 새지 않았다면 완전한 인격자의 집에 비가 새었다는 말은 잘못입니다. 또 만약 완전한 인격자의 집에 비가 새었다면 옹기장이 가티칼라의 지붕 없는 집에 비가 새지 않았다는 말은 틀림없이 잘못입니다. 이제 당신은 이 난문을 해결해 주십시오."

"대왕이여, 세존께서는 두 가지 말씀을 틀림없이 하셨습니다.

옹기장이 가티칼라는 계행을 지키는 선인(善人)으로서 선근을 쌓으며 눈먼 노부모를 봉양하고 있었습니다. 그가 출타하고 없을 때 사람들이 그의 승낙도 없이 그의 집 지붕의 띠를 걷어다 완전한 인격자 카사파 세존의 지붕을 이었습니다. 하지만 그는 그 일로써 확고부동하고 광대하며 비길 데 없는 희열을 얻어 '아, 세상의 최상자 세존께서 나를 정말 깊이 믿어 주셨다.'고 기뻐했습니다. 그래서 그러한 과보가 생겼습니다.

대왕이여, 완전한 인격자는 띠집에 비가 샌 것 정도로는 흔들리지 않습니다. 이를테면 수미산이 폭풍에 동요되지 않고 광대한 대양이 강물에 의해 넘쳐 흐르지 않는 것처럼 완전한 인격자는 그 정도에 동요되지 않습니다.

대왕이여, 완전한 인격자의 집에 비가 샌 것은 다만 그가 인간 대중을 불쌍히 여겼기 때문입니다. 대왕이여, 완전한 인격자는 두 가지 이유로 손수 마련한 필수품을 사용하지 않습니다.

첫째, 세존은 최상의 보시를 받을 분이기 때문입니다. 이러한 이유로 사람과 신들은 세존에게 필수품을 보시함으로써 악취(惡趣)로부터 완전히 벗어날 것입니다. 둘째, 다른 사람들이 자기들더러 신통변화를 드러내어 생활해 간다고 탓하는 일이 없도록 하기 위해서입니다.

완전한 인격자는 이러한 두 가지 이유에서 손수 마련한 필수품을 사용하지 않습니다.

대왕이여, 만일 인드라 천제가 자기 띠집에 비가 새지 않도록 하고 또 범천이 그러하다면 그 행위 자체가 죄가 되고 과실을 수반하고 비난을 받습니다. 왜냐하면 사람들이 '저들은 교묘한 활동으로 세상을 현혹시키고 위압한다.'고 말할 것이기 때문입니다. 그러므로 그러한 행위는 피해야 합니다.

대왕이여, 완전한 인격자들은 아무것도 요구하지 않습니다. 또 그들은 아무것도 요구하지 않는다는 그것 때문에 비난받는 일이 없습니다."

"잘 알겠습니다, 나가세나 존자여. 당신이 말씀하신 그대로라고 나는 믿습니다."

110. 보시를 받는 마음가짐

"나가세나 존자여, 세존께서 이렇게 읊으셨습니다.

'시 구절을 외우고 얻은 음식을 나는 먹어서는 안 된다. 바라문이여, 이는 바른 지견을 얻은 사람들이 행하는 규칙은 아니다. 시 구절을 외우고 얻은 음식을 바른 지견을 얻은 사람은 거절한다. 바라문이여, 이는 바른 지견을 얻은 사람의 생활법이다.'

또 한편 세존께서는 사람들에게 진리를 설해 주실 때 단계적으로 하셨습니다. 즉 맨 처음에 보시에 관한 법문을 설하시고, 그 다음에 계율에 관한 법문을 설하시는 것이 상례였습니다. 사람들과 신들은 일체 세간의 지존(至尊)이신 세존의 설법을 듣고 보시물을 마련해 올리며 불

제자들은 그 보시물을 받습니다.

존자여, 만일 세존께서 '시 구절을 외우고 얻은 음식을 나는 먹어서는 안 된다.'고 말씀하셨다면 세존께서 보시에 관한 법문을 맨 처음에 하신 것은 잘못입니다. 또 만일 세존께서 보시에 관한 법문을 맨 처음에 하는 것이 옳다면 '시 구절을 외우고 얻은 음식을 나는 먹어서는 안 된다.'라고 한 시 구절은 잘못입니다.

왜냐하면 출가자들이 재가자들에게 공양을 올리는 공덕을 설하면 재가자들은 깨끗한 신심으로 끊임없이 보시하며 또 그 보시를 받는 이들은 누구나 시 구절을 외우고 음식 공양을 받기 때문입니다. 이것도 양도논법의 난문으로 이제 당신에게 제출되었으니 해결해 주십시오."

"대왕이여, 세존께서는 앞의 시를 읊으셨고 또 설법할 때는 맨 처음 보시에 관한 법문을 하는 것이 상례였습니다. 처음 보시에 관한 법문을 가지고 듣는 사람의 마음을 기쁘게 하고 그 다음 계행을 지키도록 권장하는 것은 모든 부처님의 관례입니다.

대왕이여, 이를테면 사람들이 어린아이에게 처음에는 되질놀이, 풍차놀이, 마차놀이, 호미놀이, 활놀이, 물구나무서기 등을 놀게 해 주고 그 다음 아이들 각자가 해야 할 일을 시키는 것처럼, 또 의사가 병자들에게 처음 4, 5일간은 몸을 풀고 체력을 보강시키기 위하여 기름을 먹이고 그 다음 설사약을 투약하는 것처럼, 부처님은 처음에는 보시에 관한 법문으로 듣는 사람의 마음을 기쁘게 하고 그 다음 계행을 지키도록 권장합니다.

대왕이여, 보시자나 시주자는 마음이 부드러워지고 누그러지고 온화해져서 비로소 보시라는 통로나 다리나 배에 의하여 윤회의 바다를 건너 피안으로 건너갑니다. 그러므로 부처님은 맨 처음 그들에게 업(業)의 근거를 가르쳐 줍니다. 그러나 그것 때문에 몸과 말로 '나타내는(表

示되는) 죄를 범하는 것은 아닙니다."

"존자여, 당신이 방금 말씀하신 '나타내는' 이란 무슨 뜻입니까?"

"대왕이여, 나타냄에는 두 가지가 있습니다. 즉 몸으로 나타내는 것과 말로 나타내는 것. 그 중 몸으로 나타내는 것에 죄가 되는 것과 죄가 안 되는 것이 있습니다. 죄가 되는 몸의 표시란, 이를테면 어떤 비구가 탁발하러 마을에 내려가 알맞지 않은 곳에 서서 그곳을 떠나지 않는다고 합시다. 그것은 죄가 되는 몸의 표시입니다. 또 이를테면 어떤 비구가 탁발하기 위해서 마을에 내려가 알맞지 않는 곳에서 턱이나 눈짓이나 엄지손가락으로 보시를 구하는 표시를 한다고 합시다. 그것도 죄가 되는 몸의 표시입니다. 성자(聖者)들은 그렇게 해서 탁발한 음식을 받지 않습니다. 그리고 그러한 사람은 성자들의 모임에서 경멸받고 천시되어 승단 생활을 파괴한 자로 간주됩니다.

죄가 되지 않는 몸의 표시란 이를테면 어떤 비구가 탁발하러 마을로 내려가 마음을 통일하고 바로 생각하고 바른 지견을 가지고 부처님 가르침에 따라 알맞은 곳에 선다고 합시다. 즉 보시하려는 사람이 있는 곳에 서고 보시하려고 하지 않는 사람들이 있는 곳에는 서지 않습니다. 그것이 죄가 되지 않는 몸의 표시입니다. 성자들은 그렇게 탁발한 음식을 받습니다. 그리고 그런 사람들은 성자들의 모임에서 칭찬받고 찬사받으며 번뇌소멸에 힘쓰는 자요, 청정한 생활을 하는 자로 간주됩니다. 왜냐하면 신 중의 신 세존께서 이렇게 읊으셨기 때문입니다.

지혜 있는 자는 보시를 바라지 않으며
성자들은 바라는 것을 나무란다
성자들은 보시하려는 사람이 있는 곳에 선다
이것이 성자들의 걸식이다.

죄가 되는 말의 표시란 이를테면 어떤 비구가 의복, 좌구, 먹을 것, 약 등 여러 가지 필수품을 말로 표시한다고 합시다. 이것이 죄가 되는 말의 표시입니다.

또 어떤 비구가 이것이 갖고 싶다고 남에게 말하여 그 물건을 얻는다고 합시다. 이것도 죄가 되는 말의 표시입니다. 또 어떤 비구가 많은 사람에게 이러이러한 것을 비구에게 희사해야 한다고 공언하여 그 사람들이 그러그러한 것을 가져온다고 합시다. 이것도 죄가 되는 말의 표시입니다. 성자들은 그렇게 해서 얻은 것을 받지 않습니다. 그리고 그런 사람은 성자들의 모임에서 경멸받고 천시받으며 승단 생활을 파괴한 자로 간주됩니다.

대왕이여, 사리풋타 장로는 해가 진 밤에 병이 났을 때 마하목갈라나 장로가 유효한 약을 물으므로 부지불식간에 말했습니다. 그로 해서 약을 얻었지만 사리풋타 장로는 '나는 입을 놀려서 약을 얻었다. 나는 승가 생활을 파괴해서는 안 된다.'고 생각하고 승가생활을 파괴할까 두려워 그 약을 거절하고 먹지 않았습니다. 그처럼 무의식중에 지껄인 것도 죄가 되는 것이 말의 표시입니다. 성자들은 그렇게 해서 얻은 것도 받지 않습니다. 그리고 그렇게 해서 얻은 약을 먹는 사람은 성자들 모임에서 경멸받고 천시받으며 승단 생활을 파괴한 자로 간주됩니다.

죄가 되지 않는 말의 표시란, 이를테면 어떤 비구가 약이 필요할 때 초대한 사람이나 그 친척 집에서 그것을 말했다고 합시다. 이것은 죄가 되지 않는 말의 표시입니다. 성자들은 그렇게 해서 얻은 것은 받습니다. 그리고 그러한 사람은 성자들의 모임에서 칭찬받고 찬사받으며 번뇌의 근절에 힘쓰는 자요, 청정한 생활을 하는 자로 간주되며 여래·응공·정등각자에게 인정받습니다.

대왕이여, 밭을 가는 바라문 바알라드바샤가 바치는 음식을 부처님은 거절했습니다. 그 음식은 부처님께서 그의 질문에 답하여 당신의 생각을 그에게 납득시키고 그의 생각의 허점을 찔러 시정해 줌으로써 바쳐진 음식이었습니다. 그래서 부처님은 그가 보시한 음식을 거절하고 받지 않았습니다."

"존자여, 부처님이 바루 공양을 할 때면 언제나 천신들이 하늘의 영양소를 부처님의 바루 속으로 뿌려 드렸습니까? 아니면 보시받은 두 가지 음식, 즉 버섯요리와 젖죽 속에만 뿌려 드렸습니까?"

"대왕이여, 부처님이 바루 공양을 할 때면 언제나 천신들이 하늘의 영양소를 가져와 부처님이 뜨시는 한 술 한 술마다 그것을 뿌려 주었습니다. 이를테면 왕이 식사를 할 때 왕궁의 요리사가 국물을 가져와 한 술 한 술 뜰 때마다 그것을 치는 것처럼. 대왕이여, 부처님이 베란자아에서 보리가루 떡을 공양하실 때 천신들은 영양소로 그 떡을 적셔 드렸습니다. 그리하여 부처님의 건강이 보존되었습니다."

"잘 알겠습니다, 나가세나 존자여. 언제나 부처님의 건강을 열심히 지켜드린 천신들은 참으로 행복하겠습니다. 당신이 말씀하신 그대로라고 나는 믿습니다."

111. 범천의 권유와 부처님의 설법 결의

"나가세나 존자여, 세존께서는 비구들에게 말씀하셨습니다. '부처님은 네 가지 아승지겁과 십만 겁 동안 수많은 사람들을 구원하기 위해 수행하여 전지자의 지혜를 성취했다.' 그런데 세존께서는 '전지자가 되었을 때 무아의 명상에 마음이 쏠리고 설법할 마음이 내키지 않았다'고 합니다.

존자여, 이를테면 궁수나 그의 제자가 전쟁에 쓰기 위해 오랫동안 궁술을 익힌 다음 실전에 마주치자 두려워 주저하는 것처럼, 또 장사나 그의 제자가 오랫동안 씨름을 배운 다음 씨름대회가 열리자 씨름하기를 주저하는 것처럼 부처님은 4아승지겁과 십만 겁 동안 수많은 사람들을 구원하기 위해 수행하여 비로소 무상의 지혜를 성취한 다음 설법을 주저했습니다.

존자여, 부처님이 설법을 주저한 것은 무엇 때문이었습니까? 두려워서? 아니면 능력이 없어서? 아니면 체력이 쇠약해서? 도대체 무슨 까닭이었습니까? 그 이유를 드러내어 나의 의심을 없애 주십시오.

나가세나 존자여, 만일 부처님이 4아승지겁과 십만 겁 동안 무수 중생을 구원하기 위하여 전지자의 지혜를 성취했다면 전지자가 되었을 때 설법할 마음이 내키지 않았다는 말은 잘못입니다. 또 만일 전지자가 되었을 때 설법할 마음이 내키지 않았다는 말이 진실이라면 부처님이 전지자의 지혜를 성취했다는 말은 틀림없이 잘못입니다. 이 또한 심오하여 해명하기 어려운 양도논법의 난문이니 당신이 해명해 주십시오."

"부처님은 분명히 4아승지겁과 십만 겁 동안 수많은 중생을 구제하기 위하여 수행하여 전지자의 지혜를 성취했으며 또 전지자의 지혜를 성취했을 때 무아의 명상에 마음이 쏠리고 설법할 마음이 내키지 않았습니다. 그러나 그때 설법을 하지 않으신 것은, 당신이 체득한 진리가 얼마나 심심미묘(深深微妙)하고 깨치기 어려운가를 앎과 동시에 살면서 중생들이 집착하고 탐닉하여 '나다, 나의 것이다' 하는 견해를 얼마나 고집하고 있는가를 알기 때문에 '무엇을 설할까? 어떻게 설할까?'를 생각한 것입니다. 즉 부처님의 타심통으로 중생들의 마음을 헤아려보신 것입니다.

대왕이여, 이를테면 의사가 여러 가지 병에 걸린 사람을 진찰한 다음 '어떠한 처리를 하고 어떤 약을 쓰면 이 사람의 병이 나을까?' 하고 생각하는 것처럼. 또 이를테면 크샤트리아 출신의 남자가 왕위에 오르는 대관식을 행할 때 왕의 수하들, 즉 대신이나 병사, 관리, 근위병, 시민들을 어떻게 통솔할 것인가 마음속으로 생각하는 것처럼, 부처님은 중생들이 얼마나 번뇌병에 걸려 있는가 알고 또 당신이 깨치신 진리의 진의가 얼마나 심심미묘하고 깨치기 어려운가를 알기 때문에 '무엇을 설할 것이고 어떻게 설할 것인가.' 하고 생각한 것입니다. 부처님은 이를 살폈을 뿐입니다.

대왕이여, 그러나 범천의 간청이 있을 때 진리를 설하는 것은 모든 부처님들의 본성입니다. 그 이유는 즉, 당시에는 고행자·유행자·사문·바라문을 포함한 모든 사람들이 범천을 신으로 모셔 숭배하고 궁극의 의지처로 삼고 있었습니다. 그러므로 부처님들은 '범천이 법에 귀의하면 다른 사람이나 신도 법에 귀의할 것이다.'라고 생각했습니다. 그런 이유로 부처님들은 범천이 권청하면 법을 설해 주셨습니다.

대왕이여, 이를테면 왕이나 대신이 어떤 사람에게 귀의하여 그를 존경한다고 합시다. 자기들보다 유력한 사람이 누군가에게 귀의한다면 그 밑의 사람들도 그에게 귀의할 것입니다.

대왕이여, 세상에서 존경받는 사람들을 세상사람들은 존경하기 때문입니다. 그래서 부처님은 범천의 권청을 받고는 비로소 법을 설해 주셨습니다."

"잘 알겠습니다, 나가세나 존자여. 당신이 말씀하신 그대로라고 나는 믿습니다."

112. 부처님은 스승 없이 홀로 깨쳤다

"나가세나 존자여, 세존께서는 이같은 시를 읊으셨습니다. '내게는 스승도 없고 대등한 자도 없으며, 사람과 신의 세계에 나와 대적할 자는 없다.'

또 한편 이렇게 말씀하셨습니다. '비구들이여, 이같이 알라라 칼라마는 나의 스승이면서 제자인 나를 자기와 동등하게 놓고 또 대단한 경의로 나를 존경했다.'

나가세나 존자여, 만일 부처님이 자기와 대등한 자도 없고 스승도 없다고 말했다면 '알라라 칼라마는 나의 스승이면서 제자인 나를 자기와 동등하게 놓고 또 대단한 경의로 나를 존경했다.' 라는 말씀은 잘못입니다. 또 만일 '알라라 칼라마는 나의 스승이면서 제자인 나를 동등하게 놓고 대단한 경의로 나를 존경했다.' 라는 말씀이 진실이라면 '내게는 스승도 없고 대적할 자도 없다.' 는 말씀은 잘못입니다. 이 양도논법의 난문을 해결해 주십시오."

"대왕이여, 세존께서는 두 가지를 다 말씀하셨습니다. 그러나 뒷말씀은 부처님이 바른 깨침을 얻기 전 완전한 깨침의 경지에 이르지 못한 보살이었을 때 알라라 칼라마가 자기 스승이었다고 말씀하신 깃입니다.

대왕이여, 부처님이 완전한 깨침의 경지에 들지 못한 보살이었을 때 다섯 스승이 있었습니다. 보살은 그분들의 가르침을 받으며 그 시기를 지냈습니다. 대왕이여, 보살이 태어난 직후 여덟 명의 바라문, 즉 라아마 · 다자 · 락카나 · 만티이 · 안야 · 스야마 · 수보자 · 스닷타가 그의 여러 가지 특성을 찾아 그의 행복을 예언하고 그를 보호해 주었습니다. 그분들이 최초의 스승입니다.

다음 보살의 아버지 숫도다나 왕은 당시 서북지방의 귀족 출신이요, 베다와 문법에 통달하고 베다의 6개 보조학과에 정통한 삼바밋타라는 바라문을 초청하여 황금물병에서 물을 떨어뜨리며 '이 소년에게 학문을 가르쳐 주십시오.' 하고 그에게 소년을 맡겼습니다. 이분이 두 번째 스승입니다. 또 보살을 격려하여 출가시킨 신이 있습니다. 보살은 그 신의 말을 듣고 감동발분하여 집을 버리고 출가했습니다. 이분이 세 번째 스승입니다. 또 알라라 칼라마가 있습니다. 이분이 네 번째 스승입니다. 또 칼라마의 아들 웃다카가 있습니다. 이분이 다섯 번째 스승입니다. 대왕이여, 이분들은 보살이 바른 깨침을 얻기 전의 보살이었을 때의 다섯 스승입니다. 그러나 그들은 어디까지나 세속의 진리를 가르치는 스승이었습니다. 부처님께서 가르치신 출세간의 진리에 있어서는 부처님을 가르칠 자가 없었습니다.

대왕이여, 부처님은 스승 없이 홀로 깨친 분입니다. 그러므로 부처님은 자기에게는 스승도 없고 대등한 자도 없다고 말했습니다."

"잘 알겠습니다. 나가세나 존자여. 당신이 말씀하신 그대로라고 나는 믿습니다."

밀린다왕 문경

제4장

수행자가
지켜야 할
덕목

113. 두 부처님이 동시에 나오는 일은 없다

"나가세나 존자여, 세존께서 말씀하셨습니다. '비구들이여, 그럴 리도 없고 있을 수도 없는 일이다. 한 세상에 응공·정등각자가 동시에 둘이 나올 리 없다.'

나가세나 존자여, 모든 완전한 인격자들은 사람들에게 진리를 보일 때는 깨침에 도움이 되는 37보리분법(菩提分法)으로써 하시고, 말할 때는 사성제(四聖諦)로써 하시고, 수행을 가르칠 때는 삼학(三學)으로써 하시고, 지도할 때는 방심하지 않은 실천으로써 하셨습니다.

존자여, 만약 모든 부처님이 보이고 말하고 가르치고 지도하는 것이 모두 같다면 왜 완전한 인격자가 둘이 동시에 나올 수 없습니까? 부처님이 단 한 명만 나와도 이 세상에는 광명이 비칩니다. 만일 제2의 부처님이 당대에 있다면 이 세상에는 두 부처님의 광명으로 더욱 빛날 것입니다. 또 완전한 인격자가 두 분이 있다면 가르치기도 쉽고 지도하기도 쉬울 것입니다.

나의 의혹이 풀리도록 두 부처님이 동시에 나올 수 없다는 이유를 말씀해 주십시오."

"대왕이여, 이 일만세계는 한 분의 부처님을 가지며 단 한 분만이 완전한 인격자의 공덕을 지닐 뿐입니다. 만일 제2의 부처님이 나온다면 이 일만세계는 그분을 받들지 못할 것입니다. 세계는 진동하고 기울고 붕괴될 것입니다.

대왕이여, 이를테면 한 사람이 탈 수 있는 나룻배가 있다고 합시다. 한 사람만 타면 배는 물 위에 뜹니다. 그러나 그와 생김새나 특성이 똑같은 사람이 한 사람 더 탄다면 그 배는 어떻게 되겠습니까?"

"존자여, 두 사람이 함께 타면 배는 진동하고 기울며 물 속으로 침몰하게 될 것입니다."

"대왕이여, 마찬가지로 이 일만세계는 한 분의 부처님을 가지며 단 한 분만이 완전한 인격자의 공덕을 지닐 뿐입니다. 만일 제2의 부처님이 나온다면 이 일만세계는 그분을 받들지 못할 것입니다. 세계는 기울고 진동하며 붕괴될 것입니다.

대왕이여, 어떤 사람이 음식을 목까지 차게 실컷 먹었다고 합시다. 그는 포식으로 만복이 되고 아무 생각이 없고 졸음에 쫓겨 등신처럼 될 것입니다. 그 위에 다시 그만큼의 음식을 먹는다면 그는 무사하겠습니까?"

"존자여, 그렇지 못합니다. 또 그만큼 더 먹는다면 그는 죽어버릴 것입니다."

"대왕이여, 부처님 두 분이 동시에 이 세상에 나오는 경우도 마찬가지입니다."

"나가세나 존자여, 과중한 법의 부담으로 대지는 진동합니까?"

"대왕이여, 이를테면 보석을 가득 실은 수레가 두 대 있다고 합시다. 한 수레에 실린 보석을 퍼서 딴 수레에 싣는다면 그 수레는 두 대에 실은 보석을 다 실을 수 있겠습니까?"

"존자여, 그렇지 못합니다. 그 수레는 바퀴통이 망가지고 바큇살이 휘어지고 바퀴가 찌부러지고 굴대가 부러질 것입니다."

"대왕이여, 마찬가지로 과중한 법의 부담은 대지를 진동시킵니다. 이 비유는 부처님의 힘을 설명하기 위해 들었습니다. 정각자 두 분이 동시에 세상에 나올 수 없는 다른 적절한 이유를 들려 드리겠습니다.

대왕이여, 만일 정등각자 두 분이 동시에 세상에 나왔다면 그 권속들 사이에 논쟁이 생겨 '너희 부처님, 우리 부처님' 하고 두 파로 갈릴 것입니다. 이를테면 유력한 두 대신의 막하에서 논쟁이 생겨 '너희 대신, 우리 대신' 하고 두 파로 갈리는 것과 같습니다. 이것이 정등각자가 동시에 세상에 나올 수 없는 이유입니다.

대왕이여, 또 다른 이유를 들어보십시오. 만일 정등각자 두 분이 동시에 세상에 나왔다면 부처님은 최상승자요, 비길 데 없는 자라는 말은 잘못일 것입니다. 그리고 단 한 분의 부처님이 세상에 나온다는 것은 모든 부처님의 자성(自性)입니다. 왜냐하면 모든 부처님의 자성은 위대하기 때문입니다.

대왕이여, 부처님만이 아니라 이 세상에서 위대한 것은 무엇이든 단 하나밖에 없습니다. 대지는 위대하여 단 하나뿐이요, 바다는 위대하여 단 하나뿐이요, 수미산왕은 위대하여 단 하나뿐입니다. 허공도 위대하여 단 하나뿐이고 제석천도 위대하여 단 하나뿐입니다. 마찬가지로 정등각자는 단 한 분일 뿐입니다."

"나가세나 존자여, 난문은 비유와 이유로 잘 해명되었습니다. 아무리 무지한 자라도 그 말씀을 들으면 만족하겠습니다. 존자여, 당신이 말씀하신 그대로라고 저는 믿습니다."

114. 고타미가 보시한 옷

"나가세나 존자여, 세존께서는 이모인 마하파자파티 고타미가 새 옷(장마철에 입는 겉옷) 한 벌을 그에게 보시하려 했을 때 이렇게 말씀하셨습니다.

'이모님, 그것을 승단에다 주십시오. 그것을 승단에다 보시하면 나와 승단이 다같이 공양받는 것이 됩니다.'

나가세나 존자여, 부처님은 당신의 이모가 손수 물들이고 수놓고 다듬고 말려서 만든 옷을 당신에게 보시했는데도 불구하고 그것을 승단에다 보시하라고 했습니다. 불보는 승보보다 중요하지 않고 또 그만큼 공양받을 자격이 없습니까? 만약 불보가 승보보다 우위라면 부처님은 '나에게 보시하면 큰 공덕의 과보가 있을 것이다.'라고 생각할 것이므로 이모님께 승단에 보시하라고 말하지는 않았을 것입니다. 그런데 부처님은 당신은 거절하시고 승단에 보시하라고 하지 않으셨습니까?"

"대왕이여, 세존께서는 분명히 당신이 말씀하신 대로 그 새 옷을 승단에다 보시하라고 하셨습니다. 그러나 그것은 부처님 자신에게 바치는 공덕이 승단에 바치는 공덕보다 못해서 그런 것은 아닙니다. 그것은 사람들에 대한 이익과 자애 때문이었습니다. 즉 '이렇게 함으로써 내가 열반한 뒤 승단은 존경받게 될 것이다.'라고 생각하셨기에 승단의 훌륭함을 칭찬하며 그 새 옷을 승단에 보시하면 자신과 승단이 다같이 공양받는 것이 된다고 말했습니다. 이를테면 어떤 사람이 '내 자식의 지위가 확립되면 내 자식은 장차 사람들에게 칭찬받는 자가 될 것이다.'라는 생각으로 자기 아들의 덕을 여러 사람 앞에서 칭찬한 것과 같습니다. 마찬가지로 완전한 인격자는 이익과 자애 때문에 '이렇게 함으로써 내가 열반한 뒤 승단은 존경받게 될 것이다.'라고 생각하기 때문에 승단의 공덕을 칭찬하며 그 새 옷을 승단에 보시하면 자신과 승단 둘 다 공양받는 것이라 말했습니다. 이를테면 부모가 자식들에게 향수를 뿌려 주고 목욕을 시켜 주고 머리를 감겨 준다고 합시다. 그렇게 한다고 해서 자식이 부모보다 위대하겠습니까?"

"그렇지 않습니다."

"또 이를테면 왕이 자신에게 바쳐진 선물을 다른 사람에게 준다고 합시다. 그 사람은 그 선물을 받았다고 해서 왕보다 위대하고 탁월하겠습니까?"

"존자여, 그렇지 않습니다. 그 사람은 왕에게서 하사받은 자요, 왕에게 의존하고 있는 자입니다."

"대왕이여, 무상의 정등각자 세존께서는 맛지마 니카야〔中部經典〕의 '진리의 상속자'라는 법문에서 이같이 만족하게 칭찬하셨습니다. '나의 비구들이야말로 더욱 존경받고 칭송받을 것이다.'

대왕이여, 모든 중생으로서 완전한 인격자보다 더 큰 복전(福田)은 없습니다. 상윳타 니카야〔相應部〕 경전에 보면 마나바가미카 천자는 사람과 신들 가운데 둘러싸인 세존 앞에 서서 이렇게 읊었습니다.

라자그라하의 산들 중에는
비푸라 산이 최고요
히말라야 산봉우리 중에는
백산(白山)이 최고요
하늘에 떠있는 것 중에는 태양이 최고요
모든 물 중에는 바다가 최고요
밤의 별들 중에는 달이 최고요

모든 사람과 신 가운데는 부처님이 최고라.

대왕이여, 마나바가미카 천자는 잘 말하였고 그래서 세존께서도 그의 말을 시인하셨습니다.
대왕이여, 사리풋타 장로는 이렇게 읊지 않았습니까.

항마(降魔)의 승자 부처님에게
한번 순수한 믿음을 일으켜 귀의합장하면
미망의 흐름을 건널 수 있다.

또 세존께서는 이렇게 말씀하셨습니다.
'비구들이여, 세상에 나온 한 분이 있다. 그분은 세상을 불쌍히 여기므로 사람과 신의 이익과 행복을 위하여 출현하였다.'"
"잘 알겠습니다, 나가세나 존자여. 당신이 말씀하신 그대로라고 나는 믿습니다."

115. 재가자와 출가자의 차이

"나가세나 존자여, 세존께서 말씀하셨습니다. '비구들이여, 나는 재가자나 출가자의 올바른 실천을 칭찬한다. 비구들이여, 재가자든 출가자든 올바로 실천하는 자는 그 실천에 따르는 곤란을 극복하여 정법(正法)을 성취한다.'
나가세나 존자여, 만일 재가자로서 속복을 입고 욕정을 누리며 처자와 함께 살고 베나레스 산(産) 전단향을 상용하고 꽃으로 치장하고 금·은을 축적하며 마니주나 황금으로 장식된 관을 쓴 자도 정법을 성취하며 또 한편 출가자로서 삭발하고 가사를 입으며 남이 보시한 음식에 의존하며 네 가지 계율 전체〔四戒蘊〕를 완전히 이행하고 150가지 배워야 할 사항〔學處〕을 받들어 배우고 열세 가지 두타행을 남김없이 실천하는 자도 정법을 성취한다면 재가자와 출가자 사이에 무슨 차이가 있습니까? 고행도 효과없는 짓이요, 출가도 이익 없는 일입니다. 출가자가 행하는 고행을 쌓아갈 필요가 있습니까? 안락은 안락에 의해서만 얻어지는 것이 아닙니까?"

"대왕이여, 세존께서는 당신의 말과 같이 재가자든 출가자든 올바로 실천하는 자는 정법을 성취한다고 하셨습니다. 올바로 실천하는 자는 최상의 인격자입니다.

대왕이여, 출가했다고 해서 올바른 실천을 하지 않으면 그는 성스러운 길을 가는 사람이 아닙니다. 그러나 출가에는 헤아릴 수 없는 많은 공덕이 있습니다. 마치 마니주의 가격을 헤아릴 수 없듯이, 또 대양의 물결을 헤아릴 수 없듯이 출가 자체의 공덕은 헤아릴 수 없습니다.

대왕이여, 출가자는 무슨 일이든 해야 할 일을 재빨리 성취하고 오래 끌지 않습니다. 왜냐하면 출가자는 간소한 생활에 만족하고 기쁨을 얻으며 세속과 사귀지 않고 수행에 힘쓰며 계율의 수지자요, 두타행에 익숙하기 때문입니다. 대왕이여, 이를테면 마디 없고 수평이고 죽 곧고 잘 다듬어져 있고 홈집이 없는 화살은 신속하게 쏠 수 있고 똑바로 날 수 있는 것처럼 출가자는 무슨 일이든 해야 할 일을 신속히 성취하고 오래 끌지 않습니다."

"잘 알겠습니다, 나가세나 존자여. 당신이 말씀하신 그대로라고 나는 믿습니다."

116. 단식 고행의 포기와 난행의 실천

"나가세나 존자여, 부처님의 고행난행은 전대미문입니다. 번뇌와 대적하고 마군을 타도하고 극도로 절식(節食)하며 수행하였습니다. 그런데도 보살은 그런 정진에 조금도 만족하지 않고 이렇게 생각했습니다. '이런 격심한 고행을 해서도 나는 성자의 지견을 터득할 수 없구나. 깨침에 이르는 다른 길은 없을까?' 그 뒤 보살은 난행(難行)을 떠나 다른 길을 밟아 깨침을 얻으셨습니다.

그러나 부처님은 제자들에게 난행의 실천을 이렇게 권하셨습니다. '정진하라. 노력하라. 불법에 전념하라. 마치 코끼리가 갈대 오두막을 짓밟듯 마군을 타도하라.'

나가세나 존자여, 여래는 왜 자신은 멀리하고 좋아하지 않았던 난행의 실천도(實踐道)를 제자들에게 장려했습니까?"

"대왕이여, 그때나 지금이나 난행은 유일한 실천도입니다. 보살은 그런 실천도를 걸어 정등각에 이르렀습니다. 그러나 보살은 너무 열심히 애쓰다가 결국 음식을 완전히 끊었습니다. 그 단식 때문에 한때 심신이 쇠약해져 전지자의 경지에 이르지 못했습니다. 그는 조금씩 단단한 음식을 취하면서 난행을 실천함으로써 얼마 안되어 전지자의 경지에 이르렀습니다. 난행이야말로 수행자의 실천도입니다. 이를테면 음식은 살아가는 모든 생명체를 부양하고 모든 생명체는 그 음식에 의해 행복을 누리는 것처럼 난행이야말로 모든 완전한 인격자들이 전지자의 지혜를 얻는 실천도입니다.

대왕이여, 완전한 인격자가 전지자의 지혜를 얻지 못한 잘못은 정진이나 노력이나 번뇌와의 대적에 있는 것이 아니라 단식 자체에 있습니다. 대왕이여, 이를테면 어떤 사람이 길을 아주 급히 걷는다고 합시다. 그 때문에 그가 절름발이가 된다면 그 사람이 그렇게 된 잘못이 대지에 있습니까?"

"존자여, 그렇지 않습니다. 대지는 언제나 걸어다닐 수 있게 하기 위해서 있습니다. 대지에게 잘못이 있는 것이 아니라 그 사람 자신이 너무 서둘러서 그렇게 된 것입니다."

"대왕이여, 마찬가지로 완전한 인격자가 그때 전지자의 지혜를 얻지 못한 잘못은 정진이나 노력이나 번뇌와의 대전에 있는 것이 아니라 단식 자체에 있습니다. 난행은 실천해야 할 수행의 길입니다.

대왕이여, 또 어떤 사람이 더러운 옷을 입고 세탁을 하지 않는다면 그 잘못은 물에 있지 않습니다. 물은 언제나 쓰기 위하여 있습니다. 마찬가지로 완전한 인격자가 그때 전지자의 지혜를 얻지 못한 것은 정진이나 노력이나 번뇌와의 대전에 있는 것이 아니라 단식 자체에 있었습니다. 난행의 실천도 자체는 언제나 실천되기 위해 있습니다. 그러므로 완전한 인격자는 제자들에게 그 실천도를 교도하고 장려했습니다.

대왕이여, 이와 같이 난행의 실천은 언제나 실천되기 위해서 마련되어 있고 거기에는 아무런 잘못도 없습니다."

"잘 알겠습니다, 나가세나 존자여. 당신이 말씀하신 그대로라고 나는 믿습니다."

117. 환속에 관하여

"나가세나 존자여, 완전한 인격자의 가르침은 광대하고 진실하고 비길 데 없이 청정무구하며 순수합니다. 재가자를 그대로 출가시키는 것은 적당치 않습니다. 재가자들은 성자의 첫째 지위, 수다원과〔預流果〕에 이르러 다시 퇴전하지 않게 되었을 때 비로소 출가를 허용해야 합니다. 왜냐하면 사악한 사람들은 부처님의 청정한 가르침에 출가하더라도 다시 세속으로 퇴전합니다. 그리고 그들이 퇴전함으로써 세상사람들은 이렇게 생각할 것입니다.

'사실 고타마의 가르침은 헛것이다. 이 사람들이 거기서 떠나지 않았는가.'

그러므로 재가자들을 일정한 과정이 없이 그대로 출가시켜서는 안됩니다."

"대왕이여, 이를테면 맑고 깨끗하고 시원한 물이 가득 찬 못이 있다고 합시다. 온몸이 때와 진흙투성이인 사람이 그 못가에 가서 목욕도 하지 않고 더러운 몸 그대로 돌아갔다면 그 못과 사람 중 누가 문제가 있는 것입니까?"

"존자여, 사람들은 더러운 몸 그대로 돌아간 사람을 비난할 것입니다. 즉 '이 사람은 못에 가서도 씻지 않고 그대로 돌아갔다. 씻지도 않으려는 사람을 못인들 어떻게 씻어줄 수 있을까? 못에는 허물이 없다.' 그렇게 생각할 것입니다."

"대왕이여, 마찬가지로 여래는 뛰어난 해탈의 맑은 물로 가득찬 정법의 못을 만들었습니다. 누구든 이 못에 목욕을 하면 번뇌의 때를 깨끗이 씻을 수 있도록 말입니다. 그가 그 해탈의 못에서 번뇌를 씻지 못한 채 진세(塵世)로 퇴전한다면 사람들은 이렇게 비난할 것입니다.

'이 사람은 승자의 가르침 밑에 출가했다가 거기에 안주하지 못하고 다시 퇴속했다. 실천도를 닦지 않는 사람을 승자의 가르침인들 어떻게 정화시킬 수 있겠는가. 승자의 가르침에 무슨 허물이 있겠는가.'

대왕이여, 또 이를테면 중병을 앓는 사람이 있다고 합시다. 병의 원인을 잘 진단하고 정확한 처방을 하는 의사를 만나고서도 치료받지 않고 돌아갔다면 사람들은 병자와 의사 중 어느 쪽을 비난하겠습니까?"

"존자여, 사람들은 병자를 비난할 것입니다. 즉 '최상의 의사를 만나고도 이 사람은 그대로 돌아왔다. 치료를 받지 않는 환자를 의사인들 어떻게 하겠는가. 의사에게 무슨 허물이 있겠는가.' 하고 말입니다."

"대왕이여, 마찬가지로 여래는 가르침의 약탕 속에 모든 번뇌의 병을 치유하는 불사의 영약(靈藥)을 넣었습니다. 만약 어떤 사람이 그 영약을 먹지 않고 그대로 퇴속한다면 사람들은 '가르침을 실천하지 않는 자를 승자의 법인들 어떻게 정화시키겠는가.' 하며 그 사람을 탓할 것입니다. 대왕이여, 또 배고픈 사람이 있다고 합시다. 그 사람이 보시로 음식을 나누어 주는 곳에 가서 음식을 먹지 않고 배고픈 그대로 돌아왔다면 사람들은 그 배고픔의 책임을 누구에게 돌리겠습니까?"

"존자여, 사람들은 배고픈 사람을 비난할 것입니다. '이 사람은 배가 고프면서도 차려 놓은 음식도 먹지 않고 그대로 돌아왔다. 주어도 먹지 않는 사람 입에다가 억지로 음식을 밀어넣을 수는 없는 노릇 아닌가.' 하고."

"대왕이여, 마찬가지로 여래는 가르침의 약탕 속에 가장 뛰어난 불사의 영양식과 가장 맛있는 신지념(身至念: 몸을 지극히 생각함)의 영양소를 넣었습니다. 즉 '생각 있는 자로서 마음이 번뇌에 시달리고 의지와 사념이 애집(愛執)에 징복된 자는 누구든 이 영양식을 먹으면 애욕적 생존과 물질적 생존[色有]과 물질을 초월한 생존[無色有]의 모든 애집이 제거되도록 말입니다. 만일 어떤 사람이 그 영양식을 먹지 않고 애집에 사로잡힌 채 그대로 다시 퇴속한다면 사람들은 그를 이렇게 비난할 것입니다.

'이 사람은 승자의 가르침에 출가했다가 거기에 안주하지 못하고 다시 퇴속했다. 실천도를 닦지 않는 이 사람을 승자의 가르침인들 어떻게 정화시킬 수 있겠는가. 승자의 가르침에 무슨 허물이 있겠는가.'

대왕이여, 만약 여래가 재가자를 지도하여 수다원과에 이르게 한 다음 그들을 출가시킨다면 그런 출가는 사실 번뇌를 여의어 청정케 하기 위해서라고 말할 수 없습니다. 그런 출가는 무용한 것입니다.

대왕이여, 이를테면 어떤 사람이 수백 인의 노동자를 부려 큰 못을 파놓고 이렇게 말한다고 합시다.

'여러분, 더러운 자는 여기 와서는 안 되오. 때나 먼지를 벗어 버린 청정무구한 자만 이 못에 오시오.'

대왕이여, 청정무구한 자들에게 그 못이 필요하겠습니까?"

"존자여, 아닙니다. 이미 청정해진 자에게 때를 씻을 못이 무엇 때문에 필요하겠습니까?"

"대왕이여, 마찬가지로 여래가 재가자들을 성자의 첫째 지위에 오르게 한 다음 무엇 때문에 그들을 출가시키겠습니까? 그들은 이미 출가해서 이루어야 할 일을 성취하였는데 말입니다.

대왕이여, 또 이를테면 선인(仙人)의 전통후손이요 전승된 비전의 시구를 잘 기억하며 진찰할 때 즉각적으로 병의 원인을 척척 잘 진단하고 유효한 처방을 할 수 있는 의사가 만병통치약을 준비해 놓고 대중들에게 이렇게 알린다고 합시다. '여러분, 병 있는 자는 나를 찾아와서는 안 되오. 병이 없게 된 후에 나를 찾아오시오.'

대왕이여, 병이 치유된 건강한 사람들에게 의사가 필요하겠습니까?"

"그렇지 않습니다. 그들은 의사를 찾아가는 목적을 이미 다른 곳에서 성취하였습니다. 무엇 때문에 그들에게 의사가 필요하겠습니까?"

"대왕이여, 마찬가지로 만일 여래가 재가자를 지도하여 성자의 첫째 지위에 오르게 한 다음 그들을 출가시킨다면 이미 그때 그들이 해야 할 일을 성취하고 있습니다. 그들이 무엇 때문에 출가하겠습니까?

대왕이여, 또 이를테면 어떤 사람이 보시하기 위해 젖죽을 수백 그릇 만들어 놓고 배고픈 대중들에게 이렇게 알린다고 합시다.

'여러분, 배고픈 자는 여기 와서는 안 되오. 흡족히 먹어 배가 부른 자만 이곳에 오시오.'

대왕이여, 흡족히 먹어 포만한 자에게 그 죽이 필요하겠습니까?"

"그렇지 않습니다. 그들은 음식을 보시하는 곳에 올 목적을 이미 딴 곳에서 성취했습니다. 무엇 때문에 그들에게 보시 음식이 필요하겠습니까?"

"대왕이여, 마찬가지로 만일 여래가 재가자를 지도하여 성자의 첫째 지위에 오르게 한 다음 그들을 출가시킨다면 이미 그때 그들이 해야 할 일을 성취하고 있습니다. 그들이 무엇 때문에 출가하겠습니까?

그러나 환속한 사람들은 여래의 가르침이 지닌 다섯 가지 비길 데 없는 덕을 세상사람들에게 보여 줍니다. 즉 승자의 가르침은 그 지위가 위대하다는 것, 승자의 가르침은 청정무구하다는 것, 승자의 가르침 밑에는 선인이 악인과 함께 살 수 없다는 것, 승자의 가르침은 통달하기 어렵다는 것, 승자의 가르침에는 많은 규율이 지켜져야 한다는 것 등입니다.

이렇게 하여 승자의 기르침의 지위가 위대하다는 것을 보여 줍니까? 대왕이여, 비천한 집에 태어나 한 가지도 남보다 뛰어난 점이 없고 지성을 갖추지 못한 사람은 대국의 군주가 되더라도 머지않아 성망이 떨어져 실각하고 말 것입니다. 왜냐하면 군주권은 위대하기 때문입니다. 마찬가지로 탁월한 점도 없고 복력이나 지혜가 결여된 자는 승자의 가르침에 출가하더라도 최상인 승려의 지위를 지킬 수 없어 다시 퇴전합니다. 왜냐하면 승자의 가르침은 위대하기 때문입니다. 이와 같이 환속한 자는 승자의 가르침의 지위가 위대하다는 것을 보여 줍니다.

어떻게 하여 승자의 가르침은 청정무구하다는 것을 보여 줍니까? 대왕이여, 이를테면 연잎 위에 물방울이 떨어지면 정착하지 못하고 곧 굴러 떨어집니다. 왜냐하면 연잎은 청정무구하기 때문입니다.

마찬가지로 사악하고 교활하고 거짓된 자는 승자의 가르침에 출가하더라도 오래지 않아 청정무구한 최상의 가르침에 안주하지 못하고 전락하여 다시 세속으로 돌아갑니다. 왜냐하면 승자의 가르침은 청정무구하기 때문입니다. 이와 같이 환속하는 자는 승자의 가르침은 청정무구하다는 것을 보여 줍니다.

어떻게 하여 승자의 가르침 밑에는 선인은 악인과 함께 살 수 없다는 것을 보여 줍니까? 대왕이여, 이를테면 대양은 시체와 공존하지 않고 시체를 재빨리 해안 밖으로 밀어냅니다. 왜냐하면 대양은 생명의 서식처이기 때문입니다.

마찬가지로 어리석어 노력을 포기하고 비애에 잠기고 마음이 추한 악인은 승자의 가르침에 출가하더라도 오래지 않아 청정한 아라한과 함께 생활할 수 없어 다시 퇴전합니다. 이같이 승자의 가르침 밑에서는 선인은 악인과 함께 살 수 없다는 것을 보여 줍니다.

어떻게 하여 승자의 가르침은 통달하기 어렵다는 것을 보여 줍니까? 예를 들어 단련도 받지 않고 기량도 없는 궁수(弓手)는 과녁을 털끝으로 맞출 수 없습니다. 왜냐하면 털끝은 부드럽고 가늘어 맞추기 어렵기 때문입니다. 마찬가지로 저능하고 우둔한 자는 승자의 가르침에 출가하더라도 최고로 미묘하고 미세한 사성제(四聖諦)에 통달하지 못하여 승자의 가르침에서 벗어나 오래지 않아 다시 퇴속합니다. 왜냐하면 승자의 가르침은 극도로 미묘, 미세하여 통달하기 어렵기 때문입니다. 이 같이 승자의 가르침은 통달하기 어렵다는 것을 보여 줍니다.

어떻게 하여 승자의 가르침에는 많은 규율이 지켜져야 한다는 것을 보여 줍니까? 예를 들면 어떤 사람이 전장에 나가 사면에서 무기를 휘두르고 달려오는 적군을 보고 부들부들 떨며 도망한다고 합시다. 그는 전장에서 마주치는 여러 가지 두려움 때문에 후퇴, 도주하는 것입니다.

마찬가지로 방종하며 수치를 모르고 경거망동하는 어리석은 자들은 승자의 가르침에 출가하더라도 여러 가지 익혀야 할 규율을 익히지 못하고 퇴보, 탈주하여 다시 세속으로 돌아옵니다. 왜냐하면 승자의 가르침에는 지켜야 할 규율이 많기 때문입니다. 이같이 승자의 가르침에는 많은 규율이 지켜져야 한다는 것을 보여 줍니다.

대왕이여, 땅 위에 피는 꽃 중 최상의 꽃인 바씨카아 꽃밭에도 벌레 먹은 꽃이 있는데 그 꽃잎은 가끔 말라서 집니다. 그러나 말라서 지는 꽃잎이 있다고 해서 바씨카아 꽃밭의 품격이 떨어지지는 않습니다. 거기에는 많은 꽃들이 싱싱하게 피어나 훌륭한 향기를 풍기기 때문입니다. 마찬가지로 승자의 법에 출가하였다가 다시 세속으로 돌아간 자에게는 벌레먹어 빛과 향을 잃은 바씨카아 꽃처럼 승자의 가르침이 지닌 계율의 색채도 없고 수행의 증진도 없습니다. 그러나 그들이 환속한다고 해서 승자의 가르침이 멸시받지는 않습니다. 승자의 가르침에 머물러 있는 비구들은 계속하여 사람과 신들에게 훌륭한 계향(戒香)을 풍기기 때문입니다.

대왕이여, 우수한 품종인 빨간 벼〔稻〕속에 섞여 있는 카룸바카라는 벼는 성장해서 가끔 말라죽는 일이 있습니다. 그러나 카룸바카가 말라죽는다고 해서 빨간 벼의 우수함이 사라지지는 않습니다. 거기에 있는 다른 벼들은 여전히 왕의 수라에 오릅니다. 마찬가지로 승자의 가르침에 출가하였다가 다시 세속으로 돌아간 자는 모두가 빨간 벼 속의 카룸바카처럼 승자의 가르침 밑에서 커 나가지도 못하고 발전하지도 못하고 다시 세속으로 돌아가는 일조차 있습니다. 그러나 그들이 환속한다고 해서 승자의 가르침이 멸시되지는 않습니다. 거기 그대로 머물러 있는 비구들은 아라한의 지위에 오르게 됩니다.

대왕이여, 소원을 성취시키는 마니보주에도 흠집이 있습니다. 그러나 마니보주에 작은 흠집이 생겼다고 해서 경멸되지는 않습니다. 마니보주의 청정성은 여전히 사람들에게 기쁨을 줍니다. 마찬가지로 환속한 자들은 모두 승자의 가르침에서 추락한 전락자입니다. 그들이 다시 세속으로 돌아간다고 해서 승자의 가르침이 경시되지는 않습니다. 승단에 그대로 머물러 있는 비구들은 하늘과 신에게 기쁨을 줍니다.

대왕이여, 좋은 전단향나무일지라도 어떤 부분은 썩어서 향냄새를 풍기지 않습니다. 그러나 그렇다고 해서 그 향나무가 경시되지는 않습니다. 썩지 않은 부분은 널리 향냄새를 풍기기 때문입니다. 마찬가지로 승자의 가르침 밑에 출가하였다가 다시 세속으로 되돌아간 자는 마치 붉은 전단향나무의 썩은 부분처럼 승자의 가르침에서 제거되어야 합니다. 그들이 세속으로 돌아간다고 해서 승자의 가르침이 멸시되지는 않습니다. 거기에 그대로 머물러 있는 비구들은 사람과 신들을 최승한 계율의 전단향으로 훈습(薰習)시킬 것입니다."

"잘 알겠습니다. 하나하나 적절한 사례를 들어 승자의 가르침이 무결(無缺)하고 수승하다는 것을 밝혀 주셨습니다. 환속한 자들이 도리어 승자의 가르침은 최상승이라는 것을 밝혀 줍니다."

118. 육신의 관찰

"나가세나 존자여, 비구들은 말합니다. '아라한은 한 가지 감수작용(感受作用)을 감수(感受)하는데 그것은 육신의 감수작용이지, 마음의 감수작용은 아니다.' 존자여, 아라한의 마음은 육신에 의존하여 작용하며 그 마음은 육신에 대한 주재자나 주인이나 최고 권력자입니까?"

"대왕이여, 그렇지 않습니다."

"나가세나 존자여, 마음이 의존하여 작용하는 육신에 대하여 주재자도 주인도 최고 권력자도 아니라는 것은 맞지 않습니다. 존자여, 새 같은 것도 자기 집에 사는 동안은 그 집의 주재자요, 주인이요, 최고 권력자입니다."

"대왕이여, 육신에 따른 열 가지 본성은 세세생생 육신에 붙어 따라다니며 일어납니다. 즉 차가움, 따뜻함, 배고픔, 목마름, 똥, 오줌, 게으름과 졸음, 늙음, 병, 죽음 등 이 열 가지 본성은 육신이 있는 한 따라다니는 요소입니다. 그 점에 대하여 아라한은 주재자도 아니요, 지배자도 아니요, 최고 권력자도 아닙니다."

"존자여, 어찌하여 아라한은 육신에 대하여 명령하지도 주재하지도 않습니까? 그 이유를 말씀해 주십시오."

"대왕이여, 이를테면 대지를 의존하여 생활하는 생명체는 모두 대지에 의존하여 걸어다니고 행동하고 살아갑니다. 그런데 그들이 대지에 명령하거나 주재합니까?"

"존자여, 그렇지 않습니다."

"대왕이여, 마찬가지로 아라한의 마음은 육신에 의존하여 작용하지만 아라한은 육신에 대하여 명령하거나 주재하거나 하지 않습니다."

"나가세나 존자여, 그러면 어찌하여 범부는 육신의 감수작용과 마음의 감수작용을 같이 감수합니까?"

"대왕이여, 범부는 자기 마음을 수습하지 않기 때문에 두 가지 감수작용을 같이 받습니다. 이를테면 굶주린 소는 칡줄기로 묶어 놓을 수 있지만 그 소가 일단 성났을 때는 묶어 놓은 것까지 끌고 내달리는 것처럼 마음을 수습하지 않는 자는 고통스런 감수작용이 일어나면 마음이 격동하고 마음이 격동하면 육신은 비비꼬이고 비틀거리며 땅에 굴러 떨어집니다. 또 마음이 수습되지 않은 자는 공포와 전율의 소리를 외칩니다. 대왕이여, 이것이 범부가 육신의 감수작용과 마음의 감수작용을 함께 감수하는 이유입니다.

그 다음, 아라한은 육신의 감수작용 한 가지만을 감수한다는 이유는 무엇이겠습니까? 대왕이여, 아라한의 마음은 잘 수습되고 조절되어 그의 말을 잘 경청해 따릅니다. 그는 고통의 감수를 만나면 '형성된 것은 무상이다' 하며 마음을 정(定)의 기둥에다 맵니다. 그래서 정의 기둥에 매인 그의 마음은 흔들리지 않고 흩어지지 않습니다. 그러나 고통의 감수작용이 변화하고 확대됨으로써 그의 육신은 비비꼬이고 비틀거려 넘어집니다. 대왕이여, 이것이 아라한은 마음의 감수작용 하나만을 감수하는 이유입니다."

"나가세나 존자여, 육신이 움직일 때 마음이 움직이지 않는다는 것은 희유한 일입니다. 그 이유를 말씀해 주십시오."

"대왕이여, 줄기와 가지와 잎새가 무성한 거목도 바람이 불면 흔들릴 것입니다. 그러나 그 밑뿌리까지 흔들리겠습니까?"

"존자여, 그렇지 않습니다."

"대왕이여, 마찬가지로 아라한은 고통의 감수를 만나면 '형성된 것은 모두 무상하다.' 하며 마음을 선정의 기둥에다 맵니다. 그래서 그의 마음은 흔들리거나 흩어지지 않습니다. 그러다 고통의 감수작용이 변화해서 확대됨으로써 그의 육신은 비비꼬이고 비틀거려 땅에 넘어집니다. 그런데도 그의 마음은 거목의 밑둥처럼 움직이거나 흔들리는 일이 없습니다."

"존자여, 희유하고 희유한 일입니다. 이같은 진리의 등불은 전에는 보지 못했습니다."

119. 무계의 사문과 무계의 재가자

"나가세나 존자여, 계율을 실천하지 않는 재가자와 역시 계율을 실천하지 않는 사문 사이에는 어떤 차이가 있습니까? 양자는 다시 태어나는 세계가 같습니까, 아니면 다릅니까? 또 양자의 업보는 동일합니까, 아니면 다릅니까?"

"대왕이여, 무계의 사문은 무계의 재가자보다 우월한 열 가지 덕성이 있습니다. 즉 무계의 사문은 불·법·승 삼보를 존경하며 청정범행을 닦는 동료를 존경하며 성전의 암송과 질문에 힘쓰며 진리의 가르침을 많이 듣는 자입니다. 또 설령 파계를 하더라도 무계의 사문은 대중 속에 들어갈 때 외견(外見)에 유의하며 비난을 두려워하기 때문에 신(身)·구업(口業)을 삼가고 정진에 마음을 쏟고 비구들과 화합하고 나쁜 짓을 하더라도 남모르게 합니다. 마치 남편 있는 부인이 몰래 정을 통하듯. 이것들이 무계의 사문들이 무계의 재가자보다 훨씬 우월한 열 가지 덕성입니다.

대왕이여, 또 무계의 사문은 열 가지 사유로 보시물을 청정히 합니다. 즉 무죄의 갑옷을 입음으로써, 선인(仙人)들과 사귀고, 삭발의 특성을 고수함으로써, 또 승단에 참여하여 삼보에 귀의함으로써, 정진에 알맞는 독거(獨居) 생활을 함으로써, 승자의 가르침이란 재보를 추구함으로써, 가장 수승한 진리를 설해 줌으로써, 진리를 자신의 등대로 삼고 궁극의 목적으로 삼음으로써, 부처님이 최상자라는 정견(正見)을 오로지 가짐으로써, 우포사타〔布薩〕를 지킴으로써 무계 사문은 보시물을 청정하게 합니다.

대왕이여, 설령 비행을 저지르더라도 무계 사문은 보시자의 보시물을 청정하게 합니다. 마치 물이 흐리더라도 진흙이나 티끌을 씻어내는 것처럼 무계 사문은 보시물을 청정하게 합니다. 마치 끓는 물로 치솟는 불덩이를 끄는 것처럼, 마치 아무리 보잘것없는 음식이라도 허기를 채워주는 것처럼.

대왕이여, 세존께서는 맛지마 니카야〔中部經典〕 '보시에 관한 상론'에서 이렇게 말씀하셨습니다.

만일 계행을 지키고 두터운 신심이 있고
업의 결과를 믿는 사람이
바르게 얻은 물건을 무계한 사람들에게 보시한다면
그 보시물은 보시하는 사람에 의하여 청정하게 된다."

"희유하고 희유합니다, 존자여. 나는 조금밖에 질문하지 않았는데도 당신은 비유와 사유를 들어 더 이상으로 대답해 주셨습니다. 마치 요리사가 적은 고기로 많은 조미를 하여 풍성하게 만들어 왕에게 올리는 것처럼 당신은 내가 질문한 이상으로 대답해 주시고 또 달콤하고 시원한 가르침을 들려 주셨습니다."

120. 물에 생명이 있는가

"나가세나 존자여, 물은 불로 끓이면 '쉬쉬' 하면서 여러 가지 소리를 냅니다. 물이 살아있기 때문에 그런 소리를 내는 것입니까?"

"대왕이여, 물은 살아있지 않습니다. 물에는 영혼도 없고 주체도 없습니다. 그러나 물은 불의 열력(熱力)에 의해 '쉬쉬' 하고 소리를 내는 것입니다."

"존자여, 어떤 이교도들은 물이 살아있다고 해서 찬물 그대로 쓰기를 꺼려하고 물을 끓여서 여러 가지 변조된 음식을 먹습니다. 그 사람들은 비구들을 비난하기를, '샤카 문중 사람들은 숨쉬는 생물의 영혼을 해친다' 하고 말합니다. 그들의 비난이 근거없다는 것을 밝혀 주십시오."

"대왕이여, 물은 살아있지 않습니다. 물에는 영혼도 없고 주체도 없습니다. 물은 단지 불의 열력에 의해 '쉬쉬' 하고 소리내는 것입니다. 열풍이 불면 웅덩이나 못, 호수, 저수지, 동굴, 바위 틈새 등에 있는 물은 마릅니다. 그 경우에 그 물들이 '쉬쉬' 하고 소리를 냅니까?"

"존자여, 그렇지 않습니다."

"대왕이여, 만약 물이 살아있다면 그런 경우에도 소리를 내야 할 것입니다. 물에는 영혼도 주체도 없습니다. 다만 끓이는 물의 열력이 크기 때문에 물은 쉬쉬 하고 여러 가지 소리를 내는 것입니다. 또 물을 쌀과 섞어서 그릇에 담아서 두면 그 물은 소리를 냅니까?"

"아닙니다, 존자여. 물은 움직이지 않고 그대로 가만히 있습니다."

"그러면 그 그릇을 아궁이 위에 올려놓고 밑에서 불을 땐다면 그때도 물은 움직이지 않고 가만히 정지해 있겠습니까?"

"존자여, 그렇지 않습니다. 물은 움직이며 돌고 물거품이 일고 사방으로 왕래하며 위로 상승하며 부글부글 끓으며 거품의 화환을 만듭니다."

"대왕이여, 그렇듯이 가만히 있는 물은 움직이지 않으나 불로 가열하면 그 열력이 크기 때문에 움직이는 것입니다. 물에는 영혼도 주체도 없다는 것을 또 하나의 비유를 들어 설명해 주겠습니다. 대왕이여, 물병에 담아 뚜껑을 덮어둔 물이 움직이며 끓어오르고 거품의 화환을 만드는 것을 본 적이 있습니까?"

"본 적이 없습니다. 물병에 담아둔 물은 움직이지 않습니다."

"대왕이여, 당신은 바닷물이 움직이고 동요하고 소용돌이치며 거품의 화환을 만들어내고 그 물결이 해변으로 뛰어오르며 여러 가지 소리를 낸다고 들어본 적이 있습니까?"

"예, 들었을 뿐 아니라 본 적도 있습니다. 바닷물이 1백 핫타 내지 2백 핫타 가까이 치솟는 것을 본 일이 있습니다."

"대왕이여, 물병에 담아둔 물은 움직이지 않는 반면 바닷물은 왜 소리까지 내며 요동합니까?"

"존자여, 바닷물에는 바람의 힘이 크게 작용하기 때문에 그러하고 물병의 물에는 그런 힘이 작용하지 않습니다."

"대왕이여, 바람의 힘이 크기 때문에 바닷물이 움직이며 소리를 내는 것처럼 끓이는 물은 불의 열력이 크기 때문에 소리를 냅니다. 대왕이여, 사람들은 잘 마른 소가죽으로 만든 북을 두드려 소리를 냅니다. 북이 소리를 낸다고 해서 북에 영혼이나 주체가 있습니까?"

"아닙니다. 없습니다."

"그렇다면 왜 북은 소리를 냅니까?"

"그것은 북을 치는 사람의 힘 때문입니다."

"대왕이여, 여자나 남자가 적당히 치는 힘에 의해 북이 소리를 내는 것처럼 물은 끓이는 불의 열력이 크기 때문에 소리를 냅니다. 물에는 살아 소리를 내는 물과 살아있지 않은 침묵의 물, 이 두 가지 종류가 있는 것은 아닙니다.

대왕이여, 만약 물이 살아있다면 발정한 거대한 코끼리가 코로 물을 들이마셔 뱃속에 들여보낼 때나 또 그 물이 위 속에서 압축될 때도 소리를 낼 것입니다. 또 무거운 짐을 가득 실은 1백 핫타 길이의 배가 바다를 항해할 때 그 큰 배에 눌리는 물은 소리를 낼 것입니다. 또 거대한 물고기 티미, 티밍가라, 티미라핑가가 대양에 살면서 조수를 삼켰다 뱉었다 할 때 그것들의 입이나 위에서 압축되는 물은 소리를 낼 것입니다. 대왕이여, 그러나 그러한 거대한 압박을 당해도 물은 소리를 내지 않습니다. 그러므로 물에는 영혼도 주체도 없다는 것을 기억해 두십시오."

"잘 알겠습니다. 나가세나 존자여, 당신이 말씀하신 그대로라고 나는 믿습니다."

121. 마음에 걸림이 없는 경지

"나가세나 존자여, 세존께서 말씀하시길, '비구들아, 마음에 걸림이 없는 경지를 좋아하고 즐기며 그것에 전념하라.'고 하셨습니다. 마음에 걸림 없는 경지란 무엇입니까?"

"대왕이여, 성자의 사과(四果), 즉 수다원과〔預流果〕, 사다함과〔一來果〕, 아나함과〔不還果〕, 아라한과〔應供〕 등이 마음에 걸림이 없는 경지입니다."

"존자여, 성자의 사과가 마음에 걸림이 없는 경지라면 비구들은 왜 다음과 같은 것에 걸립니까? 즉 경문이나 게송, 그에 대한 문답과 해석, 부처님의 전생담, 신비스러운 일을 기술한 것, 두루 자세히 설명한 것 등 이것들 전체에 걸쳐 설명을 요구하거나 질문합니까? 왜 비구들의 마음은 새 정사(精舍)의 보청(普請 : 널리 시주를 청함)이나 승단에 주어지는 보시물이나 공양물에 걸립니까? 그들은 승자가 일찍 물리친 행위를 하는 것이 아닙니까?"

"대왕이여, 비구들은 마음에 걸림이 없는 경지에 이르기 위해 그런 일을 합니다. 대체로 자성이 청정하고 전세의 선업의 훈습(薰習)을 가진 자는 한순간 마음에 걸림이 없는 경지에 도달합니다. 그러나 번뇌의 때가 많은 비구들은 그런 준비 수행을 거쳐 마음에 걸림없는 경지에 도달합니다.

이를테면 어떤 사람은 담이나 울을 치지 않고 밭에 씨를 부려 곡식을 거두어들이고 어떤 사람은 숲에서 나무를 베어다 담이나 울을 치고 씨를 뿌려 곡식을 거두어들입니다. 담이나 울을 치는 것은 도적의 침입을 막고 곡식을 거두어들이기 위함입니다.

대왕이여, 마찬가지로 자성이 청정하고 숙선(宿善)의 훈습을 가진 자는 한순간 마음에 걸림이 없는 경지에 이릅니다. 이는 마치 담이나 울을 치지 않고 곡식을 거두어들이는 사람과 같습니다. 그러나 번뇌의 때가 많은 비구들은 마치 담이나 울을 치고 곡식을 거두어들이는 사람들처럼 그런 준비수행을 거쳐 마음에 걸림이 없는 경지에 이릅니다.

대왕이여, 또 큰 망고나무 꼭대기에 망고가 열려 있는데 신통력이 있는 사람은 단번에 그 망고를 따겠지만 신통력이 없는 자는 나뭇가지와 덩굴을 베어다 사다리를 만들어 그것을 타고 올라가 망고를 비틀어 딸 것입니다. 마찬가지로 자성이 청정하고 전세에 숙선의 훈습을 가진 자는 한순간 그대로 걸림이 없는 경지에 이르는 것이 마치 신통력을 가진 자가 단번에 꼭대기의 망고를 따는 것과 같지만, 번뇌의 때가 많은 비구는 그런 준비수행에 의하여 신성한 네 가지 진리를 관찰합니다. 이는 마치 사닥다리를 의지하여 망고를 따는 사람과 같습니다.

또 어떤 사람은 자신의 장사 솜씨만을 가지고 상주(商主)를 찾아가 수익을 얻으며 어떤 사람은 자신의 재산을 가지고 조합원을 모아 그들에 의해서 수익을 얻습니다. 마찬가지로 자성이 청정하고 전세의 숙선의 훈습을 가진 자는 한순간에 자재한 육신통을 얻습니다. 마치 단신으로 수익을 얻는 사람과 같습니다. 그러나 번뇌의 때가 많은 비구들은 마치 조합원에 의해 수익을 얻는 사람처럼 준비수행을 거쳐 자재한 경지에 이릅니다.

대왕이여, 비구들이 필요로 한다면 총설도 유익하고 질문도 유익하고 새 보청(普請)도 유익하고 보시도 공양도 유익합니다. 이를테면 어떤 신하가 다른 신하들과 함께 왕을 보필하는데 그가 해야 할 일이 생겼을 때 다른 신하들도 그를 돕습니다. 마찬가지로 필요하다면 총설도 유익하고 질문도 유익하고 보청이나 보시나 공양이나 다 유익합니다.

대왕이여, 만일 모든 중생들이 나면서부터 청정하다면 지도자는 필요치 않을 것입니다. 그러나 모든 중생들이 나면서부터 청정하지 않다면 성전(聖典)의 가르침을 듣는 것이 필요합니다.

대왕이여, 사리풋타 장로는 무한한 긴 세월 동안 선근을 쌓고 지혜의 구경(究竟)에 도달했지만 그도 성전의 진리를 들음이 없이는 번뇌의 때를 남김없이 씻지는 못하였을 것입니다. 그러므로 성전의 진리를 들음은 유익하고 그것에 대한 총설이나 질문도 유익합니다. 그런 과정을 거쳐 마음에 걸림이 없는 아라한의 경지로 나아가는 것입니다."

"나가세나 존자여, 난문은 잘 해결되었습니다. 당신이 말씀하신 그대로라고 나는 믿습니다."

122. 재가자가 아라한의 경지에 이른 때

"나가세나 존자여, 비구들은 말합니다.

'재가자로서 아라한의 경지에 이른 자에게는 두 가지 길이 있을 뿐이다. 하나는 그날로 출가하거나 또 하나는 완전한 열반에 들거나 하는 두 갈래 길이 있을 뿐이다. 그 사람은 출가하지 않고 그날을 넘길 수 없다.'

존자여, 만약 그날 정식 비구가 되게 하는 스승[三師七徵]과 의발[三衣一鉢]이 없으면 그 아라한은 혼자서 출가합니까, 아니면 신통력을 가진 아라한이 찾아와 그를 출가시킵니까, 아니면 완전한 죽음에 들어야 합니까?"

"대왕이여, 아라한은 혼자서 출가할 수 없습니다. 혼자서 제멋대로 출가하는 자는 '황색 가사를 훔치는 도둑'이기 때문입니다. 또 그날을 그대로 넘길 수 없습니다. 다른 아라한이 오든 안오든 그는 그날로 완전한 열반에 들 것입니다."

"존자여, 그렇다면 아라한의 경지에 이른 자는 생명을 잃게 되므로 아라한 경지의 적정성(寂靜性)은 없어지고 말 것입니다."

"대왕이여, 재가자의 형식은 아라한에게는 알맞지 않습니다. 형식이 알맞지 않을 때는 그 형식의 성질이 미력(微力)하므로 아라한의 경지에 든 출가자는 그날로 출가하든가 완전한 열반에 들든가 합니다. 그

까닭은 아라한의 경지에 있는 것이 아니라 재가자란 형식이 지닌 성질이 미력하기 때문입니다.

이를테면 음식물은 생물의 수명을 연장시키고 생명을 유지시키지만 위가 그 음식물의 소화에 적합치 않고 소화력이 미약할 때는 소화가 안 되므로 오히려 생명을 빼앗습니다. 마찬가지로 재가자란 형식이 아라한이란 알맹이를 담기에는 너무 미력하므로 아라한의 경지에 이른 재가자는 그날로 출가하든가 아니면 열반에 이릅니다. 그 까닭은 아라한의 경지에 있는 것이 아니라 재가자란 형식이 갖는 성질이 미력하기 때문입니다. 마치 조그만 풀 위에 무거운 돌을 올려놓으면 풀잎이 구부러져 쓰러지는 것처럼 아라한의 경지에 이른 재가자는 그 경지를 유지할 수가 없어 그날로 출가하거나 열반에 듭니다.

대왕이여, 또 비천한 태생의 어리석은 사람은 설혹 군주의 지위에 오르더라도 곧 군주권을 유지하지 못하고 실각하고 마는 것처럼 아라한의 경지에 든 재가자는 그 형식이 미력하기 때문에 그 경지를 유지하지 못합니다. 그래서 그 사람은 그날로 출가하든가 완전한 열반에 들든가 합니다."

"잘 알겠습니다, 나가세나 존자여. 당신이 말씀하신 그대로라고 나는 믿습니다."

123. 아라한에게도 종교적인 범죄는 있다

"나가세나 존자여, 아라한도 생각〔思念〕을 잃는 일이 있습니까?"
"대왕이여, 아라한은 생각을 잃는 것을 여의었습니다. 아라한은 생각을 잃는 일이 없습니다."

"존자여, 아라한은 죄 짓는 일이 있습니까?"

"있습니다."

"어떤 일이 죄를 짓는 일입니까?"

"방사(房舍) 건립, 중매(仲媒), 식사 때를 잘못 앎, 초대받고도 받은 줄 모름, 남은 음식이 아닌 것을 남은 음식으로 아는 것 등의 죄를 짓습니다."

"나가세나 존자여, 당신들은 말하기를, '죄를 짓는 것은 두 가지 원인, 즉 지켜야 할 사항을 존중하지 않든가, 또는 그 사항을 모르기 때문이다.' 라고 하는데 아라한은 존중하는 마음이 없기 때문에 죄를 짓습니까?"

"대왕이여, 그렇지 않습니다."

"나가세나 존자여, 만일 아라한이 죄를 짓고 또 존중하는 마음이 있다면 아라한에게 생각을 잃는 일이 있습니까?"

"대왕이여, 아라한에게는 생각을 잃는 일은 없으나 죄 짓는 일은 있습니다."

"존자여, 그러면 이유를 들어 이해시켜 주십시오. 그 이유는 무엇 때문입니까?"

"대왕이여, 죄에는 두 가지가 있습니다. 하나는 사회법률과 도덕상의 죄요, 또 하나는 종교적 계율상의 죄입니다. 계율상의 죄는 재가자에게는 죄가 되지 않으나 사문에게는 허물이 되는 것으로 세존께서 제자들에게 평생 수지하도록 제정해 주신 것입니다.

대왕이여, 때 아닌 때 먹는 것은 속인들에게는 죄가 되지 않으나 승자의 가르침으로 볼 때 사문에게는 죄가 됩니다. 또 식물을 손상시키는 것은 세상에서는 죄가 되지 않지만 승가의 가르침에는 죄가 됩니다. 또 물 속에서 웃고 떠드는 것은 속인에게는 죄가 되지 않지만 승가의 가르침에는 죄가 됩니다.

죄악의 더러움을 다 없앤 아라한은 세간에서 짓는 죄에는 떨어지지 않지만 계율상의 죄는 모르고 짓는 일이 있습니다. 왜냐하면 그에게는 모든 것을 아는 능력은 없기 때문입니다.

대왕이여, 아라한이라도 특정한 남녀의 이름과 성을 모를 수도 있고 지상의 어떤 길을 모를 수도 있습니다. 신통을 가진 아라한이라도 자신의 한계를 알고 있을 것입니다. 대왕이여, 전지자인 부처님만이 모든 것을 압니다."

"잘 알겠습니다, 나가세나 존자여. 당신이 말씀하신 그대로라고 나는 믿습니다."

124. 열반은 있는가 1

"나가세나 존자여, 이 세상에는 업'(業)에 의하여 생긴 것도 있고 인(因)에 의하여 생긴 것도 있고 시절(時節)에 의하여 생긴 것도 있습니다. 만약 이 세상에 업에 의해서도 인에 의해서도 시절에 의해서도 생기지 않은 것이 있다면 말씀해 주십시오."

"대왕이여, 이 세상에는 업이나 인이니 시절에 의해 생기지 않은 것이 둘 있습니다. 즉 허공과 열반이 그것입니다."

"존자여, 승자의 가르침은 더럽혀져서는 안 됩니다. 모르고서 대답하지 마십시오."

"대왕이여, 내가 무슨 말을 하였다고 그렇게 말합니까?"

"존자여, 당신께서 열반은 업에 의해서도 인에 의해서도 시절에 의해서도 생기지 않는다고 한 말씀은 잘못입니다. 세존께서는 수백 가지 방법으로 열반을 증득하는 길을 설하셨습니다. 그런데 당신은 열반이란 인(因)에 의하여 생기지 않는다고 말씀하셨습니다."

"대왕이여, 세존께서 열반을 증득하는 길을 수백 가지를 들어 설하신 것은 사실입니다. 그러나 세존께서는 열반의 인에 대해서는 설하지 않으셨습니다."

"나가세나 존자여, 열반을 증득하는 길은 있어도 열반이 생기는 인은 없다고 하니 나는 이제 암흑에서 더 깊은 암흑으로, 또 숲에서 더 깊은 숲으로 빠져든 느낌입니다.

존자여, 만일 열반을 증득하는 길이 있다면 열반이 생기는 인도 예상할 수 있습니다. 이를테면 아들에게 아버지가 있으므로 아버지에게도 아버지가 있을 수 있으며 제자에게 스승이 있으므로 스승에게도 스승이 있을 수 있습니다. 또 싹을 보고 씨앗에서 말미암았다는 것을 예상할 수 있으며 또 나무의 가지나 잎을 보고 그 뿌리를 짐작할 수 있는 것처럼 만일 열반을 증득하는 인이 있다면 열반이 생기는 인도 예상할 수 있습니다."

"대왕이여, 열반은 생겨나는 것이 아닙니다. 그러므로 열반이 생겨나는 인이 있다고 말할 수 없습니다."

"존자여, 열반을 증득하는 인은 있으나 열반이 생겨나는 인이 없다는 것을 내가 이해할 수 있도록 설명해 주십시오."

"대왕이여, 그러면 귀기울여 주의 깊게 잘 들으십시오. 사람들은 타고난 힘으로 여기서 히말라야 산까지 갈 수 있습니까?"

"예, 갈 수 있습니다."

"그 사람은 타고난 힘으로 히말라야 산을 이곳까지 가지고 올 수 있습니까?"

"가져올 수 없습니다."

"대왕이여, 마찬가지로 열반을 증득하는 방법은 말할 수 있지만 열반이 생기는 인은 드러낼 수 없습니다. 대왕이여, 사람은 타고난 힘으로 배를 타고 대양의 저쪽 기슭으로 건너갈 수 있습니까?"

"예, 그렇습니다."

"그러면 그 사람은 타고난 힘으로 대양의 저쪽 기슭을 이쪽으로 가져올 수 있습니까?"

"그럴 수 없습니다."

"대왕이여, 마찬가지로 열반을 증득하는 방법은 말할 수 있지만 열반이 생기는 인은 드러낼 수 없습니다. 왜냐하면 열반은 형성된 것이 아니기 때문입니다."

"존자여, 열반은 형성된 것이 아닙니까?"

"대왕이여, 열반은 형성된 것이 아닙니다. 열반은 어떤 것에 의해서도 만들어지지 않습니다. 열반은 이미 생겼다든가 아직 생기지 않았다든가 당연히 생겨나야 한다든가, 또는 과거라든가 미래라든가 현재라든가, 또 눈으로 식별할 것이라든가 혀로 식별할 것이라든가 코로 식별할 것이라든가 귀로 식별할 것이라든가 몸으로 식별할 것이라든가 하는 것을 떠나 있습니다."

"존자여, 만일 열반이 이미 생겼다든가 아직 생기지 않았다든가 당연히 생겨나야 한다든가, 또는 과거라든가 미래라든가 현재라든가, 또 눈으로 식별할 것이라든가 혀로 식별할 것이라든가 코로 식별할 것이라든가 귀로 식별할 것이라든가 몸으로 식별할 것이라든가 하는 것이 아니면 열반이란 사상(事象)은 없고 따라서 열반은 없다는 말입니다."

"대왕이여, 열반은 있습니다. 열반은 마음으로 식별합니다. 올바로 실천하는 승자의 제자는 청정하고 고요하며 수승한 마음으로 열반을 봅니다."

"존자여, 그렇다면 열반이란 어떤 것입니까? 비유를 들어 설명해 주십시오."

"대왕이여, 허공이란 것이 있습니까?"

"예, 있습니다."

"대왕이여, 그러면 그 허공을 빛이나 소리로 보여 주십시오."

"존자여, 허공을 그렇게 보일 수는 없습니다. 허공은 손으로 붙잡을 수도 없고 만질 수도 없지만 허공은 있습니다."

"대왕이여, 마찬가지로 열반은 있습니다. 그러나 열반을 빛과 소리로 드러낼 수는 없습니다."

"잘 알겠습니다, 나가세나 존자여."

125. 열반은 있는가 2

"나가세나 존자여, 업(業)으로 생긴 것은 무엇이며 인(因)으로 생긴 것은 무엇이며 시절(時節)에 의하여 생긴 것은 무엇입니까? 또 그런 것을 따라 생기지 않은 것은 무엇입니까?"

"대왕이여, 유정(有情)으로서 정신작용이 있는 것은 다 업으로 생기며, 모든 종자로부터 생기는 것과 불은 다 인(因)으로부터 생기며 땅과 산과 물과 바람은 다 시절에 의하여 생깁니다. 그러나 허공과 열반은 그 세 가지에 의하여 생긴 것이 아닙니다.

대왕이여, 또 열반은 이미 생긴 것도 아니요, 아직 생겨나지 않은 것도 아니요, 응당 생겨날 것도 아니요, 과거의 것도 미래의 것도 현재의 것도 아니요, 눈으로 귀로 코로 혀로 몸으로 식별할 수 있는 것이 아닙니다. 열반은 마음으로 식별할 수 있는 것이며 올바로 실천하는 성인의 제자가 청정한 지혜로 보는 것입니다."

"나가세나 존자여, 최상의 스승인 당신을 만나 난문은 만족히 해결되고 의심은 없어지고 의혹은 끊어졌습니다."

126. 계율의 제정에 관하여

"나가세나 존자여, 옛날 의사들의 스승이었던 나아가라, 담만타링, 안길라사, 카피라, 칸다랏기사마, 아두라, 풉바캇자나 등은 모두 단번에 병의 원인, 증상, 치료법 등을 남김없이 알고 그 지식을 한데 묶어 의전(醫典)을 편찬했습니다. 그렇다고 그들이 물론 전지자는 아니었습니다.

그런데 전지자인 부처님은 왜 장차 일어날 일들을 미리 알아 '이러이러한 일에는 이런 일을 지켜야 한다.'고 결정하여 계율을 한꺼번에 집대성하지 않았습니까? 왜 일이 터져 좋지 않은 소리가 높아지고 잘못이 널리 퍼져 사람들이 성화를 낼 때 그때 비로소 제자들이 지켜야 할 규율을 정하셨습니까?"

"대왕이여, 부처님은 이미 '이러이러한 때 이러이러한 사람들에게 150여 가지 계율을 제정해야 한다'는 것을 미리 알고 계셨습니다. 그러나 사려하시기를, '만일 내가 150여 가지 지켜야 할 사항을 한꺼번에 정해 놓으면 많은 사람들이 지레 겁부터 먹을 것이다. 그들의 승단에는 규율이 너무나 많다, 고타마의 가르침에 출가하기란 참으로 어렵다고 하며 출가하고 싶어도 출가하지 못할 것이다. 사람들은 내 말을 믿지 않을 것이고 믿지 않은 사람들은 죄악의 사태에 빠질 것이다. 따라서 나는 일이 터진 그때그때 법문을 설해 그 잘못을 깨쳐 주고 잘못이 널리 퍼졌을 때 계율을 제정해야겠다.' 라고 하셨습니다."

"나가세나 존자여, 부처님의 지혜는 일찍이 없던 위대한 지혜입니다. 그래서 '승단에 지켜야 할 계율이 너무 많다고 들으면 사람들은 겁을 먹고 출가하려 하지 않을 것이다.' 라고 통찰하고 미리 모든 계율을 정하지 않으셨습니다. 당신이 말씀하신 그대로라고 나는 믿습니다."

127. 처자를 보시한 벳산타라 왕

"나가세나 존자여, 보살은 누구나 처자를 남에게 보시합니까? 아니면 벳산타라 왕만이 처자를 보시했습니까?"

"대왕이여, 어떤 보살이든 처자를 남에게 보시합니다. 벳산타라 왕만이 처자를 보시한 것은 아닙니다."

"존자여, 그들은 처자의 동의를 얻은 다음 보시합니까?"

"대왕이여, 아내는 동의하지만 자식들은 어리기 때문에 통탄하며 슬퍼합니다. 하지만 자식들도 보시의 의의를 이해한다면 슬퍼하지 않고 오히려 기뻐할 것입니다."

"존자여, 보살은 자기의 어린 자식을 바라문의 노예로 보시했습니다. 그것은 첫번째 하기 힘든 난행이었습니다.

또 그는 연약한 어린 자식이 덩굴에 묶여 바라문에게 끌려가는 것을 태연히 전송했습니다. 이것은 두 번째 난행입니다.

그리고 어린 것들이 그들의 힘으로 덩굴의 묶음을 풀고 다시 돌아온 것을 다시 덩굴로 묶어 보냈습니다. 이는 세 번째 난행입니다.

또 사랑하는 아이들이 '아빠, 이 야차는 우리를 데려다 잡아먹으려 해요.' 하고 비탄에 잠겨있는데 위로의 말 한마디 하지 않았습니다. 이는 네 번째 난행입니다.

또 자알린 왕자는 왕의 발밑에 쓰러져 '아빠, 캉하자나(왕자의 누이동생)는 데리고 돌아가 주세요. 야차는 저를 욕심내니 저만 보내면 됩니다.' 라고 간청하는데도 승낙하지 않았습니다. 이것이 다섯 번째 하기힘든 난행입니다.

또 자알린 왕자가 '아빠, 아빠 마음은 목석이에요. 우리가 괴로워하면서 야차에게 사람도 안 사는 깊은 숲으로 끌려가는 것을 어떻게 보고만 계십니까.' 하고 슬퍼해도 왕은 불쌍한 생각을 가지지 않았습니다. 이것이 여섯 번째 난행입니다.

또 사랑하는 자식들이 끌려가 보이지 않게 되었을 때 공포에 떨거나 마음이 백천 갈래 찢어지지도 않았습니다. 이것이 일곱 번째 하기 힘든 난행입니다.

복락(福樂)을 바라는 사람이 남을 괴롭혀서야 되겠습니까? 차라리 자신을 보시해야 하지 않겠습니까?"

"대왕이여, 하기 힘든 난행을 한 보살은 천신, 아수라, 금시조, 천룡, 야차 등 일만 세계 뭇중생들의 칭찬을 받았습니다. 그 명성은 점차로 퍼져 우리 승단에도 전파되었습니다.

우리는 그 보시가 선인가 악인가 논란하였지만 그 보시는 보살의 열가지 덕성을 보여 줍니다. 즉 탐심이 없는 것, 집착이 없는 것, 희사(喜捨)하는 것, 번뇌를 끊어버리는 것, 낮은 경계로 다시 퇴전하지 않는 것, 부처님의 가르침은 미묘하며 광대하고 깨치기 어렵고 증득하기 어려우며 대등한 것이 없다는 것 등 열 가지 덕성을 보여 줍니다."

"나가세나 존자여, 남을 괴롭혀 보시해도 그 보시로 안락한 과보를 받고 천상에 태어납니까?"

"대왕이여, 그렇습니다."

"존자여, 그 이유를 들려 주십시오."

"이를테면 계율이 청정하고 선근 깊은 사문이나 바라문이 절름발이나 병자가 되었다고 합시다. 복락을 바라는 사람이 그를 탈것에 태워 가고자 하는 곳으로 데려다 준다면 대왕이여, 그 사람은 이 인연으로 천상에 태어날 업을 얻겠습니까?"

"존자여, 그렇습니다. 무슨 이의가 있겠습니까? 그 사람은 코끼리, 말, 이륜수레를 얻으며 물 위에서는 물 위에서 탈것, 천상에서는 신들의 탈것, 인간계에서는 인간이 탈것을 얻을 것입니다. 세세생생 그 업에 의해서 알맞은 탈것을 타고 거기에 알맞은 안락을 얻으며 좋은 곳에서 좋은 곳으로 태어나며 결국 열반으로 향할 것입니다."

"대왕이여, 그러므로 남을 괴롭혀 행한 보시도 안락한 과보를 받고 천상에 태어나게 됩니다. 왜냐하면 그 사람은 소를 괴롭혀 그같은 안락을 얻었기 때문입니다.

또 어떤 왕이 백성들로부터 정당한 세금을 거두어 보시하고자 하면 그 왕은 이 인연으로 좋은 과보를 얻겠습니까?"

"존자여, 그렇습니다. 무슨 이의가 있겠습니까? 왕은 그 인연으로 천상에 나는 외에도 수백천의 공덕을 얻을 것입니다. 또 모든 왕을 넘어서는 왕이 될 것이며 모든 신을 넘어서는 신이 될 것이며 모든 범천을 넘어서는 범천이 될 것이며 모든 도인 중 뛰어난 도인이 될 것이며 모든 아라한 중 뛰어난 아라한이 될 것입니다."

"대왕이여, 그러므로 남을 괴롭혀서 행한 보시도 안락한 과보를 받고 천상에 태어나게 됩니다. 왜냐하면 그 왕도 백성들을 압박하여 거둔 세금으로 그같은 안락을 누리게 되기 때문입니다."

"존자여, 그러나 벳산타라 왕이 한 보시는 지나친 보시입니다. 즉 그는 자신의 아내를 남의 아내로 주고 자신의 아이들을 노예로 주었습니다. 존자여, 지나친 보시는 세상의 현인들이 비난하는 바입니다.

이를테면 지나치게 짐을 많이 실으면 수레의 차축이 망가지고 배는 침몰하듯이, 또 과식이 위장을 망치듯이, 홍수가 농작물을 망치듯이, 지나친 탐심으로 정신이 착란되듯이 지나친 보시는 현인들이 질책하고 비난하는 바입니다.

존자여, 벳산타라 왕이 한 보시는 지나친 보시로 그것에 대해 어떤 좋은 과보도 기대해서는 안 됩니다."

"대왕이여, 지나친 보시는 현인들이 칭찬하고 찬탄하는 바입니다. 이를테면 아주 수승한 사람이 신비스런 나무뿌리를 쥐었을 때 옆에 있는 사람도 그의 모습을 보지 못하는 것처럼, 아가다 약이 그 뛰어난 약성으로 고통을 근절시키고 병을 완치시키는 것처럼, 물이 극도의 찬 기운으로 불을 끄는 것처럼, 연꽃이 지극한 청정성 때문에 물이나 진흙이 묻지 않는 것처럼, 마니주가 그 수승한 덕성 때문에 소원을 모두 성취시켜 주는 것처럼, 다이아몬드가 그 최강의 강도로 진주나 수정 등 다른 보석을 절단하는 것처럼, 대지가 아주 광활하기에 뭇생명과 산하(山河)를 싣고 있는 것처럼, 바다가 광활하기 때문에 차서 넘치는 일이 없는 것처럼, 수미산이 무겁기 때문에 움직이지 않는 것처럼, 허공이 가이없는 것처럼, 태양이 극도의 밝음으로 어둠을 깨는 것처럼, 사자가 우월한 태생이기 때문에 공포가 없는 것처럼, 뛰어난 장사가 남다른 힘이 있기에 다른 역사들을 재빨리 넘어뜨리는 것처럼, 왕이 지극히 수승한 복덕으로 나라를 통치하는 것처럼, 비구가 지극한 계행을 지키기 때문에 용이나 야차들이 귀의하는 것처럼, 부처님은 지극한 최상자이기 때문에 비길 데가 없는 것처럼 대왕이여, 극도의 지나친 보시는 세상의 현인들이 칭송하는 바입니다.

벳산타라 왕이 행한 극도의 보시는 일만 세계의 칭송을 받았고 그 보시로 벳산타라 왕은 부처로 태어나 우주의 최상자가 된 것입니다."

"존자여, 그렇다면 공양받을 만한 분이 찾아왔을 때 주지 않고 삼가야 할 보시가 이 세상에 있습니까?"

"대왕이여, 다음의 열 가지 보시는 해서는 안 될 것으로 세상에 널리 알려져 있습니다. 즉 술, 가무, 여자, 숫소, 그림, 칼, 독, 사슬, 닭이나 돼지, 계량을 속이는 보시는 해서는 안 된다고 세상에 알려져 있고 이 같은 보시를 하는 사람은 악도에 떨어질 것입니다."

"존자여, 나는 세상에서 보시해서는 안 되는 것을 묻지 않았습니다. 다만 공양받을 만한 분이 찾아왔을 때 삼가야 할 보시가 있느냐고 물었을 뿐입니다."

"대왕이여, 공양받을 만한 분이 왔는데 주지 않고 삼가야 할 보시는 없습니다. 마음에서 깨끗한 신심이 우러나오면 어떤 사람은 식사를 보시하고 어떤 사람은 좌구, 어떤 사람은 남종, 어떤 사람은 여종, 어떤 사람은 농지, 집터, 어떤 사람은 두 발 달린 짐승, 네 발 달린 짐승, 어떤 사람은 백천십만금, 어떤 사람은 왕위, 어떤 사람은 자신의 생명까지 보시합니다. 대왕이여, 빚이나 생계 때문에 아비가 자식을 저당잡히거나 팔 수 있는 관례나 관습이 세상에 있습니까?"

"존자여, 그렇습니다. 빚이나 생계 때문에 아비가 자식을 잡히거나 파는 일이 있습니다."

"그렇다면 벳산타라 왕도 남들이 보시할 수 있는 것을 보시한 데 지나지 않습니다."

"존자여, 내 말은 벳산타라 왕은 처자 대신 자신을 보시해야 하지 않았나 질책하는 것입니다."

"대왕이여, 처자를 요구하는 사람에게 자신을 보시하는 것은 맞지 않습니다. 왜냐하면 무엇을 요구하든 그 사람이 요구한 것을 보시하는 것이 선한 사람의 행실입니다. 이를테면 마실 것을 달라고 하는 사람에게 먹을 것을 준다면 그 사람을 위해서 해야 할 일을 한 것이 됩니까?"

"그렇지 않습니다. 그가 달라는 것을 보시하는 사람이 그를 위해 할 일을 다하는 자입니다."

"대왕이여, 마찬가지로 벳산타라 왕은 바라문이 처자를 요구했기 때문에 처자를 보시했습니다. 만일 바라문이 벳산타라 왕의 몸을 요구했다면 그는 아무런 두려움이나 애착 없이 자신의 몸을 보시했을 것입니다. 또 어떤 사람이 벳산타라 왕을 찾아가 종이 되어 달라고 부탁했다면 그는 자기 몸을 노예로 보시해 버릴 것이며 보시한 것을 조금도 괴로워하지 않을 것입니다.

대왕이여, 벳산타라 왕의 몸은 많은 사람의 공유물입니다. 마치 열매가 열린 나무는 여러 새들의 공유물인 것과 같습니다. 왜냐하면 그는 '나야말로 실천을 통해서 올바른 깨침에 도달하겠다.'고 말했기 때문입니다. 대왕이여, 이를테면 재산이 없는 사람이 재산을 얻고자 산양이 다니는 길, 나무가 우거진 길, 덩굴이 무성한 길을 두루 쏘다니며 수륙에 걸쳐 행상을 하고 몸과 마음과 말을 바쳐 재산을 얻고자 노력하는 것처럼 올바른 깨달음을 얻지 못한 벳산타라 왕은 깨침을 얻기 위해 자신의 모든 권력과 재물과 처자와 자신을 요구하는 자에게 희사하여 깨침만을 추구했던 것입니다. 어떤 대신이 왕의 옥새가 탐나서 옥새를 손에 넣고자 집의 모든 금은보화를 써서라도 옥새를 손에 넣으려 하는 것처럼 벳산타라 왕은 안팎의 모든 소유물을 보시하고 생명까지도 보시하여 올바른 깨침만을 추구했습니다.

시주 벳산타라 왕은 이렇게 생각했습니다.

'저 바라문이 요구하는 것을 나는 보시하리라. 그리하여 나는 꼭 그를 위해 해야 할 일을 하는 사람이 되리라.'

그래서 그는 처자를 바라문에게 보시했습니다. 벳산타라 왕이 처자를 싫어하거나 관심이 없기 때문에 보시한 것도 아니며 처자가 너무 많아 부양할 수 없어 보시한 것도 아닙니다. 그는 올바른 깨침을 얻기 위해 사랑스럽고 만족스러운 처자를, 자신의 생명과 대등한 처자를 희사하는 최상의 보시를 행했던 것입니다.

대왕이여, 벳산타라 왕은 처자를 보시한 후 초막에 들어가 몸을 눕혔습니다. 그는 극도의 애착 때문에 36심기(心基)가 타고 코가 막혀 뜨거운 입김을 토했으며 눈물이 피로 변해 두 눈에서 붉은 피눈물을 뚝뚝 흘렸습니다. 벳산타라 왕은 이같이 괴로워하면서 '보시의 길이 내게 없어지지 않기를.' 하고 기원했습니다.

대왕이여, 벳산타라 왕은 '아무도 아이들을 노예로 부릴 수는 없다. 아이들의 할아버지가 아이들을 되찾아올 것이다.' 라는 것을 알고 있었습니다. 그리고 '그 바라문은 고령의 노인으로 쇠약하며 죽을 날도 얼마 남지 않았으며 복력도 적다. 그는 내 아이들을 노예로 부릴 수 없다.' 라는 것도 알고 있었습니다. 대왕이여, 사람들이 타고난 힘으로 해와 달을 붙잡아 상자 속에 넣고 그것들의 빛을 없애서 접시로 쓸 수 있습니까?"

"그럴 수 없습니다."

"마찬가지로 세상에서 해와 달에 견줄 만한 벳산타라의 자식들을 아무도 노예로 부릴 수는 없습니다. 이를테면 전륜성왕의 마니보주는 청정하고 정미한 팔각의 결정체로 교묘하게 가공되어 있고 길이는 4큐비트며 둘레는 수레바퀴통처럼 되어있고 빛은 1백 요자나를 비칩니다. 그래서 아무도 그 마니보주를 칼가는 숫돌로 쓸 수 없는 것처럼 전륜성왕의 마니보주에 견줄 만한 벳산타라의 자식을 노예로 부릴 수 있는 자는 아무도 없습니다.

또 코끼리왕 우포사타는 몸의 세 곳에 발정(發情)의 증상을 나타내며 온몸이 새하얗고 높이는 8라타나요, 길이와 몸둘레가 각각 9라타나이며 기쁨에 넘치며 아름다운 모습을 지녔습니다. 그래서 아무도 키나 접시로 우포사타를 가릴 수 없고 송아지같이 마굿간에 넣어 사육할 수 없습니다. 이 세상에서 코끼리왕 우포사타에 견줄 만한 벳산타라의 자식들을 노예로 부릴 수 있는 자는 아무도 없습니다. 광대하기 끝이 없고 밑바닥을 가늠할 수 없는 바다를 다 덮거나 그것을 막아 길로 쓸 수 없는 것처럼 이 세상에서 바다에 견줄 만한 벳산타라의 자식을 아무도 노예로 부릴 수는 없습니다.

산 중의 산 히말라야는 천공에 5백 요자나 높이로 우뚝 솟아 있고 3천 요자나 넓이로 옷 뒷자락처럼 펴져 있으며 8만 4천봉의 장엄을 이루며 5백 개 큰 강의 어머니요 큰 생물의 서식처며 향기로운 꽃과 백가지 싱그러운 약초의 장엄을 이루며 구름처럼 천공에 우뚝 서 있습니다. 이 세상에서 히말라야 산에 견줄 만한 벳산타라의 자식을 노예로 부릴 수 있는 자는 아무도 없습니다.

캄캄한 밤에 타오르는 산정의 봉화는 멀리서도 똑똑히 보고 알 수 있는 것처럼 벳산타라 왕은 먼 데서도 똑똑히 알 수 있습니다. 그런 벳산타라의 자식을 노예로 부릴 수 있는 자는 아무도 없습니다.

또 히말라야 산에 나아가 꽃이 필 때 부드러운 바람이 불면 10 내지 12요자나에 걸쳐 그 향기가 퍼지는 것처럼 벳산타라 왕도 신, 아수라,

가루라, 건달바, 야차, 나찰, 마후라가, 긴나라, 인드라 등의 세계를 넘어 상계(上界)의 아카닛타 천에까지 선공덕의 향기를 발산합니다. 그런 벳산타라의 자식을 노예로 부릴 수 있는 자는 아무도 없습니다.

대왕이여, 벳산타라 왕은 아들 자알린 왕자에게 이렇게 가르쳤습니다. '아들아, 할아버지가 재물을 주고 너희들을 찾아올 때 너의 값으로는 1천 닛카를 치를 것이고 네 누이 캉하지나는 코끼리 1백 마리 값을 치를 것이다. 만약 할아버지께서 명령과 폭력으로, 또 무상으로 너희를 바라문에게서 뺏는다면 너희는 할아버지의 말을 따라서는 안 된다. 그럴 때는 차라리 바라문의 말을 따라야 한다.'

나중에 할아버지가 자알린 왕자에게 물었을 때 왕자는 이렇게 대답했습니다. '할아버지, 아버지는 저를 1천 닛카의 값으로, 또 누이는 코끼리 1백 마리의 값으로 바라문에게 보시하였다고 하셨습니다.' 라고 말입니다."

"나가세나 존자여, 난문은 잘 해결되었습니다. 삿된 견해의 그물코는 다 풀리고 여러 가지 이론(異論)들은 시원스레 타파되어 당신들의 입장은 분명해졌습니다. 성전의 문구는 잘 해명되고 이치는 잘 천명되었습니다. 당신이 말씀하신 그대로라고 나는 믿습니다."

128. 난행의 실천에 관하여

"나가세나 존자여, 모든 보살이 난행을 실행합니까? 아니면 고타마 보살만이 난행을 실행했습니까?"

"대왕이여, 모든 보살이 난행을 실행한 것은 아닙니다. 고타마 보살만이 난행을 실행했습니다."

"존자여, 그렇다면 보살과 보살 사이에 차이가 있으니 사리에 맞지 않습니다."

"대왕이여, 보살과 보살 사이에는 가문의 차이, 시대의 차이, 수명의 차이, 신체상의 차이 등 네 가지 차이가 있습니다. 그러나 깨친 분은 몸의 형상, 계·정·혜, 해탈, 해탈지견, 사무소외(四無所畏), 십여래력(十如來力), 육불공지(六不共智) 등에 있어 조금도 차이가 없습니다. 깨친 분은 누구나 부처님의 특성에 있어 평등합니다."

"나가세나 존자여, 만일 모든 깨친 분이 그 특성에 있어 평등하다면 왜 고타마 보살만이 난행을 실행했습니까?"

"대왕이여, 고타마 보살은 지혜가 완전히 성숙되지 않았을 때 출가했고 지혜를 성숙시키는 과정에 있을 때 난행을 실행했습니다."

"존자여, 왜 고타마 보살은 지혜가 완전히 성숙되지 않았을 때 출가했습니까?"

"고타마 보살은 모두가 잠든 한밤중에 홀로 깨어 난잡한 유흥의 흔적을 보고 염증을 느껴 불쾌한 생각을 일으켰습니다. 그때 한 천마(天魔)가 그가 불쾌한 마음을 낸 것을 보고 '지금이야말로 불쾌한 마음을 뻗칠 때이다.'고 생각하고 공중에서 말했습니다.

'고타마여, 그대는 실망하지 마시오. 오늘부터 7일이 지나면 1천 개의 바큇살과 차양과 바퀴통이 있고 모든 장식을 완비한 천상의 윤보(輪寶)가 그대 앞에 나타날 것이오. 땅 속이나 공중에 있는 새보가 그대에게 접근할 것이오. 2천 개의 섬이 딸린 4대주가 그대의 명령 하나에 움직일 것이오. 그대의 아들은 1천 명이 넘을 것이며 그 아들들은 모두 영웅이요 용사로 적군을 쳐부술 것이오. 그대는 아들들에 둘러싸여 칠보를 완비하고 4대주를 이끌어 갈 것이오.'

마치 온종일 불에 달구어 전체가 훨훨 타고 있는 쇠꼬챙이로 귀를 뚫는 것처럼 천마의 말은 보살의 귀에 들어갔습니다. 이미 염오를 느낀 보살은 천마의 말을 듣고 더한 염오감에 전율하며 두려움을 느꼈습니다. 이미 타고 있는 불더미에 연료를 더한 것처럼 또 본래 진땅에 비가 오면 더 심한 진흙탕이 되는 것처럼 이미 실망한 보살은 천마의 말에 전율했습니다."

"존자여, 만일 7일째 되는 날 윤보가 나타났다면 보살은 퇴전했겠습니까?"

"대왕이여, 천상의 윤보는 보살 앞에 나타나지 않을 것입니다. 왜냐하면 천마는 탐욕 때문에 거짓말을 했기 때문입니다. 또 만약 윤보가 나타났다 하더라도 보살은 퇴전하지 않을 것입니다. 왜냐하면 보살은 이미 '모든 형성된 것은 무상하다.', '모든 것은 괴로움이다.', '모든 존재는 실체가 없는 것이다.' 하고 확고하게 이해하고 집착을 여읜 경지에 도달해 있었기 때문입니다.

대왕이여, 물은 아노탓다 호수에서 갠지스 강으로, 갠지스 강에서 대양으로, 대양에서 파탈라(땅끝의 벼랑)의 입구로 흘러갑니다. 그런데 파탈라의 입구로 거슬러 올라간 물이 다시 대양으로, 대양의 물이 다시 갠지스 강으로, 갠지스 강의 물이 다시 아노탓다 호수로 거슬러 흘러가겠습니까?"

"그럴 리는 없습니다."

"마찬가지로 보살은 4아승지겁과 십만 겁 동안 선공덕을 쌓고 마지막 삶에 이르렀습니다. 대왕이여, 그런 보살이 윤보 때문에 퇴전하겠습니까?"

"그렇지 않습니다."

"대왕이여, 대지가 구르고 갠지스 강물이 거꾸로 흐르고 대양의 물이 소발자국에 고일 정도로 줄어들어도, 또 수메르 산이 백천 조각으로 갈라지고 해와 달이 흙덩어리처럼 추락하고 허공이 덩굴처럼 꼬이더라도 보살은 올바른 깨침에 이르기까지는 결코 퇴전하지 않을 것입니다. 보살에게는 모든 속박이 끊어졌기 때문입니다."

"존자여, 이 세상에는 얼마나 많은 속박이 있습니까?"

"대왕이여, 이 세상에는 열 가지 속박이 있으며 그 속박에 묶인 사람은 세속을 떠날 수 없으며 설령 떠난다 해도 다시 세속으로 퇴전합니다. 열 가지 속박이란 아버지, 어머니, 아내, 자식, 친척, 친구, 재산, 명리, 권력, 다섯 가지 감각적 욕망의 대상 등입니다. 이러한 속박에 묶인 사람은 세속을 떠날 수 없고 설령 떠난다 해도 다시 속세로 퇴전합니다. 보살은 이미 그런 열 가지 속박을 끊어 버렸으므로 결코 퇴전하지 않습니다."

"존자여, 만약 보살에게 불쾌한 생각이 일어났을 때 천마의 말을 듣고 지혜가 완전히 성숙하지 않은 채 출가했다면 그는 무엇 때문에 난행을 실행했습니까? 그는 모든 음식을 섭취하고 지식이 완전히 성숙하기를 기다려야 하지 않았습니까?"

"다음 열 가지 사람은 세상에서 경시와 혐오를 받으며 사랑과 존경을 받지 못합니다. 즉 과부, 나약한 사람, 친구나 친척이 없는 사람, 대식가, 천한 가문의 사람, 악인과 사귀는 사람, 재산을 당진한 사람, 바른 행실을 하지 않는 사람, 무직자, 노력하지 않는 사람 등입니다.

보살이 이 열 가지 애경받지 못하는 부류를 상기하고 있을 때 이런 생각이 떠올랐습니다. '나는 실행하지 않고 노력하지 않기 때문에 신이나 사람들에게 비난받는 일은 없어야겠다. 나는 실행을 위주로 하고 행위를 존중하며 실천을 축으로 삼아 부지런히 노력해야겠다.' 라고. 대왕이여, 이같이 보살은 지혜를 성숙시키면서 난행을 실행했습니다."

"나가세나 존자여, 보살은 난행을 실천하면서 이렇게 말했습니다. '나는 이 지독한 난행에 의해서도 인간의 능력을 초월한 성스러운 지견에 도달하지 못했다. 깨달음에 이르는 다른 길은 없는가.' 보살은 그때 깨달음에 이르는 방법에 대해서 심사가 산란해 있었습니다."

"대왕이여, 다음 스물다섯 가지 성질은 마음의 활동을 악화시킵니다. 즉 성냄, 원망, 참회하지 않음, 고민, 질투, 인색함, 아첨, 기만, 고집, 격정, 자만, 교만, 뽐냄, 방종함, 완고함, 기쁨, 게으름, 악인과 사귐, 형색, 음성, 향기, 맛, 접촉, 기갈, 불쾌 등입니다. 이 스물다섯 가지에 의해 산란된 마음은 올바른 지견에 도달하는 것을 방해합니다.

대왕이여, 4아승지겁과 십만 겁 동안 보살은 그때그때 생에서 사성제(四聖諦)를 추구했습니다. 그런데 왜 당신의 최후의 생에서 깨달음에 이르는 길에 대해 심사가 산란해지겠습니까. 보살에게는 '깨달음에 이르는 다른 길은 없는가.' 하는 생각만이 일어났을 뿐입니다.

일찍이 보살이 생후 1개월 되었을 때 아버지는 일하고 있고 보살은 서늘한 잠부나무 그늘 아래서 성스러운 와상(臥床)에 가부좌를 하고 모든 욕망과 불선(不善)을 여의고 고요한 성찰에 들어가 제일선(第一禪)의 경지에 안주했습니다."

"잘 알겠습니다, 나가세나 존자여. 보살이 지혜를 성숙시키면서 난행을 실천한 것은 정말 그러했습니다. 나는 그렇게 믿습니다."

129. 선악의 과보

"나가세나 존자여, 선과 악은 어느 쪽이 강합니까?"

"대왕이여, 선이 강합니다."

"나가세나 존자여, 이를테면 살생하는 자, 남의 것을 강취하는 자, 자기 욕망대로 나쁜 짓을 하는 자, 거짓말하는 자, 마음을 탈취하는 자, 노상강도, 기만하는 자, 사기하는 자가 있다고 합시다. 그들은 모두 그들이 범한 죄악으로 손과 발, 귀와 코를 잘리고 갖은 가혹한 형벌을 받습니다.

어떤 사람은 밤에 나쁜 짓을 하고 그날 밤으로 과보를 받고 어떤 사람은 그 다음날 과보를 받습니다. 어떤 사람은 낮에 나쁜 짓을 하고 그날 낮에 과보를 받고 어떤 사람은 그날 밤에 과보를 받고 또 어떤 사람은 이삼 일을 지나 과보를 받습니다.

존자여, 그런데 여러 사람에게 풍성한 식사를 보시하고도 그것으로 현재 재산이나 명성이나 행복을 얻은 사람이 있습니까? 또 계행을 지키고 우포사타[布薩]를 이행하는 것으로 그런 것을 얻은 사람이 있습니까?"

"대왕이여, 네 사람이 있습니다. 그들은 보시를 행하고 계행을 지키고 우포사타를 이행하여 당대에 육신을 가진 채 33천계에서 명성을 떨쳤습니다."

"존자여, 그들은 누구누구입니까?"

"만다탈 왕, 니미 왕, 사다나 왕, 악사굿틸라입니다."

"존자여, 그런 일은 옛적 이야기여서 알 수가 없으니 가능하면 세존 당시의 이야기를 해 주십시오."

"대왕이여, 노예 푼나카는 사리풋타 장로에게 음식을 보시하고 그날로 재무관의 지위에 올랐습니다. 고꽐라마탈은 자기 머리털을 판 돈 8 카하파나로 마하캇자아나 장로와 그의 일곱 동료들에게 탁발식을 보시하고 그날로 우데나 왕의 제일 왕비가 되었습니다. 숫피야라는 여신도는 병든 비구에게 자기 넙적다리 살을 떼어내어 육즙을 만들어 주었는데 그녀는 그 다음날로 상처가 낫고 피부가 생겼습니다. 맛리카는 세존에게 전날 저녁의 쉰 죽을 보시하고 그날로 코살라 제일의 왕비가 되었습니다. 화환장이 수마나는 쟈스민꽃 화환 8개를 세존에게 공양하고 그날로 거부가 되었습니다. 바라문 에카사타카는 겉옷을 세존에게 공양하고 그날로 국무총리가 되었습니다.

대왕이여, 이들은 모두 현재의 과보로 재산과 명성을 얻은 자들입니다."

"존자여, 당신은 찾고 찾아 겨우 여섯 사람 찾아냈습니까?"

"그렇습니다."

"그렇다면 선보다 악이 강합니다. 왜냐하면 나는 하루아침에 악업의 과보로 국가의 형벌을 받아 꼬챙이에 꿰어진 사람을 열이나 보았습니다. 나는 살아가면서 그런 사람을 무수히 보았습니다.

존자여, 난다 왕가에 밧다살라라는 장군의 아들이 있었는데 그는 찬다굿타 왕과 전쟁을 시작했습니다. 전쟁 결과 시체가 사방에 쌓였습니다. 그때 '사람의 머리가 쌓여 산더미를 이루었을 때 머리 없는 시체한 구가 꼿꼿이 일어났다.'고 전해집니다. 그들은 악업의 과보로 파멸을 초래했습니다. 그래서 나는 '선보다 악이 강하다.'고 말합니다.

존자여, 코살라 국왕이 부처님의 가르침에 귀의하여 비길 데 없는 보시를 했다는 것을 들으신 적이 있습니까?"

"예, 그렇게 들었습니다."

"존자여, 코살라 국왕은 그 보시를 인연으로 당대에 명리나 행복을 얻었습니까?"

"그렇지 않습니다."

"코살라 국왕이 무상의 보시를 하고도 당대에 재산이나 명성이나 행복을 얻지 못했다면 악이야말로 강하고 선은 그렇지 않습니다."

"대왕이여, 악은 작기 때문에 빨리 성숙하고 선은 크기 때문에 오랜 세월에 걸쳐 성숙합니다. 비유를 들어 설명하겠습니다. 인도 서부지방의 굼다반디카라는 곡식은 한 달이면 성숙되어 저장되는 반면 쌀은 5개월 내지 6개월 걸려 성숙합니다. 대왕이여, 이런 경우에 굼다반디카와 쌀 사이에는 어떤 차이가 있습니까?"

"존자여, 굼다반디카는 작고 쌀은 큽니다. 또 쌀은 왕의 음식이 되며 굼다반디카는 노예의 음식입니다."

"대왕이여, 마찬가지로 악은 작기 때문에 빨리 성숙하고 선은 크기 때문에 오랜 세월을 두고 성숙합니다."

"존자여, 세상에서는 빠른 것이 강합니다. 이를테면 어떤 병사가 전장에 뛰어들어 적병을 겨드랑이에 껴안고 재빨리 부대장에게 끌고 왔다고 합시다. 그 병사는 유능한 용사로 칭찬받습니다. 또 어떤 외과 의사가 화살에 맞은 환자를 치료하여 재빨리 살촉을 빼내어 상처를 낫게 하면 그는 명의로 불립니다. 주판 놓는 사람이 신속하게 계산을 해내면 그 사람을 계산의 명수라 합니다. 역사(力士)가 상대편을 신속히 제압하여 넘어뜨리면 그는 힘센 장사라 불립니다.

세상에서는 이와 같이 선이든 악이든 빨리 성숙하는 쪽이 보다 강합니다."

"대왕이여, 선악 양업은 다 내세에 과보를 받습니다. 그러나 악행은 국가의 법망에 걸리므로 현세에도 과보를 받습니다.

예로부터 왕들은 '살인, 절도, 간통, 강도, 사기하는 자는 모두 형벌에 처해야 하며 형벌로는 태형, 상해, 절단, 절골, 사형이 있다.'고 공포하고 이에 해당하는 자를 체포하여 처벌해 왔습니다. 그렇지만 왕들이 '보시를 행하는 자, 계행을 지키는 자, 우포사타를 이행하는 자에게는 재산이나 명예를 주어야 한다.'고 법률을 제정한 적이 있습니까? 도둑질한 자를 찾아내어 처벌하듯이 보시한 자를 찾아내어 포상합니까?"

"존자여, 그렇지 않습니다."

"대왕이여, 만일 왕들이 선한 일을 한 사람을 찾아내어 그에게 재산과 명예를 준다면 선행 또한 현세에서 즐거운 과보를 받을 것입니다. 그러나 그렇게 하지 않으므로 악행처럼 즉각적 결과는 낳지 않습니다."

"잘 알겠습니다, 나가세나 존자여. 당신의 지혜가 아니고는 이렇게 잘 해명해 줄 수가 없습니다."

130. 꿈이란 무엇인가

"나가세나 존자여, 이 세상 사람들은 남녀 모두 꿈을 꿉니다. 좋은 것, 나쁜 것, 전에 본 것, 전에 한 일, 전에 하지 않은 일, 평온한 것, 무서운 것, 자기에게 먼 일, 자기에게 가까운 일, 여러 가지 수많은 것 등 모든 것을 꿈꿉니다. 이 꿈이란 무엇입니까? 또 어떤 것이 꿈을 꿉니까?"

"대왕이여, 꿈이란 마음의 통로로 들어가는 사물의 이미지입니다. 그리고 다음 여섯 가지 것이 꿈을 꿉니다. 즉 풍병 앓는 자, 담즙병 있는 자, 담질 환자, 천신(天神)에게 유인당한 자, 그리고 습관에 의해, 전조(前兆)로부터 꿈을 꿉니다. 그 중 전조로부터 꾸는 꿈만이 진실되고 나머지는 헛것입니다."

"존자여, 전조로부터 꿈꾸는 자는 마음이 스스로 꿈의 대상인 사물에 가서 이미지를 구합니까? 아니면 이미지가 마음의 통로로 들어갑니까? 또는 딴것이 찾아와 이미지를 알립니까?"

"대왕이여, 마음이 스스로 꿈의 대상인 사물에 가서 이미지를 구하는 것도 아니요, 딴것이 찾아와 이미지를 알리는 것도 아닙니다. 바로 이미지가 마음의 통로로 들어갑니다. 이를테면 거울은 자신이 어디 가서 영상을 구하는 것도 아니요, 딴것이 영상을 데려와 거울에 알리는 것도 아닙니다. 바로 영상이 찾아와 거울의 통로(반사작용의 범위)에 들어갑니다.

대왕이여, 마찬가지로 마음이 스스로 꿈의 대상인 사물에 가서 이미지를 구하는 것도 아니요, 또 딴것이 찾아와 이미지를 알리는 것도 아닙니다. 바로 그 이미지가 찾아와 마음의 통로로 들어갑니다."

"존자여, 꿈을 꾸는 마음은 '평온이나 무서운 결과가 있으리라'는 것을 압니까?"

"대왕이여, 꿈꾸는 마음은 '평온이나 무서운 결과가 있으리라'는 것을 모릅니다. 그러나 이미지가 생겼을 때 그는 남에게 이야기하고 그래서 남들은 이미지의 뜻을 말해 줍니다."

"존자여, 비유를 들어 주십시오."

"이를테면 몸에 종기가 생기면 고통이 따라옵니다. 종기 자신이 '바로 이러한 결과를 일으키리라'는 것을 알고 생깁니까?"

"존자여, 그렇지는 않습니다."

"마찬가지로 꿈꾸는 마음이 '평온이나 무서운 결과가 있으리라'고 아는 것은 아닙니다. 이미지가 생겼을 때 그는 남들에게 이야기하고 그래서 남들이 이미지의 뜻을 말해 줍니다."

"존자여, 꿈꾸는 자는 잠을 자면서 꿈니까? 아니면 잠을 깨면서 꿈니까?"

"대왕이여, 꿈꾸는 자는 잠을 자면서 꾸지도 않고 또 잠을 깨면서 꾸지도 않습니다. 졸음이 찾아와 무의식 상태에 이르지 않은 사이에 꿈을 꿉니다. 대왕이여, 잠이 깊이 들어 마음이 무의식 상태에 이르면 그때의 마음은 작용하지 않습니다. 작용하지 않는 마음은 즐거움과 고통을 모릅니다. 마음의 작용이 없을 때 꿈이 없고 마음이 작용하고 있을 때 꿈을 꿉니다.

대왕이여, 암흑 속에서는 거울에도 영상이 비치지 않는 것처럼, 잠이 깊이 들어 무의식 상태에 이르렀을 때 육신은 있어도 마음은 작용하지 않으며 마음이 작용하지 않을 때 꿈을 꾸지 않습니다. 대왕이여, 육신은 거울처럼, 잠은 어둠처럼, 마음은 밝은 빛처럼 볼 것입니다.

대왕이여, 태양이 안개에 가리우면 빛은 보이지 않고 광선은 비치고 있어도 나타나지 않습니다. 태양광선이 나타나지 않을 때 밝은 빛은 없습니다. 마찬가지로 깊은 잠에 떨어진 마음은 무의식 상태에 이르고 무의식 상태에 이른 마음은 작용하지 않으며 마음이 작용하지 않을 때 꿈은 없습니다. 대왕이여, 육신은 마치 태양처럼, 잠은 안개처럼, 마음은 마치 태양광선처럼 볼 것입니다.

대왕이여, 다음 두 가지 경우에 육신은 있어도 마음은 작용하지 않습니다. 즉 잠이 깊이 들어 무의식 상태에 이르렀을 때, 또 멸진정(滅盡定)에 들었을 때 육신은 있어도 마음은 작용하지 않습니다.

대왕이여, 깨어있는 자는 마음이 움직이기 쉽고 개방되고 공개되어 아무것에도 매이지 않습니다. 이미지는 그런 마음의 통로에는 접근하지 않습니다. 이를테면 비밀을 요구하는 사람은 마음이 개방적이고 공개적이며 무능하여 일을 비밀로 지켜 주지 않는 사람을 피하는 것처럼, 신에 관한 초인적 사항은 깨어있는 자의 마음에는 접근하지 않습니다.

그러므로 깨어있는 자는 꿈을 꾸지 않습니다.

대왕이여, 또 비구로서 생활을 파괴하고 바르게 행하지 않고 나쁜 친구와 사귀고 계행을 지키지 않고 게으름을 피우고 노력하지 않는 자에게는 깨달음에 이르는 선법이 마음의 통로에 접근하지 않는 것처럼 신에 관한 사항은 깨어있는 자의 마음의 통로에는 들어가지 않습니다. 그러므로 깨어있는 자는 꿈을 꾸지 않습니다."

"존자여, 잠에는 초·중·종의 구별이 있습니까?"

"그렇습니다. 잠에는 초·중·종의 구별이 있습니다."

"어떤 것이 처음이고 어떤 것이 중간이고 어떤 것이 끝입니까?"

"대왕이여, 육신이 꽁꽁 묶인 듯 힘이 없고 나른한 상태가 처음이요, 얕은 '원숭이 선잠'에 눌려 여러 가지 상념을 일으키는 것이 중간이요, 무의식 상태에 이른 것이 끝입니다. 중간의 '얕은 원숭이 선잠' 상태에서 꿈을 꿉니다. 이를테면 어떤 사람이 신중히 행동하고 마음을 통일하고 부처님의 가르침을 확신하고 소음을 멀리 떠난 숲 속으로 들어가 깊고 미묘한 진리를 생각할 때 그의 마음은 고요히 통일되어 있는 것과 같습니다. 마찬가지로 깨어 있는 것도 아니요, 완전히 잠들어 있는 것도 아니며 그 중간 상태에 들어 얕은 '원숭이 선잠'에 눌려 잠깐 조는 자가 꿈을 꿉니다.

대왕이여, 깨어있음은 소음처럼 보고 얕은 '원숭이 선잠'에 눌린 상태는 마을에서 멀리 떨어진 숲처럼 볼 것입니다. 또 소음을 떠나고 잠을 피하여 마음이 안정된 상태에서 깊고 미묘한 진리를 터득하는 것처럼 깨어있는 것도 아니요, 완전히 잠들어 있는 것도 아닌 '원숭이 선잠'에 눌린 자가 꿈을 꿉니다."

"잘 알겠습니다, 나가세나 존자여. 당신이 말씀하신 그대로라고 나는 믿습니다."

131. 죽음의 시기에 관하여

"나가세나 존자여, 생명체가 죽을 때 그것은 죽을 때가 되어서 죽습니까, 아니면 죽을 때도 아닌데 죽습니까?"

"대왕이여, 죽을 때에 죽기도 하고 죽을 때가 아닌데 죽기도 합니다."

"나가세나 존자여, 어떤 것은 죽을 때에 죽고 어떤 것은 죽을 때가 아닌데 죽습니까?"

"대왕이여, 당신은 전에 망고나무, 잠부나무, 또 다른 과목에서 익지 않은 과일도 떨어지고 익은 과일도 떨어지는 것을 본 적이 있습니까?"

"존자여, 본 적이 있습니다."

"대왕이여, 그 과일들이 나무에서 떨어지는 것은 떨어질 때가 되어 떨어집니까, 아니면 떨어질 때도 아닌데 떨어집니까?"

"나가세나 존자여, 과일이 완전히 익어 떨어지는 것은 모두 떨어질 때에 떨어진 것입니다. 그러나 나머지 과일은 벌레가 먹어 떨어지는 것도 있고 막대에 맞아 떨어지는 것도 있고 바람에 흔들려 떨어지는 것도 있고 썩어서 떨어지는 것도 있습니다. 이것들은 모두 떨어질 때가 아닌데 떨어진 것입니다."

"대왕이여, 마찬가지로 늙어서 죽는 자는 모두 죽을 때 죽는 것입니다. 그러나 나머지는 업인(業因)에 따라 죽기도 하고 태어날 경계에 따라 죽기도 하고 업과(業果)의 작용에 따라 죽기도 합니다."

"존자여, 업인에 따라 죽는 자, 태어날 곳에 따라 죽는 자, 업과의 작용에 따라 죽는 자, 늙어서 죽는 자는 모두 죽을 때가 되어 죽는 것입니다. 또 모태에서 죽는 자, 산실에서 죽는 자, 생후 1~2개월 만에 죽는 자, 백 년 만에 죽는 자도 죽을 때가 되어서 죽는 것입니다.

존자여, 죽을 때가 아닌데 죽는 자는 없습니다. 죽는 자는 모두 죽을 때가 되어서 죽습니다."

"대왕이여, 다음 일곱 종류의 사람은 수명이 더 남아 있는데도 죽는 자들입니다. 즉 굶주린 자가 먹을 것을 얻지 못했을 때, 목마른 자가 마실 물을 얻지 못했을 때, 뱀에 물린 자가 외과의사를 만나지 못했을 때, 독을 마신 자가 아가다 약을 얻지 못했을 때, 불 속에 든 자가 불 끄는 것을 얻지 못했을 때, 물에 빠진 자가 발붙일 곳이 없을 때, 칼에 찔린 자가 의사를 만나지 못했을 때, 그들은 수명이 더 있고 죽을 때가 아닌데 죽어갑니다.

대왕이여, 이 일곱 종류 사람의 경우에 나는 죽음을 일괄해서 말한 것이 아닙니다. 생활하는 생명체가 죽는 데에는 여덟 가지 원인이 있습니다. 그 원인은 풍으로 생긴 병, 담즙으로 생긴 병, 가래로 생긴 병, 위의 세 가지 것이 합쳐서 생기는 병, 계절에서 오는 병, 불규칙한 섭생에서 생기는 병, 심한 상처에서 생기는 병, 업보로 생긴 병 등입니다. 이원인 때문에 생활하는 생명체에 죽음이 있습니다. 이 중 업보에 의한 죽음만이 죽을 때에 죽는 죽음이요, 나머지는 죽을 때가 아닌데 죽는 죽음입니다.

세존께서는 시로 이르셨습니다.

굶주리고 목마르고 뱀에 물리고 독을 마시고
불이나 물이나 칼 때문에 죽는 죽음은
죽을 때가 아닌데 죽는 죽음이다.
풍 · 담즙 · 가래 이 세 가지의 화합, 계절의 변화,
불규칙한 섭생, 심한 상처, 업보에 의한 죽음도

죽을 때가 아닌데 죽는 죽음이다.

　대왕이여, 생활하는 생명체는 모두 전생에 지은 악업의 과보에 의해 죽습니다. 이 여러 가지 악업 중 전생에 남을 굶겨 죽인 자는 몇백천 년간 굶주림에 시달리고 배고파 야위며 심장은 마르고 내장은 타서 청년이든 장년이든 노년이든 목말라 죽습니다. 이것도 죽을 때 죽는 죽음입니다.

　전생에 남을 목말려 죽인 자는 몇백천 년간 목마른 아귀가 되어 비참한 모습으로 야위며 심장은 말라 청년이든 장년이든 노년이든 목말라 죽습니다. 이것도 죽을 때 죽는 죽음입니다.

　전생에 남을 뱀에 물려 죽게 한 자는 몇백천 년간 뱀 입에서 뱁 입으로 들어가고 끊임없이 뱀에 먹혀 청년이든 장년이든 노년이든 뱀에 물려 죽습니다. 이것도 죽을 때 죽는 죽음입니다.

　전생에 남에게 독을 먹여 죽게 한 자는 몇백천 년간 독에 타고 독에 부은 몸뚱이에서 시체로 변해 청년이든 장년이든 노년이든 독으로 죽습니다. 이것도 죽을 때 죽는 죽음입니다.

　전생에 남을 불로 죽인 자는 몇백천 년간 불타는 산에서 불타는 산으로 들어가고 화탕지옥에서 화탕지옥으로 옮겨가며 사지가 불에 타 청년이든 장년이든 노년이든 불에 타 죽습니다. 이것도 죽을 때 죽는 죽음입니다.

　전생에 남을 물에 빠뜨려 죽인 자는 몇백천 년간 육신이 상하고 찢어지고 무너져 무력하게 되며 심장이 떨려 청년이든 장년이든 노년이든 물에 빠져 죽습니다. 이것도 죽을 때 죽는 죽음입니다.

　전생에 남을 칼로 죽인 자는 몇백천 년간 육신이 잘리고 깨어지고 파괴되어 청년이든 장년이든 노년이든 칼에 맞아 죽습니다. 이것도 죽을 때 죽는 죽음입니다."

"나가세나 존자여, 당신은 죽을 때가 아닌데 죽는 일도 있다고 말씀하셨습니다. 그 이유를 들어 주십시오."

"대왕이여, 이를테면 장작 등 연료가 다 타서 저절로 불이 꺼졌다고 합시다. 마찬가지로 몇백천 년간 살다가 수명이 다하여 아무 사고도 없이 죽으면 그는 죽을 때가 되어 죽었다고 합니다. 그러나 장작 등이 타오르다가 그것들이 다 타기도 전에 큰비가 내려 불을 껐다고 합시다. 대왕이여, 이때 불더미는 꺼질 때가 되어서 꺼진 것입니까?"

"존자여, 그렇지 않습니다."

"대왕이여, 똑같이 큰불더미인데 왜 동일한 결과가 되지 않습니까?"

"존자여, 때마침 큰비가 내려 그 불더미가 꺼질 때가 아닌데 꺼졌기 때문입니다."

"대왕이여, 마찬가지로 죽을 때가 아닌데 죽는 자는 모두 다음과 같은 원인으로 죽을 때가 아닌데 죽습니다. 즉 풍으로 생긴 병, 담즙으로 생긴 병, 가래로 생긴 병, 이 세 가지의 화합으로 생긴 병, 계절의 변화로 생긴 병, 불규칙한 섭생으로 생긴 병, 심한 상처로 생긴 병과 굶주림, 목마름, 뱀에게 물림, 음독, 불, 물, 칼 때문에 죽을 때가 아닌데 죽습니다.

또 공중에 거대한 구름이 나타나 비를 내리어 높고 낮은 데 없이 두루 적신다면 그 비는 아무 탈도 사고도 없이 내렸다고 합니다. 대왕이여, 마찬가지로 오랫동안 살다가 나이들어 수명이 다해 아무 탈 없이 죽는 자는 모두 죽을 때가 되어 죽었다고 합니다. 대왕이여, 그러나 공중에 거대한 구름이 나타났는데 갑자기 큰바람이 일어 구름을 없애버렸다면 그 구름은 사라질 때가 되어 사라졌다고 합니까?"

"존자여, 그렇지 않습니다."

"대왕이여, 똑같은 구름인데 왜 동일한 결과를 낳지 않습니까?"

"존자여, 때마침 일어난 바람 때문에 구름은 사라질 때가 아닌데 사라졌기 때문입니다."

"대왕이여, 마찬가지로 죽을 때가 아닌데 죽는 자는 모두 닥쳐온 병들과 불, 물, 칼 때문에 죽을 때가 아닌데 죽습니다. 죽을 때가 아닌데 죽는 이유가 거기에 있습니다.

또 궁수가 화살을 쏘았을 때 화살이 가야 할 곳까지 날았다면 그 화살은 아무 탈도 사고도 없이 가야 할 곳까지 갔다고 합니다. 대왕이여, 그러나 만일 궁수가 화살을 쏘았을 때 누군가가 그 화살을 붙들었다면 그 화살은 가야 할 곳까지 갔다고 하겠습니까?"

"존자여, 그렇지 않습니다."

"대왕이여, 똑같이 쏜 화살인데 왜 동일한 결과를 낳지 않습니까?"

"존자여, 화살을 붙들어 화살의 진행이 끊겼기 때문입니다."

"대왕이여, 마찬가지로 죽을 때가 아닌데 죽는 자는 병이나 재해 때문에 죽을 때가 아닌데 죽습니다.

또 어떤 사람이 구리그릇을 두드린다고 합시다. 두드리면 소리가 나고 그 소리는 먼 데까지 울려퍼집니다. 이때 그 소리는 아무 탈도 사고도 없이 끝까지 울려퍼졌다고 합니다. 마찬가지로 몇 백천 년간 살다가 수명이 다해 아무 탈 없이 죽는 자는 모두 죽을 때가 되어 죽었다고 합니다. 그러나 그 구리그릇을 두드려 소리가 멀리 울려퍼지기 전에 누가 그 그릇을 붙잡는다면 그와 동시에 소리는 멎을 것입니다. 대왕이여, 이때도 그 소리는 끝까지 울려 퍼졌다고 합니까?"

"존자여, 그렇지 않습니다."

"대왕이여, 구리그릇을 똑같이 두드렸는데 왜 동일한 결과를 낳지 않습니까?"

"존자여, 마침 그 그릇을 붙잡았으므로 소리가 멎었기 때문입니다."

"대왕이여, 마찬가지로 죽을 때가 아닌데 죽는 자는 모두 다가온 병들과 불, 물, 칼 때문에 죽을 때도 아닌데 죽습니다.

대왕이여, 또 밭에 잘 성장한 곡식이 적당히 내린 비로 많은 열매를 맺어 온통 주렁주렁 풍성하게 결실을 맺는다면 그 곡식은 재해나 사고 없이 시절을 잘 탔다고 합니다. 마찬가지로 몇백천 년간 살다가 나이 들어 수명이 다해 아무 탈이나 사고 없이 죽는 자는 죽을 때가 되어 죽었다고 합니다.

대왕이여, 그러나 밭에 잘 성장한 곡식이 물이 없어 도중에 말라버린다면 그 곡식도 시절을 잘 탔다고 하겠습니까?"

"존자여, 그렇지 않습니다."

"대왕이여, 똑같이 잘 성장한 곡식인데 왜 동일하게 결실을 맺지 않습니까?"

"존자여, 때마침 더위와 가뭄으로 곡식이 말라버렸기 때문입니다."

"대왕이여, 마찬가지로 죽을 때가 아닌데 죽는 자는 모두 다가온 병들과 불, 물, 칼에 의해 죽을 때가 아닌데 죽습니다. 당신은 아직 익지 않은 푸른 곡식 알에 벌레가 생겨 썩는다는 것을 들은 적이 있습니까?"

"그렇습니다. 듣기도 하고 보기도 했습니다."

"그러면 그 곡식은 때가 되어 썩었습니까, 아니면 때가 되지 않았는데 썩었습니까?"

"존자여, 때가 되지 않았는데 썩었습니다."

"대왕이여, 그 곡식알은 벌레먹지 않고 순리대로 여물면 수확기를 맞습니까?"

"존자여, 그렇습니다."

"대왕이여, 마찬가지로 죽을 때가 아닌데 죽는 자는 다가올 병들과 물, 불, 칼에 의해 죽을 때가 아닌데 죽습니다. 또 이삭이 나와 곡식알이 잘 열렸는데 싸락눈이 내려 곡식을 망가뜨리고 여물지 않게 했다는 이야기를 들은 적이 있습니까?"

"존자여, 그런 것을 듣기도 하고 보기도 했습니다."

"대왕이여, 그 곡식알은 때가 되어 망가졌습니까, 아니면 때가 되지 않았는데 망가졌습니까?"

"존자여, 때가 되지 않았는데 망가졌습니다. 만일 싸락눈이 내리지 않았다면 그 곡식알은 수확기를 맞이할 것입니다."

"대왕이여, 마찬가지로 병이나 굶주림, 목마름, 뱀에 물림, 음독, 불, 물, 칼 등에 의해 죽을 때가 아닌데도 죽음을 맞이합니다."

"나가세나 존자여, 나는 처음 비유를 듣고 이미 '죽을 때가 아닌데 죽는 죽음이 있다.'는 것을 이해했습니다. 그러나 당신의 지혜에서 솟아나는 비유를 더욱 듣고자 짐짓 이해하지 못하는 척했습니다. 당신의 말씀으로 모든 것이 명료히 드러났습니다."

132. 진리관찰자의 자격

"나가세나 존자여, 올바로 실천하는 자에게는 다 진리관찰관(眞理觀察觀)이 있습니까?"

"대왕이여, 어떤 자에게는 있고 어떤 자에게는 없습니다."

"존자여, 어떤 자에게는 있고 또 어떤 자에게는 없습니까?"

"대왕이여, 축생은 올바로 실천하더라도 진리관찰관은 없습니다. 아귀세계에 태어난 자, 삿된 견해가 있는 자, 거짓말하는 자, 어머니를 살해한 자, 아버지를 살해한 자, 아라한을 살해한 자, 승단을 파괴한 자, 부처님 몸에 상처를 낸 자, 도적의 마음을 가지고 승단생활을 하는 자, 이교도의 가르침을 좇아간 자, 비구니를 망친 자, 13중죄 중 하나를 범해 비구의 자격이 정지되어 있는 자, 거세당한 자, 양성(兩性)의 생식기를 가진 자들은 올바로 실천하더라도 진리관찰관은 없습니다. 또 일곱 살 미만의 어린애도 올바로 실천하더라도 진리관찰관은 없습니다. 대왕이여, 설령 이 열여섯 종류의 사람들은 올바로 실천하더라도 진리관찰관은 없습니다."

"존자여, 앞의 열다섯 종류의 사람에게는 진리관찰관이 있건 없건 관계없지만 일곱 살 미만의 어린애가 올바로 실천하더라도 진리관찰관이 없음은 무슨 이유입니까? 어린애에게는 탐·진·치도 없고 미망도 없고 자만심도 없고 삿된 견해도 없고 불만도 없고 욕망을 마음에 품는 일도 없지 않습니까? 번뇌의 때가 묻지 않은 어린애가 순수히 전념하면 사성제를 단번에 통달할 만합니다."

"대왕이여, 일곱 살 미만의 어린애는 설령 올바른 실천을 하더라도 진리관찰관이 없는 이유는 이러합니다.

만일 일곱 살 미만의 어린애가 탐낼 것을 탐내고 성낼 것에 성내고 마음이 엇갈릴 때 엇갈리고 자만을 부릴 때 자만을 부리고 상이한 견해를 식별하고 즐거움과 즐겁지 않은 것을 분별하고 선악을 성찰한다면 그에게도 진리관찰관이 있을 것입니다.

그러나 일곱 살 미만의 어린애 마음은 무력하고 미소하고 병묘하지 않은 데 비해 열반세계는 광대하고도 위대합니다. 일곱 살 미만의 어린애는 그 무력하고 미소한 마음으로 광대하고 위대한 무위열반에 통달할 수 없습니다.

대왕이여, 수메르 산은 무겁고 거대합니다. 어떤 사람이 타고난 힘과 노력으로 수메르 산을 들어올릴 수 있겠습니까?"

"존자여, 그럴 수 없습니다."

"어째서입니까?"

"존자여, 사람은 미력하고 수메르 산은 거대하기 때문입니다."

"대왕이여, 마찬가지로 일곱 살 미만의 어린애 마음은 무력하고 미소해서 광대하고 위대한 무위열반을 통달할 수 없습니다. 그래서 일곱 살 미만의 어린애는 설령 올바로 실천하더라도 진리관찰관이 없습니다. 또 대지는 길고 넓게 뻗쳐있어 광대합니다. 대왕이여, 그 대지를 조그만 물방울로 적셔 짓이길 수 있습니까?"

"존자여, 그럴 수 없습니다."

"어째서입니까?"

"존자여, 물방울은 작고 대지는 광대하기 때문입니다."

"대왕이여, 마찬가지로 일곱 살 미만의 어린애의 마음은 무력하고 미소하여 광대하고 위대한 무위열반계에 도달할 수 없습니다. 그래서 일곱 살 미만의 어린애에게는 설령 올바로 실천하더라도 진리관찰관은 없습니다.

대왕이여, 또 작은 호롱불이 있다고 합시다. 그 약한 불로 우주의 암흑을 헤치고 광명을 드러낼 수 있습니까?"

"존자여, 그럴 수 없습니다."

"어째서입니까?"

"존자여, 호롱불은 약하고 우주는 광대하기 때문입니다."

"대왕이여, 마찬가지로 일곱 살 미만의 어린애 마음은 무력하고 미소하여 광대하고 위대한 무위열반계에 도달할 수 없습니다. 그래서 일곱 살 미만의 어린애는 설령 올바로 실천하더라도 진리관찰관은 없습니다.

대왕이여, 또 병들어 야위고 몸뚱이가 미세한 사아라카 충(蟲)이 있다고 합시다. 몸 세 군데에 발정의 표시가 있고 신장이 8라타나, 나비가 3라타나, 몸둘레가 10라타나, 높이 8라타나인 코끼리왕 우포사타가 다가오는 것을 보고 사아라카 충이 그것을 삼키려고 한다고 해서 그 큰 코끼리를 삼킬 수 있겠습니까?"

"존자여, 삼킬 수 없습니다."

"어째서입니까?"

"존자여, 사아라카 충의 몸은 작고 코끼리왕 우포사타는 크기 때문입니다."

"대왕이여, 마찬가지로 일곱 살 미만의 어린애의 마음은 무력하고 미소하여 광대하고 위대한 무위열반계에 도달할 수 없습니다."

"잘 알겠습니다, 나가세나 존자여. 당신이 말씀하신 그대로라고 나는 믿습니다."

133. 열반의 경지

"나가세나 존자여, 열반은 오로지 안락의 경지입니까, 아니면 괴로움도 섞여 있습니까?"

"대왕이어, 열반은 오로지 안락의 경지입니다. 괴로움은 섞여 있지 않습니다."

"나가세나 존자여, '열반은 오로지 안락의 경지이다.'라는 말을 나는 믿지 않습니다. 나는 '열반은 괴로움도 섞여 있다.'라고 생각합니다. 내가 그렇게 생각하는 이유가 있습니다.

존자여, 열반을 구하는 사람은 몸과 마음으로 갖은 고생을 하며 멈춰 서고 걸어다니고 앉고 눕는 것과 음식을 절제하며 수면을 억제하고 육근(六根)을 제압하며 재산이나 곡식을 버리고 사랑하는 친척이나 친구를 버립니다. 이에 반하여 세상에서 행복을 누리는 자나 행복을 완전히 구비한 자는 오욕을 만족시켜 감관기관을 기쁘게 합니다. 그들은 훌륭한 빛과 모양으로 눈을 즐겁게 하며 아름다운 소리로 귀를 즐겁게 하고 싱싱한 꽃과 각종 좋은 향으로 후각을 만족시키며 훌륭한 요리들로 혀를 즐겁게 하며 부드럽고 섬세한 감촉으로 피부를 기쁘게 하며 선악과 청탁(淸濁)을 성찰하여 뜻을 기쁘게 합니다.

그런데 수행자들은 눈과 귀와 코와 혀와 몸과 마음의 즐거움을 버리고 억제합니다. 그래서 심신의 괴로움을 자초합니다. 그래서 유행자(遊行者) 마아간디야까지도 세존을 비난하며 '고타마는 중생을 죽이는 자다.'라고 말하지 않았습니까? 내가 '열반에는 괴로움이 섞여 있다.'라고 생각한 이유가 여기에 있는 것입니다.'"

"대왕이여, 열반에는 괴로움이 섞여 있지 않으며 오로지 안락만의 경지입니다. 당신이 열반에 있다고 하는 괴로움은 열반 자체에 있는 것이 아니라 열반을 구하는 열반 이전 단계의 성질입니다. 대왕이여, 왕들에게는 권력의 즐거움이 있습니까?"

"존자여, 그렇습니다. 왕들에게는 권력의 즐거움이 있습니다."

"대왕이여, 그 권력의 즐거움에는 괴로움이 섞여 있습니까?"

"그렇지 않습니다."

"그렇다면 왜 왕들은 전장에서 모기, 바람, 열에 시달리며 평지나 험한 곳을 달리며 적과 맞서서 생명의 위험을 무릅쓰고 고생을 합니까?"

"존자여, 그것은 권력의 즐거움이 아니라 권력의 즐거움을 얻기 위한 전단계(前段階)의 일입니다. 왕들은 괴로움으로 정권을 구한 다음 권력의 즐거움을 누립니다. 그러므로 권력의 즐거움에는 괴로움이 섞여 있지 않습니다."

"대왕이여, 마찬가지로 열반은 오로지 안락이요, 괴로움은 섞여 있지 않습니다. 수행자들은 신명을 건 고행을 감수하며 열반을 구합니다. 그 다음 오로지 안락뿐인 열반을 누립니다. 마치 반역도와 적군을 정복한 왕이 권력의 즐거움을 누리듯이.

그리고 학예(學藝)를 배워 통달한 사장(師匠)에게 학예의 즐거움이란 것이 있습니까?"

"그렇습니다. 그에게는 학예의 즐거움이 있습니다."

"대왕이여, 그 학예의 즐거움에 괴로움이 섞여 있습니까?"

"그렇지 않습니다."

"그렇다면 왜 학예를 연마하는 자는 자신의 스승에게 문안인사를 여쭙고 물을 길어오며 방을 청소하며 양치물을 가져가며 음식상을 치우며 몸을 안마해 주며 발을 씻어 주고 목욕을 시켜 주며 자기 생각을 버리고 스승의 마음을 따르며 편히 잠자지 못하고 맛없는 음식을 먹으며 몸을 괴롭힙니까?"

"존자여, 그것은 학예의 즐거움이 아니라 그것을 구하기 위한 이전 단계의 괴로움입니다. 학예의 즐거움과 학예를 구하기 위해 치르는 고통은 별개의 것으로 학예의 즐거움에는 괴로움이 섞여 있지 않습니다."

"대왕이여, 마찬가지로 열반은 오로지 안락뿐이며 괴로움이 섞여 있지 않습니다. 그러나 열반을 구하는 사람은 여섯 가지 감관과 오욕을 억제하며 신명을 건 고행을 감수합니다. 그리고 난 다음 오로지 안락뿐인 열반을 누립니다. 마치 권력을 얻은 왕이 권력의 즐거움을 누리듯이, 그리고 마치 학예에 통달한 사장이 학예의 즐거움을 누리듯이."

"잘 알겠습니다, 나가세나 존자여. 당신이 말씀하신 그대로라고 나는 믿습니다."

134. 열반의 형태와 특징

"나가세나 존자여, 당신이 말씀하시는 그 열반의 형태라든가 위치라든가 햇수라든가 부피를 비유나 인과나 특정한 방법에 의해 드러낼 수 있습니까?"

"대왕이여, 그렇게 할 수 없습니다."

"존자여, 실제로 있는 열반인데 왜 그렇게 하지 못합니까?"

"대왕이여, 대양이란 것이 있습니까?"

"존자여, 있습니다."

"만일 어떤 사람이 '대왕이시여, 대양의 물의 부피는 얼마이며 거기 사는 생물의 수는 얼마입니까?' 하고 질문하면 당신은 어떻게 대답하겠습니까?"

"만일 누가 내게 그런 질문을 한다면 이렇게 대답할 것입니다. '당신은 물어서는 안 될 것을 물었소. 누구든 그런 것을 물어서는 안 되오. 세계 창조론자들도 그런 것을 아직 해명하지 못했고 그 누구도 그런 것은 모를 것이오.' 라고."

"대왕이여, 왜 당신은 실제로 있는 대양에 대한 질문에 그런 대답을 하려고 합니까?"

"존자여, 그런 질문은 인식의 범위를 벗어난 대답을 요구하는 것입니다."

"대왕이여, 실제 있는 대양의 물방울 수라든가 거기 사는 생물의 수를 헤아릴 수 없는 것처럼 실제 있는 열반이지만 그 형태라든가 위치라든가 햇수라든가 부피를 특정한 방법에 의해서 드러내 보일 수는 없습니다.

대왕이여, 신통자재한 자가 대양의 물방울 수나 거기 사는 생물을 계산하더라도 그들조차 열반의 형태라든가 위치라든가 햇수라든가 부피를 드러내 보일 수는 없는 것입니다.

대왕이여, 무색천(無色天)에 사는 신들은 빛도 모양도 없는 몸〔無色身〕을 가지고 있다는 소리를 들은 적이 있습니까?"

"들은 적이 있습니다."

"그러면 그 신들의 형태라든가 위치라든가 나이라든가 몸의 크기 등을 비유, 인과 또는 특정한 방법에 의해 보일 수 있습니까?"

"존자여, 그럴 수 없습니다."

"대왕이여, 그렇다면 그들은 존재하지 않는 것입니까?"

"그렇지 않습니다."

"대왕이여, 실제 있는 무색천의 신들의 형태라든가 위치라든가 나이라든가 몸의 크기를 비유, 인과 또는 특정한 방법에 의해 보일 수 없는 것처럼 실제 있는 열반의 형태, 위치, 햇수, 부피 등을 비유, 인과, 그외의 특정한 방법에 의해서 보일 수는 없습니다."

"존자여, 그렇다고 인정하더라도 열반의 특성에 관해서 어떤 설명도 불가능합니까?"

"특성에 관해서는 무언가 예시할 만한 것이 있을 것입니다."

"존자여, 아무쪼록 열반의 특성에 관하여 조금이라도 이해할 수 있도록 빨리 말씀해 주십시오. 내 마음의 열뇌(熱惱)를 시원스럽고 달콤한 말의 미풍으로 진압해 주십시오."

"대왕이여, 이를테면 연꽃의 한 특징이 열반의 특성 속에 들어 있습니다. 또 물의 두 가지 특성, 아가다 약의 세 가지 특성, 대양의 네 가지 특성, 음식물의 다섯 가지 특성, 허공의 열 가지 특성, 마니주의 세 가지 특성, 붉은 전단의 세 가지 특성, 제호(醍醐)의 세 가지 특성, 산봉우리의 다섯 가지 특성이 열반에 있습니다."

"존자여, 연꽃의 한 가지 특성이 열반에 있다고 당신은 말씀하셨습니다. 연꽃의 어떠한 특성이 열반에 있습니까?"

"대왕이여, 마치 연꽃이 진흙에 더럽혀지지 않듯이 연꽃은 모든 번뇌에 물들지 않습니다. 이러한 연꽃의 특성이 열반에 있습니다."

"존자여, 물의 두 가지 특성이 열반에 있다고 하셨는데 어떠한 특성이 그러합니까?"

"대왕이여, 마치 물이 맑고 시원하여 열뇌를 끄듯이 열반은 청량하여 모든 번뇌의 열염(熱炎)을 끕니다. 이러한 물의 특성이 열반에 있습니다. 그리고 인간과 축생의 갈증을 물이 축여 주듯이 열반은 욕망에 대한 갈애와 생존에 대한 갈애와 생존을 부정하려는 갈애를 없애 줍니다. 이러한 물의 특성이 열반에 있습니다."

"존자여, 아가다 약의 세 가지 특성이 열반에 있다고 당신은 말씀하셨는데 아가다 약의 어떤 특성이 열반에 있습니까?"

"대왕이여, 마치 독으로 고통받는 중생이 아가다 약에 의존하듯이 열반은 번뇌독에 시달리는 중생들의 의지처입니다. 또 아가다 약이 모든 질병을 물리쳐 없애듯이 열반은 모든 괴로움을 없앱니다. 그리고 아가다 약이 불사(不死)의 효력을 가지듯이 열반은 불사의 특성을 가집니다. 이 세 가지 아가다 약의 특성이 열반에 있습니다."

"존자여, 대양의 네 가지 특성이 열반에 있다고 당신은 말씀하셨습니다. 대양의 어떠한 특징이 열반에 있습니까?"

"대왕이여, 마치 대양이 모든 시체에 대해 애증을 떠나 공(空)이듯이 열반은 모든 번뇌의 사해(死骸)를 떠나 공입니다. 또 대양은 광대하여 이 기슭 저 기슭이 없으며 모든 강이 흘러들어도 가득 차는 일이 없듯이 열반은 광대하여 이 언덕〔此岸〕, 저 언덕〔彼岸〕이 없으며 모든 중생이 다 들어서도 가득 차는 일이 없습니다. 그리고 대양이 큰 생물이 사는 곳이듯이 열반은 번뇌의 때를 깨끗이 씻고 신통과 자재력을 얻은 큰 중생 아라한이 사는 곳입니다. 또 대양이 광대한 파도의 꽃을 피우듯 열반도 광명하고 청정한 해탈의 꽃을 피웁니다. 이러한 대양의 네 가지 특성이 열반에 있습니다."

"존자여, 음식물의 다섯 가지 특성이 열반에 있다고 당신은 말씀하셨습니다. 음식물의 어떠한 특성이 열반에 있습니까?"

"대왕이여, 마치 모든 음식물이 모든 생물의 수명을 연장시키듯 열반은 그것을 증득하면 신통력이 증대합니다. 또 음식물이 모든 중생의 형색의 아름다움을 만들어내듯이 열반은 그것을 증득하면 덕의 아름다움이 산출됩니다. 음식물이 중생의 걱정을 진정시키듯이 열반은 그것을 증득하면 모든 중생의 근심을 진정시킵니다. 그리고 음식물이 중생의 기아와 쇠약을 추방하듯이 열반은 그것을 증득하면 모든 중생고의 기아와 쇠약을 없앱니다. 대왕이여, 이러한 음식물의 다섯 가지 특성이 열반에 있습니다."

"존자여, 허공의 열 가지 특성이 열반에 있다고 당신은 말씀하셨습니다. 허공의 어떠한 특성이 열반에 있습니까?"

"대왕이여, 허공은 태어나지도 않고 늙지도 않고 죽지도 않고 사라지지도 않고 재생하지도 않습니다. 그리고 정복될 수도 없고 도둑맞지도 않으며 아무 데도 의존하지 않으며 새들이 훨훨 나는 공간이요, 가로막는 것도 없고 가이없는 것입니다. 마찬가지로 열반은 태어나지도 않고 늙지도 않고 죽지도 않고 사라지지도 않고 재생하지도 않습니다. 그리고 정복될 수도 없고 도둑맞지도 않으며 아무데도 의존하지 않으며 성자들이 자유롭게 거하는 공간이요, 가로막는 것도 없고 가이없는 것입니다. 대왕이여, 허공의 이러한 열 가지 특성이 열반에 있습니다."

"존자여, 마니주의 세 가지 특성이 열반에 있다고 당신은 말씀하셨습니다. 마니주의 어떠한 특성이 열반에 있습니까?"

"대왕이여, 마니주가 모든 욕구를 충족시켜 주듯 열반은 모든 욕구를 충족시켜 줍니다. 마니주가 모든 사람을 기쁘게 하듯 열반은 모든 사람을 기쁘게 합니다. 또 마니주가 광명을 발하듯이 열반은 광명을 발합니다. 이러한 마니주의 세 가지 특성이 열반에 있습니다."

"존자여, 붉은 전단의 세 가지 특성이 열반에 있다고 들었습니다. 그 특성은 무엇입니까?"

"대왕이여, 붉은 전단이 구하기 어렵듯 열반도 증득하기 어렵습니다. 붉은 전단이 비길 데 없는 향기를 지니듯 열반도 비길 데 없는 향기를 지닙니다. 또 붉은 전단이 선인(善人)에게 칭송받듯이 열반은 성자들이 칭송합니다. 이러한 붉은 전단의 세 가지 특성이 열반에 있습니다."

"존자여, 당신은 제호(醍醐)의 세 가지 특성이 열반에 있다고 했습니다. 제호의 어떠한 특성이 열반에 있습니까?"

"대왕이여, 제호가 오색을 구비하고 있듯이 열반은 덕의 미색을 완비하고 있습니다. 제호가 훌륭한 향기를 지니듯 열반은 계행의 향기를 구비하고 있습니다. 또 제호가 탁월한 맛을 가지듯 열반은 선열미(禪悅味)을 갖추고 있습니다. 이러한 제호의 세 가지 특성이 열반에 있습니다."

"존자여, 산봉우리의 다섯 가지 특성이 열반에 있다고 당신은 말씀하셨습니다. 어떠한 특성이 그러합니까?"

"대왕이여, 산봉우리가 우뚝 솟아 있듯이 열반은 우뚝 솟아 있습니다. 또 산봉우리가 움직이지 않듯이 열반도 부동합니다. 산봉우리가 오르기 어렵듯이 열반은 증득하기 어렵습니다. 산봉우리가 모든 씨앗이 싹트지 않는 곳인 것처럼 열반은 모든 번뇌가 자랄 수 없는 경지입니다. 산봉우리가 사람들의 애증을 떠나있는 곳이듯이 열반은 사랑이나 미움을 떠난 세계입니다. 산봉우리의 이러한 다섯 가지 특성이 열반에 있습니다."

"잘 알겠습니다, 나가세나 존자여. 당신이 말씀하신 그대로라고 나는 믿습니다."

135. 열반을 증득하는 방법

"나가세나 존자여, 비구들은 말하기를, '열반은 과거도 아니요, 미래도 아니요, 현재도 아니요, 이미 태어난 것도 아니요, 아직 태어나지 않은 것도 아니요, 응당 태어날 것도 아니다.' 라고 합니다.

존자여, 올바로 실천하여 열반을 증득하는 사람은 이미 생긴 열반을 증득합니까? 아니면 열반을 생기게 한 다음 비로소 이를 증득합니까?"

"대왕이여, 올바로 실천하여 열반을 증득하는 사람은 이미 생긴 열반을 증득하는 것도 아니요, 열반을 생기게 한 다음 증득하는 것도 아닙니다."

"존자여, 은밀히 암시하는 대신 툭 터놓고 공개적으로 해명해 주십시오. 세상사람들은 거기에 대해 의혹에 차 있으니 그런 마음이 짓는 과실의 화살을 꺾어 주십시오."

"대왕이여, 안락하고 정묘(淨妙)한 열반의 세계는 있으며 올바로 실천하는 자는 승자의 가르침에 따라 모든 형성된 것을 통찰하고 지혜로써 열반을 증득합니다. 이를테면 제자가 스승의 가르침에 따라 학문을 지혜로 터득하는 것처럼 올바로 실천하는 자는 승자의 가르침에 따라 지혜로 열반을 증득합니다.

그리고 열반을 재난이 없고 재화가 없고 두려움이 없고 안온하고 청정(淸淨)하고 미묘하다고 보아야 합니다. 이를테면 어떤 사람이 장작을 쌓아 놓고 불을 때는 위에 올라가 고통받다가 힘을 다해 거기서 뛰쳐나와 불 없는 곳으로 가 최상의 안락을 얻는 것처럼 올바로 실천하는 자는 바른 주의력에 의해 탐·진·치 삼종(三種)의 열화(熱火)를 벗어나 최상의 안락인 열반을 증득합니다. 삼종의 열화는 중생의 번뇌요, 열반은 불타지 않는 것으로 보아야 합니다. 또 어떤 사람이 뱀, 닭, 사람의 시체와 똥찌꺼기나 먼지투성이 구멍이나 머리털이 헝클어진 송장이 널린 곳에 빠졌다가 힘을 다해 거기서 벗어나 시체 같은 것이 없는 곳에서 최상의 안락을 얻는 것과 같습니다.

대왕이여, 다섯 가지 욕망의 대상은 시체처럼, 올바로 실천하는 자는 시체가 널린 곳에서 빠져나오려는 사람처럼, 열반은 그런 시체가 없는 곳처럼 보아야 합니다.

대왕이여, 또 어떤 사람이 두려움에 떨고 동요하며 마음이 전도하고 착란해 있다가 힘을 다해 그런 상태에서 벗어나 견고하고 확고부동하고 공포가 없는 곳으로 가 거기서 최상의 안락을 얻는 것처럼 올바로 실천하는 자는 바른 주의력에 의해 공포와 전율에서 벗어난 최상의 안락인 열반을 얻습니다.

어떤 사람이 더러운 진흙, 시궁창, 흙탕에 빠져 있다가 힘을 다해 그런 흙탕에서 빠져 나와 청정무구한 곳으로 가 최상의 안락을 얻는 것처럼 올바로 실천하는 자는 바른 주의력에 의해 번뇌의 더러움에서 벗어난 최상의 안락인 열반을 증득합니다.

대왕이여, 그러면 이제 올바르게 실천하는 자는 어떻게 열반을 증득하는지 봅시다. 올바로 실천하는 자는 모든 형성된 것의 작용을 '무상이다', '고다', '무아다' 라고 깨쳐 생로병사의 모습에서 아무런 안락이나 환희를 기대하지 않고 아무것에도 집착하지 않습니다.

마치 온종일 달구어진 쇳덩이에서 어느 한 곳 붙잡을 만한 곳이 없는 것처럼 모든 형상된 것의 작용을 실상 그대로 파악한 자는 그러한 현실상에서 생로병사의 유전을 보며 거기에서 안락이나 환희는 조금도 발견하지 않고 어느 것에도 집착하지 않습니다.

대왕이여, 어떤 사람이 활활 타는 큰 불더미 속에 들어 있다고 합시다. 고통 속에 형성된 모든 것에 대해 공포를 발견할 때 이런 생각을 일으킵니다.

'삼계는 불타고 있다. 고통과 번뇌의 불이 꺼진 자(者)이면 누구든 도달할 수 있는 적정(寂靜)하고 절묘한 곳, 모든 형성된 것이 휴식하고 윤회하는 생존을 형성하는 모든 소인(素因)이 사라진 곳, 그곳은 애집이 무너지고 탐욕을 벗어나고 번뇌가 없어진 열반이다.'

이같이 하여 모든 형성된 것의 작용이 없는 상태를 얻으면 그의 마음에 용기와 환희가 생겨 '드디어 나는 출리(出離)를 성취했다.' 고 확신합니다.

대왕이여, 또 어떤 사람이 길을 잘못 들어 낯선 땅을 밟았을 때 목적지로 가는 길을 찾았다면 그는 기쁨과 용기를 얻어 '나는 바른길을 찾았다.' 고 말합니다.

마찬가지로 모든 형성된 것의 작용에서 공포를 발견하고 그런 작용이 없는 상태를 얻는다면 그는 거기서 용기와 기쁨을 얻고 '드디어 나는 출리를 성취했다.' 하고 확신합니다. 그리고 그는 모든 형성된 것의 작용이 없는 상태에 이르는 길을 향해 노력하고 탐색하며 수행을 쌓습니다. 그렇게 하여 그의 마음에 전념(專念)과 정려(精勵)와 희열(喜悅)이 확립되며 그의 마음을 끊임없이 거기에 경주할 때 모든 작용을 초월하여 작용이 없는 상태에 이릅니다. 대왕이여, 이런 것을 가리켜 '모든 형성된 것의 작용이 없는 상태에 이르며 올바로 실천하는 자는 열반을 증득한다.' 고 말합니다."

"잘 알겠습니다, 나가세나 존자여. 당신이 말씀하신 그대로라고 나는 믿습니다."

136. 언제 어디서나 증득되는 열반

"나가세나 존자여, 열반이 있는 땅은 동쪽에 있습니까, 아니면 남쪽에 있습니까, 아니면 서쪽에 있습니까, 아니면 북쪽에 있습니까, 아니면 위쪽에 있습니까, 아니면 아래쪽에 있습니까, 아니면 지평선 위에 있습니까?"

"대왕이여, 열반이 비치된 땅은 동서남북 상하좌우 어느 특정한 곳에 있는 것이 아닙니다."

"존자여, 만약 열반이 비치된 땅이 없다면 열반 또한 없습니다. 없는 열반을 증득한다는 것도 있을 수 없습니다. 대지에는 곡식이 성장하는 밭이 있고 향기를 뿜는 꽃이 있으며 꽃을 피우는 관목이 있고 과일을 맺는 나무가 있고 보석이 나는 광산이 있어 누구든 그 중 어떤 것이라도 자기가 바라는 것을 그곳에 가 얻어옵니다. 마찬가지로 열반이란 것이 있다면 그 열반이 비치된 곳도 있어야 합니다. 열반이 비치된 곳이 없다면 열반이란 것도 없으며 따라서 없는 열반을 증득한다는 것도 있을 수 없는 일입니다."

"대왕이여, 열반이 비치된 곳은 없습니다. 그러나 열반은 존재합니다. 올바로 실천하는 자가 바른 주의력에 의해 열반을 증득합니다. 불을 비치해 둔 곳은 없지만 부싯돌을 부비면 불이 생기는 것처럼 열반은 있지만 그것을 비치해 둔 곳은 없으며 올바로 실천하는 자가 바른 주의력에 의해 열반을 증득합니다.

대왕이여, 또 전륜성왕이 갖는다는 칠보(七寶), 즉 윤보(輪寶)·백상보(白象寶)·감마보(紺馬寶)·마니보(摩尼寶)·옥녀보(玉女寶)·거사보(居士寶)·장군보(將軍寶)는 있지만 그 보배들이 비치된 곳은 없습니다. 크샤트리아 중 올바로 실천하는 자의 실천력에 의해 그 보배가 그에게 돌아오는 것처럼 열반은 있어도 그것이 비치된 곳은 없으며 올바로 실천하는 자가 바른 주의력에 의해 열반을 증득합니다."

"나가세나 존자여, 열반이 비치된 곳이 없다면 그렇다고 해둡시다. 그런데 올바로 실천하는 자가 발을 붙이고 열반을 증득할 의지처는 있습니까?"

"대왕이여, 있습니다."

"존자여, 그러면 무엇을 바로 실천하는 자가 발을 붙이고 열반을 증득할 의지처로 삼습니까?"

"대왕이여, 계행(戒行)이 의지처입니다. 사람이 계행에 발을 붙이고 똑바로 정진한다면 샤카 국(國)이든 야바나 국(國)이든 치나든 비라아타든 알라산다든 니쿤바든 카시이든 코살라든 카슈미라든 간다라든, 또 수미산 꼭대기든 범천계든 어디에 발을 붙이더라도 올바로 실천하는 자가 열반을 증득합니다.

대왕이여, 이를테면 눈 있는 사람은 누구나 샤카 국이든 야바나 국이든 치나든 비라아타든 알라산다든 니쿤바든 카시이든 코살라든 카슈미라든 간다라든, 또 수미산 꼭대기든 범천계든 어디에 발을 붙이더라도 허공을 보는 것과 같습니다.

대왕이여, 또 어느 나라, 어느 지방, 어느 세계 어떤 곳에 발을 붙이고 있더라도 동쪽이 있는 것처럼 사람이 계행에 발을 붙이고 바로 정진한다면 어느 곳에 발을 붙이고 있더라도 그는 열반을 증득합니다."

"잘 알겠습니다, 나가세나 존자여. 당신이 말씀하신 그대로라고 나는 믿습니다."

137. 두타행에 관하여

왕은 숲 속에 사는 비구들이 두타행의 공덕에 깊이 빠진 것을 보았다. 또 재가자들이 다시는 윤회하는 생존으로 돌아가지 않는 경지〔不還果〕에 이른 것도 보았다. 이 두 경우를 관찰하고 왕에게 이러한 두 가지 큰 의문이 생겼다.

'만일 재가자들도 진리를 깨친다면 출가자가 실천하는 두타행은 무슨 의미가 있는가. 자아, 다른 논사들의 학설을 물리치고 삼장(三藏)에 통달한 최상의 논사에게 질문하자. 그는 나의 의혹을 제거해 줄 것이다.'

그리하여 밀린다 왕은 나가세나 존자를 찾아가 인사드리고 한편으로 비켜앉은 다음 물었다.

"나가세나 존자여, 속가에 있는 재가자로 모든 욕망을 누리고 처자와 함께 살며 카시이 산(産) 전단향을 사용하고 화환을 달고 금은을 저장하며 마니주, 진주, 황금으로 꾸민 각종 관을 쓰면서도 진실로 제일의(第一義)의 열반을 증득한 자가 있습니까?"

"대왕이여, 그런 사람은 백 명 정도가 아닙니다. 한두 명에 그치는 것이 아니라 수백만 명이 넘습니다. 슈라바스티〔舍衛城〕에 세존의 많은 제자들이 있었는데 그 절반 이상이 다시는 윤회하지 않는 경지에 이르렀습니다. 그들은 모두 출가자였고 재가자가 아니었습니다.

세존께서 이 세상에 계신 동안 세존께서 머문 3개 지방과 16대국에서는 언제 어디서나 다름없이 신이나 사람들이 진실한 제일의 열반을 증득했습니다. 신들은 대개 재가자였고 출가자가 아니었습니다. 그들은 출가하지 않고 모든 욕망을 향수하는 재가자였지만 제일의 열반을 증득했습니다."

"존자여, 만일 모든 욕망을 향수하는 재가자도 제일의 열반을 증득한다면 출가자는 두타행를 행할 필요가 무엇이 있습니까?"

"대왕이여, 다음 스물여덟 가지 두타행의 공덕은 그것들이 본래 가지고 있는 참공덕입니다. 그러한 공덕 때문에 두타행의 수지는 모든 부처에게 요구되고 욕망되었습니다.

대왕이여, 여기 스물여덟 가지 두타지에 대한 공덕을 들겠습니다. 두타지는 청정한 생활, 안락한 과보, 죄과가 없는 것, 남을 괴롭힘이 없는 것, 두려움이 없는 것, 번잡함이 없는 것, 오로지 선을 증대시키는 것, 선을 잃지 않는 것, 마음을 속이지 않는 것, 자신을 수호하는 것, 바라는 것을 주는 것, 일체 중생을 통어하는 것, 자기를 통제하는 이익이 있는 것, 출가생활에 알맞은 것, 두타지를 수지하는 자는 아무것에도 의존하지 않으며, 속박에서 벗어나 있으며, 탐·진·치를 벗어나 있으며,

미망을 없애고 있으며, 자만심을 버리고 있으며, 비뚤어진 사고를 단절하고 있으며, 의혹을 넘어서 있으며, 태만심을 때려 부수고 있으며, 불쾌감을 버리고 있으며, 두타지는 인내로 실천해야 하는 것, 그 공덕은 다른 것에 비할 바가 아닙니다.

대왕이여, 이 스물여덟 가지 두타지에 대한 공덕은 그것들이 본래 갖고 있는 참공덕입니다. 그러한 공덕 때문에 두타지의 수지는 모든 부처에게 요구되고 요망되었습니다.

대왕이여, 두타지를 똑바로 수지하는 자는 모두 열여덟 가지 공덕을 완비하고 있습니다. 이 열여덟 가지 공덕을 여기 들겠습니다. 그들의 행동은 극히 청정하며, 실천도(實踐道)는 완성되어 있고, 신체적 행위와 언어행위는 잘 보호되어 있고, 의사는 극히 청정하며, 정진은 잘 행해지고, 공포는 없어지고, 개아(個我)의 상주성(常住性)과 그에 수반되는 모든 견해를 여의고, 노기는 진정되고, 자애심이 확립되며, 음식에 관한 세 가지 바른 관찰이 완전히 터득되고, 모든 중생들에게 존경받으며, 음식의 적량을 알고, 누워 자지 않고 수행에 힘쓰며, 집이 없고, 쾌적한 장소면 어디든 살며, 악을 싫어하고, 고독을 즐기며, 항상 방종하지 않습니다. 대왕이여, 두타행을 제대로 수행하는 자는 모두 이러한 열여덟 가지 공덕을 완비하고 있습니다.

대왕이여, 다음 열 가지 사람은 두타지를 수지할 만합니다. 믿음이 있고, 악에 대하여 부끄러워할 줄 알고, 확고하고, 속이지 않으며, 목적을 지향하는 자요, 경박하지 않으며, 학습을 욕구하고, 계율을 견지하고, 선정을 많이 익히고, 자애심으로 사는 사람입니다. 대왕이여, 이 열 가지 사람은 두타지를 수행할 만합니다.

대왕이여, 대체로 속가에 살며 모든 욕망을 향수하는 재가자로 진실하고 제일의(第一義) 열반을 증득하는 자들은 전생에 이미 열세 가지 두타지를 익혀 열반을 증득할 기초를 닦았습니다. 그들은 전생에 행의와 실천을 정화하여 이제 재가자의 몸으로 진실하며 제일의 열반을 증득합니다. 이를테면 훌륭한 궁술사는 먼저 궁술을 자세히 배운 다음 왕밑에서 실제 공을 쌓아 여러 가지 하사품을 받는 것처럼 속가에 살며 모든 욕망을 향수하면서도 제일의 열반을 증득하는 자는 모두 전생에 열세 가지 두타지를 이미 익혀 열반을 증득할 기초를 닦았습니다. 그리고서 최상의 정진과 실천, 적절한 스승과 선량한 벗에 의해 아라한의 경지를 증득합니다.

대왕이여, 두타의 여러 가지 항목을 익혀 청정하게 되지 않는 자에게 법안(法眼)이란 있을 수 없습니다. 이를테면 물을 대지 않으면 식물이 생장하지 않는 것처럼, 또 선을 행하지 않은 자가 좋은 곳에 태어나지 않는 것처럼 두타의 여러 가지 항목을 통해 정화되지 않는 자에게 법안이란 있을 수 없습니다.

대왕이여, 두타행이란 대지와 같습니다. 그것은 청정을 바라는 자들을 위한 안정처이기 때문입니다. 또 두타행은 물과 같습니다. 그것은 청정을 바라는 자들을 위해 모든 번뇌의 때를 씻어내기 때문입니다. 또 두타행은 불과 같습니다. 그것은 모든 번뇌의 밀림을 불태워 버립니다. 두타행은 바람과 같습니다. 그것은 모든 번뇌의 먼지를 날려버리기 때문입니다. 두타행은 아가다 약과 같습니다. 그것은 모든 번뇌의 병을 치유하기 때문입니다. 두타행은 감로수와 같습니다. 그것은 모든 번뇌의 독을 녹여버리기 때문입니다. 두타행은 농지와 같습니다. 그것은 사문의 공덕이란 곡식을 성장시키기 때문입니다. 두타행은 마니주와 같습니다. 그것은 애호되고 열망되는 모든 것을 성취시켜 주기 때문입니다. 두타행은 배(船)와 같습니다. 그것은 윤회하는 대양을 건네 주기 때문입니다. 두타행은 피난처와 같습니다. 그것은 나고 죽는 공포로부터 구해 주기 때문입니다. 두타행은 어머니와 같습니다. 중생이 번뇌의 고통으로 신음할 때 안아 주기 때문입니다. 또 아버지와 같습니다. 그 것은 선을 증대시키려 할 때 사문의 모든 공덕을 생기게 하기 때문입니다. 두타행은 친구와 같습니다. 그것은 청정을 바라는 자들이 사문의 모든 공덕을 구할 때 속이지 않기 때문입니다. 두타행은 연꽃과 같습니다. 번뇌의 흙탕에 더럽혀지지 않기 때문입니다. 두타행은 고급 향과 같습니다. 번뇌의 악취를 없애 주기 때문입니다. 두타행은 수미산과 같습니다. 세간의 바람으로 동요되지 않기 때문입니다. 두타행은 강과 같습니다. 그것은 번뇌의 때를 씻어내기 때문입니다. 두타행은 훌륭한 안내자와 같습니다. 그것은 생존의 험로와 번뇌의 밀림을 건네주기 때문입니다. 두타행은 잘 닦여진 거울과 같습니다. 그것은 모든 형성된 것의 실상을 보여 주기 때문입니다. 두타행은 방패와 같습니다. 번뇌의 몽둥이, 화살, 칼을 막아 주기 때문입니다. 두타행은 달과 같습니다. 그것은 달과 같이 애호받고 사랑받기 때문입니다. 두타행은 해와 같습니다. 그것은 미망의 어둠을 몰아내기 때문입니다. 두타행은 바다와 같습니다. 그것은 바다와 같이 무한량의 보배를 저장하고 있기 때문입니다.

대왕이여, 두타행의 공덕은 무량하며 최고 최상의 것입니다. 그래서 수행자는 도인의 모든 공덕을 쌓기 위하여 신성한 두타행을 수지합니다. 두타행을 실행함은 도인의 종자를 성장시키기 위하여, 번뇌의 때를 소각하기 위하여, 애집의 목마름을 치유하기 위하여, 진리 관찰에 의해 평안을 얻기 위하여, 도인의 공덕을 수호하기 위하여, 선정을 닦기 위하여, 칠각지(七覺支)의 뛰어난 보배를 산출하기 위하여, 요가 행자들을 장엄하기 위하여, 모든 도인의 성역에서 무애자재하게 되기 위함입니다.

대왕이여, 탐욕스럽고 사악한 자들이 명리를 바라고 두타행을 수지하는 자는 두 종류의 벌을 받으며 또 가지가지의 죽음을 당합니다. 그는 현세에서 경멸·비난받고 축출·추방당합니다. 내세에도 불길과 화염으로 차 있는 무간지옥에서 물거품 끓어오르듯 상하좌우로 떠돕니다. 그 화탕에서 나오면 사지는 수척하고 조잡하고 새까맣게 되며 머리는 팽창되고 귀는 찢기어 있고 눈은 쉴새없이 깜박거리고 전신이 상하고 썩어 벌레가 들끓으며 창자는 불타고 울부짖고 비명지르는 도인 형상의 대소갈아귀(大燒渴餓鬼)가 되어 방황하며 비명을 지릅니다.

대왕이여, 이를테면 어떤 사람이 비천하고 열등한 몸으로 대관식을 갖고 왕위에 올랐다면 그에게 돌아오는 것은 결국 갖은 형벌뿐일 것입니다. 그러나 어떤 사람이 승단에 안주하며 소욕지족하며 고독을 즐기고 애써 정진하며 남을 속이지 않고 음식을 탐하지 않으며 명리를 구하지 않으며 삼보에 대한 믿음이 확고하고 '부처님의 가르침을 기어이 터득하리라.' 다짐하고 두타지를 수지하는 자는 두 종류의 공양을 받을 만합니다.

첫째, 그는 모든 신과 사람에게 사랑받고 아낌받고 부러움을 받습니다. 마치 감로수가 목마른 자에게, 마니보주가 소원을 이루려는 자에게, 진수성찬이 배고픈 자에게 사랑받고 아낌받고 부러움받는 것과 같습니다.

둘째, 그는 사념처(四念處)를 완전히 수행하고 사정근(四正勤), 사신족(四神足), 오근(五根), 오력(五力), 칠각지(七覺支), 팔지성도(八支聖道)를 완전히 수습하며 마음의 안정〔止〕과 바른 관찰〔觀〕을 증득하며 깨달음의 실천이 원숙하며 사사문과(四沙門果), 사무애해(四無碍解), 삼명육통(三明六通)과 도인의 모든 수행을 성취합니다. 그는 해탈의 순결무구한 흰 양산을 받치고 해탈 위에 오르는 관정식을 받습니다. 이를테면 고귀한 가문에 태어난 크샤트리아 왕이 대관하여 왕위에 올랐을 때 수많은 수하가 모이듯 해탈 위에 오른 수행자는 승단의 지도자가 될 만합니다.

열세 가지 두타지란 분소의를 입는 것, 세 벌 이상의 옷을 가지지 않는 것, 언제나 걸식으로 음식을 얻는 것, 집을 가리지 않고 걸식하는 것, 한자리에서 식사하고 다 먹을 때까지 일어나지 않는 것, 식사를 마친 다음 다시 먹지 않는 것, 숲 속에서 사는 것, 나무 밑에서 정좌하는 것, 집 밖에서 사는 것, 분묘에 사는 것, 지정된 자리에 만족해 사는 것, 언제나 앉아 있고 눕지 않는 것, 걸식으로 얻는 음식만 먹는다 등입니다.

이 열세 가지 두타지가 전생에 수련되고 체화되어 원만히 성취되었으므로 이생에 비록 두타지를 수행하지 않더라도 그는 도인의 모든 경지에 이르고 완전한 선정이 성취됩니다.

대왕이여, 우피세나 방간다풋타 장로는 번뇌를 근절하는 두타지를 온전히 수행했습니다. 그가 슈라바스티에서 문제를 일으킨 비구들을 이끌고 독좌의 사유에 들어있는 세존을 찾아가 머리를 조아려 경배하고 한쪽으로 비켜앉자 세존은 대중이 잘 통솔되어 있는 것을 보고 만족하여 청정한 범음(梵音)으로 이렇게 말씀하셨습니다.

'우파세나야, 실로 너의 대중은 기쁨에 넘쳐 있다. 너는 어떻게 대중을 지도했느냐?'

우파세나는 공손히 말했습니다.

'세존이시여, 어떤 사람이 저에게 와 제자가 되기를 원하면 저는 숲 속에서 살고 누더기를 입고 언제나 걸식하며 살아가는데 만일 당신도 그런 고행을 할 수 있다면 제자로 받아들이겠다고 말했습니다. 만일 그가 제 말에 찬동하고 기쁘게 숲에서 머물면 그를 제자로 받아들였고 그렇지 않으면 받아들이지 않았습니다. 세존이시여, 저는 그렇게 대중을

지도했습니다.'

　대왕이여, 이렇듯 두타지를 온전히 수행하는 자는 승단의 지도자 자격이 있으며 적정한 선정력이 그의 것이 됩니다. 대왕이여, 성장한 연꽃은 충실한 종자에서 생겨 만인의 사랑을 받듯 전생에 원만히 닦은 열세 가지 두타행의 종자로부터 핀 수행의 공덕은 서른 가지로 드러납니다. 서른 가지 공덕이란 이러합니다. 즉 마음은 애정에 넘쳐 부드럽고 유화하며, 한없이 자비롭고, 번뇌는 분쇄되어 섬멸되어 있고, 교만과 자존은 타파되어 없고, 믿음은 확고부동하여 미혹되지 않고, 항상 만족하며, 마음이 통일되어 있고, 계행을 성취하고 있으며, 모든 신과 사람에게 사랑받고 공경받으며, 성자와 현인의 칭찬을 받으며, 이승에서나 저승에서나 세속에 물들지 않고, 하찮은 죄에도 두려움을 보며, 도과(道果)를 이루며, 필수품의 공양이 끊이지 않으며, 집 없이 밖에서 자고, 극히 수승한 선정에 들어 전심하고, 번뇌의 그물코를 풀며, 오개(五蓋)와 오취(五趣)를 헐어 부수고, 마음은 흔들리지 않습니다. 계율이 청정하고 윤회의 사슬을 끊고 모든 의혹을 뛰어넘고 해탈의 길에 전심하며 진리를 직시하고 번뇌를 남김없이 없애며 선정을 성취하며 모든 도인의 덕을 구비하고 확고부동한 열반에 도달합니다.

　대왕이여, 사리풋타 장로는 십력자(十力者)요, 세상의 도인인 부처님을 제외하고 일만 세계에서 최고자가 아닙니까. 장로도 무량겁에 걸쳐 선근을 쌓고 바라문 가문에 태어나 부귀영화를 버리고 승단에 출가했습니다. 그래서 열세 가지 두타의 덕으로 몸과 마음을 조어하여 공덕을 구비하고 세존의 가르침을 받들어 법륜을 굴렸습니다.

　대왕이여, 세존께서는 에쿳타라 니카야[增支部]에서 이르시길, '비구들아, 여래가 굴린 무상진리의 법을 올바로 굴리는 자는 사리풋타뿐, 그밖에 한 사람도 나는 보지 못했다. 사리풋타는 여래가 굴린 무상

진리의 바퀴를 올바로 따라 굴린다.' 라고 하셨습니다."

"잘 알겠습니다, 나가세나 존자여. 아홉 가지로 구성된 부처님 말씀〔九分佛語〕과 출세간행(出世間行)과 광대무변한 수행의 성취를 이루는 것은 모두 열세 가지 두타의 공덕에 포함됩니다."

138. 추리에 관한 난문

그때 밀린다 왕은 나가세나 존자가 있는 곳으로 갔다. 가까이 다가가 존자에게 인사하고 한쪽에 앉았다. 왕은 무지의 암흑을 깨뜨리고 명지의 광명을 얻고 싶어 특별한 용기와 조어된 마음을 가지고 존자에게 물었다.

"나가세나 존자여, 당신은 부처님을 뵌 적이 있습니까?"

"뵌 적이 없습니다."

"그러면 당신의 스승은 부처님을 실제로 뵌 일이 있습니까?"

"아닙니다, 대왕이여."

"존자여, 당신도 부처님을 뵌 적이 없고 당신의 스승도 부처님을 뵌 적이 없다면 부처님은 실재하지 않습니다."

"대왕이여, 당신의 종성(種姓)의 선조인 옛 크샤트리아들은 실제로 있었습니까?"

"그렇습니다. 의심할 나위 없이 우리 종성의 선조인 옛 크샤트리아들은 실제로 있었습니다."

"그러면 당신은 옛 크샤트리아들을 본 적이 있습니까?"

"없습니다."

"그러면 당신을 가르친 스승들은 옛 크샤트리아를 본 적이 있습니까?"

"없습니다."

"대왕이여, 당신도 옛 크샤트리아를 실제로 본 적이 없고 그대의 스승들도 그러하다면 옛 크샤트리아들은 어디 있습니까? 이 세상에는 옛 크샤트리아의 존재를 알 수 없습니다."

"존자여, 옛 크샤트리아들이 사용한 유물들이 아직 남아 있고 우리는 그것으로 그들이 실재한 것을 알고 또 믿습니다."

"대왕이여, 우리도 마찬가지로 부처님이 실재하신 것을 당신이 남기신 무상의 가르침이란 유물로 알 수 있으며 또 믿습니다. 대왕이여, 정각자인 세존이 설하신 7대 덕목, 즉 사념처 · 사정근 · 오근 · 오력 · 칠각지 · 팔지성도가 있으며 그것으로 모든 신과 사람은 '세존이 실재했다.' 는 것을 알고 또 믿습니다."

"존자여, 비유를 들어 주십시오."

"대왕이여, 도시 건설자가 도시를 건설한다고 합시다. 그는 적절한 터를 선정하여 땅의 자갈과 나무뿌리를 제거하여 땅을 반반히 고른 다음 그 위에 도시를 세웁니다. 땅은 정확히 측량되어 실용적이고 체계적으로 구획됩니다. 참호와 보루를 만들고 튼튼한 성벽과 성문과 망탑을 세우고 넓은 왕도를 중심으로 많은 도로가 이어지며 상섬들이 질서 정연하게 늘어서고 아름다운 공원, 호수 등이 완비되고 장엄한 사원도 건축됩니다. 그 도시는 융성하여 온갖 계급과 온갖 직업과 온갖 지방 사람들이 거주하고 드나들며 풍요와 평화를 누립니다. 이 도시에 들어오는 자는 그 아름다운 도시를 보고 '이 도시의 건설자는 참 훌륭하다.' 라는 것을 추리해 알 것입니다.

마찬가지로 승자 세존께서는 진리의 성(城)을 구축하셨습니다. 대왕이여, 세존께서 건설하신 진리의 성은 계행을 보루로 하고 죄의 부끄러움을 참호로 하며 명지(明知)를 성채로 하고 정진을 망탑으로 하고 신앙을 지주로 하고 전념을 수문장으로 하며 지혜를 궁궐로 하며 경(經)을 행길로 하고 논(論)을 네거리로 하고 율(律)을 법정으로 하고 네 가지 전주(專注)를 가로(街路)로 합니다. 네 가지 전주의 가로에는 다음과 같은 상점들이 늘어서 있습니다. 즉, 꽃집, 향료집, 과일집, 아가다약포, 약방, 감로(불사의 영약)포, 보석점, 백화점 등입니다."

"존자여, 세존의 꽃집이란 무엇입니까?"

"대왕이여, 세존께서는 마음을 통일하는 수단이 되는 표상을 구별하는 것을 설하셨습니다. 즉 무상의 표상, 무아의 표상, 부정(不淨)의 표상, 생존에 수반되는 악랄한 과오를 아는 표상, 악을 끊는 표상, 탐욕을 여의는 표상, 모든 욕망을 없애는 표상, 일체 세속일에 안락을 인정하지 않는 표상, 일체 형성된 것은 무상하다는 표상, 들고 나는 호흡 수를 세며 마음을 통일하는 전념, 팽창의 표상, 검푸르게 변해간다는 것을 아는 표상, 깨져 없어지는 표상, 난폭하게 먹어 흐트러지는 표상, 산란(散亂)되어 있는 표상, 산산이 잘리어 있는 표상, 피투성이가 되어 있는 표상, 구더기가 생기는 표상, 해골의 표상, 자애의 표상, 비련(悲憐)의 표상, 동정의 표상, 냉정의 표상, 죽음의 표상, 육신에 관한 표상 등입니다.

대왕이여, 세존께서는 마음을 통일하는 수단이 되는 표상의 구별을 설하셨습니다. 생로병사에서 벗어나려는 자는 누구든 그 중요한 표상을 마음을 통일하는 대상으로 삼음으로써 탐·진·치와 자만과 사견에서 해탈하여 애집의 강을 건너고 윤회의 강을 건너 티없이 정결한 진리의 성에 안주해야 함을 세존께서는 말씀하셨습니다.

'선업(善業) 값을 가지고 상점으로 가라. 마음을 통일하는 표상을 산 다음 해탈에서 해탈하라.'"

"잘 알겠습니다, 존자여. 그러면 세존의 향점(香店)이란 무엇입니까?"

"대왕이여, 세존께서는 계행을 구별하실 것을 설하셨습니다. 계행의 향을 바른 세존의 아들들은 신과 사람들을 계행의 향으로 훈습하고 사방에 꽃다운 향기를 감돌게 합니다. 계는 삼귀계(三歸戒), 오계(五戒), 팔지계(八支戒), 십지계(十支戒), 율의계(律儀戒)로 구별합니다. 대왕이여, 이것이 세존의 향점에서 파는 물건입니다. 세존께서는 시로 읊으셨습니다.

> 꽃향기는 바람을 거스르지 못한다
> 전단향도, 타가라 향도, 마스리카 향도 그렇다
> 그러나 사려 깊은 선사(善士)의 향기는
> 바람을 거슬러서도 흘러간
> 선행 짓는 사람의 향기는 사방으로 퍼진다
> 전단, 타가라, 푸른 연꽃, 밧시키 등의 방향 중에서
> 계행의 향기가 최고이다
> 전단이나 타가라의 향은 미소하지만
> 계행의 향기는 최고이며
> 모든 신에까지 풍겨간다."

"잘 알겠습니다, 존자여. 그러면 세존의 과일점이란 무엇입니까?"

"대왕이여, 세존께서는 수행의 결과로 얻어지는 모든 과위(果位)를 설하셨습니다. 즉 수다원과, 사다함과, 아나함과, 아라한과, 그리고 일체 사상(事象)을 공이라 관하는 심통일의 경지[空果等至], 일체 사상

의 차별상을 떠나 있는 심통일의 경지〔無相果等至〕, 일체의 것에 염원
이 없는 심통일의 경지〔無願果等至〕 등입니다. 이런 경지를 얻고자 하
는 자는 누구든 선업의 값을 치르고 일정한 경지를 구할 수 있습니다.

이를테면 어떤 사람이 일년 내내 과일이 열리는 망고나무를 가지고
있다고 합시다. 망고를 살 사람이 왔을 때 그는 이렇게 말할 것입니다.
'여보시오, 이 망고나무에는 일년 내내 과일이 열립니다. 여기서 당신
이 원하는 과일, 즉 전혀 익지 않은 것, 너무 익은 것, 털이 붙은 반 익
은 것, 설익은 것, 다 익은 것 등 원하는 대로 적당한 값을 치르고 따 가
시오.' 라고 말입니다. 사러 온 사람은 값을 치르고 원하는 과일을 따
갈 것입니다. 마찬가지로 자기가 바라는 과위를 얻고자 하는 사람은 선
업 값을 치르고 자기가 바라는 경지를 얻습니다.

사람들은 선업 값을 치르고
불사(不死)의 과일인 아라한의 경지를 얻는다
불사의 과일을 딴 사람은 그로 인해 행복하리라."

"잘 알겠습니다, 존자여. 그러면 아가다 약포란 무엇입니까?"
"대왕이여, 세존께서는 모든 신과 사람의 번뇌의 독을 해독시키는
아가다 약인 사성제를 설하셨습니다. 네 가지 성스러운 진리인 사성제
는 이렇게 이루어져 있습니다. 즉 모든 것은 고(苦)의 진실상임을 깨치
는 성스러운 진리, 그 고의 원인은 집(集)임을 깨치는 성스러운 진리,
고를 다 없애는 경지를 깨치는 성스러운 진리, 그 경지에 이르는 바른
실천도를 깨치는 성스러운 진리입니다. 최상의 지견을 찾아 사성제의
가르침을 듣는 자는 누구든 괴로움의 바다에서 벗어나 해탈에 이릅니
다. 대왕이여, 이것이 세존의 아가다 약포란 것입니다. 세존께서는 시

로 읊으셨습니다.

　이 세상에 해독작용을 가진
　어떤 아가다 약도
　진리의 아가다 약만한 것은 없다
　비구들아, 이것을 마셔라."

"잘 알겠습니다, 존자여. 그러면 세존의 약방이란 무엇입니까?"
"대왕이여, 세존께서는 여러 가지 약을 말씀하셨습니다. 그 약으로
신과 사람들을 치료하셨습니다.
　약은 사념처, 사정근, 사신족, 오근, 오력, 칠각지, 팔지성도 등입니
다. 세존께서는 이러한 약으로 사악한 지견과 생각과 말과 행동을 배설
시키며, 비뚤어진 생활과 비뚤어진 노력을 배설시키며, 탐·진·치와
교만을 뱉어 내게 하며, 그릇된 견해와 의혹과 자만과 완고함과 철면피
함을 뱉어 내게 하며, 모든 번뇌를 뱉어 버리게 합니다.
　세존께서는 시로 읊으셨습니다.

　이 세상에 있는 어떠한 약도
　진리의 약만한 것은 없다
　비구들아, 이것을 마시라
　진리의 약은
　불로불사의 영약이다
　진리를 수습(修習)하고 관찰하여
　윤회의 소인(素因)을 모조리 없앨 때
　그대는 적멸의 경지를 얻을 것이다."

"잘 알겠습니다, 존자여. 그러면 세존의 감로포란 무엇입니까?"

"대왕이여, 세존께서는 세상에 진리의 감로수를 주셨습니다. 이 감로의 관정을 받은 신과 사람들은 생로병사의 괴로움과 번민에서 해탈합니다. 감로수란 몸에 관한 전념입니다.

세존께서 이르셨습니다.

'비구들아, 몸에 대한 전념은 진리의 감로수, 이 감로의 관정을 받아라.'
또 시에 읊으셨습니다.

'부처님은 병자들을 보고 감로포를 여셨다.'
그리고 이렇게 말씀하셨습니다.

'비구들아, 선업의 값으로 감로수를 사가라.'"

"잘 알겠습니다, 존자여. 그러면 세존의 보석점이란 무엇을 말합니까?"

"대왕이여, 세존께서는 여러 가지 진리의 보석을 설하셨습니다. 그 보석으로 장식한 부처님의 아들들은 모든 신과 사람들을 환한 광명으로 상하좌우로 두루 비춥니다. 보석의 종류로는 계율의 보배, 선정의 보배, 지혜의 보배, 해탈의 보배, 해탈지견의 보배, 무애해의 보배, 각지의 보배 등입니다.

대왕이여, 계율의 보배에는 자율계〔波羅提木叉律儀戒〕, 여섯 가지 감각기관을 제어하는 근율의계(根律儀戒), 생활을 청정케 하는 활명핍정계(活命遍淨戒), 네 가지 필수품을 바르게 수용하는 자구의지계(資具依止戒), 소계(小戒), 중계(中戒), 대계(大戒), 성자의 네 길에서 지켜야 할 도계(道戒), 도달한 네 가지 과위(果位)에서 지킬 과계(果戒) 등이 있습니다.

대왕이여, 이 세상의 모든 신과 마귀, 범천, 도인, 바라문들은 계율의 보배로 장식한 사람을 희구하고 선망합니다.

계율의 보배로 장식한 사람은 사방팔방 상하좌우로 널리 빛을 던집니다. 그는 아래로 무간지옥에서 위로 유정천(有頂天) 사이에 있는 모든 보석을 초월하여 그것을 덮고 있습니다. 대왕이여, 이런 계율의 보배가 세존의 보석점에 진열되어 있습니다.

세존께서는 이르셨습니다.

가지가지 계율의 보배가
부처님의 상점에 있다
그대는 선업 값으로 그것을 사
몸을 장식하라.

대왕이여, 선정의 보배에는 성찰작용과 고찰작용이 다 있는 유심유사정(有尋有伺定), 성찰작용은 없고 고찰작용만 있는 무심유사정(無尋有伺定), 성찰작용과 고찰작용이 다 없는 무심무사정(無尋無伺定), 모든 사상을 공(空)이라 관찰하는 공정(空定), 모든 사상의 차별상을 떠나 있는 무상정(無相定), 일체의 것에 염원을 걸지 않는 무원정(無願定) 등이 있습니다.

대왕이여, 탐·진·치 삼독과 교만과 사견, 의혹 등에 기인하는 모든 성찰은 선정의 보배로 장식한 비구의 전일한 선정을 만나면 산산이 무너지고 흩어져 존립, 정착하지 못합니다. 마치 연의 청정성 때문에 연잎 위에 물이 떨어지면 산산이 흩어져 정착하지 못하는 것과 같습니다. 마찬가지로 선정의 청정성은 사악한 성찰을 산산이 흩어버려 그것이 존립, 정착하지 못하게 합니다. 대왕이여, 이러한 선정의 보배가 세존의 보석상에 진열되어 있습니다.

세존께서는 이르셨습니다.

선정의 보배 목걸이를 걸친 자에게는
사악한 성찰은 생기지 않으며
마음은 산란해지지 않는다
그대들은 이것으로 장식하라.

대왕이여, 세존의 지혜의 보배는 이러합니다. 성스러운 가르침의 제자가 '이것은 선이다, 이것은 악이다, 이것은 죄가 된다, 이것은 죄가 되지 않는다, 이것은 실행해야 한다, 이것은 실행해서는 안 된다, 이것은 우월하다, 이것은 열등하다, 이것은 희다, 이것은 검다, 이것은 검은 것과 흰 것이 같이 있는 것이다.' 라고 있는 그대로 깨치는 것이며, 또 '이것은 고(苦)이다, 이것은 고의 원인이다, 이것은 고의 지멸이다, 이것은 고의 지멸에 이르는 길이다.' 라고 있는 그대로 깨치는 것입니다.
세존께서 시로 읊으셨습니다.

지혜의 보배 목걸이를 걸친 자에게는
인간의 생존은 오래 가지 않으며
곧 불사의 열반을 만난다
그는 이미 윤회하는 모든 생존을 좋아하지 않는다.

대왕이여, 세존의 해탈의 보배는 아라한의 경지를 말합니다. 그래서 아라한의 경지에 도달한 사람을 해탈의 보배로 장식한 사람이라 이릅니다. 이를테면 진주, 마니주, 황금, 산호의 장식을 달고 갖은 향과 꽃으로 장식한 사람은 그 광채로 다른 존재들을 두루 비추는 것처럼 해탈의 보배로 장식한 비구는 그 수승한 빛을 사방에 투과시킵니다.

마니주의 목걸이를 걸친 자를
세속의 사람들은 부러워한다
그러나 해탈의 보배 목걸이를 걸친 자는
모든 신과 사람의 부러움을 받는다.

대왕이여, 세존의 해탈지견의 보배란 관찰지(觀察智)를 말합니다. 성스러운 제자들은 그것으로 도(道)와 과(果)와 열반과 이미 끊어버린 번뇌와 아직 남아있는 번뇌를 관찰합니다.

그 지혜로 모든 성자가
성자의 도를 실천했던 관찰지를 얻기 위해
승자의 후손들아, 정진하라.

대왕이여, 세존의 무애해(無碍解)의 보배란 네 가지 무애자재한 이해력을 말합니다. 즉 뜻에 정통하는 무애해, 진리의 가르침에 정통하는 무애해, 언어에 정통하는 무애해, 변설(辯舌)에 정통하는 무애해입니다. 이 네 가지 무애해로 몸을 단장한 비구는 크샤트리아 회중, 바라문 회중, 거사의 회중, 사문의 회중 등 어느 회중에 가든 혹란이나 동요, 공포 없이 대처합니다. 이를테면 용감한 전사가 다섯 가지 무기로 장비하고 두려움 없이 싸움터에 나간다고 합시다. 그는 자신만만하게 '적이 멀리 있으면 화살로, 가까이 있으면 투창으로, 더 가까이 있으면 창으로, 더 접근해 오면 소검으로, 더 가까이 오면 단도로 처리하리라' 하고 생각합니다.

마찬가지로 사무애해로 장식한 비구는 두려움 없이 회중에 접근하여 이렇게 생각합니다.

'나에게 뜻에 정통하는 무애자재한 이해력을 묻는 자가 있으면 의의를 설함에는 의의로, 이유를 설함에는 이유로, 원인을 설함에는 원인으로, 도리를 설함에는 도리를 가지고 그의 의문을 풀어 주고 의혹을 물리쳐 주어 해답에 만족하게 하리라.

　나에게 진리의 가르침에 정통하는 무애자재한 이해력을 묻는 자가 있으면 진리의 가르침을 설함에는 진리의 가르침으로, 불사(不死)를 설함에는 불사로, 무위(無爲)를 설함에는 무위로, 열반을 설함에는 열반으로, 공을 설함에는 공으로, 무상(無相)을 설함에는 무상으로, 무원(無願)을 설함에는 무원으로, 부동(不動)을 설함에는 부동으로 그의 의문을 풀고 의혹을 물리쳐 나의 해답에 만족케 하리라.

　나에게 언어에 정통하는 무애자재한 이해력을 묻는 자가 있으면 언어를 설함에는 언어로, 어구를 설함에는 어구로, 불변사(不變詞)를 설함에는 불변사로, 연성(連聲)을 설함에는 연성으로, 자음을 설함에는 자음으로, 억양을 설함에는 억양으로, 음절을 설함에는 음절로, 모음을 설함에는 모음으로, 개념을 설함에는 개념으로, 관용어를 설함에는 관용어를 가지고 그의 의문을 풀어 주고 의혹을 물리쳐 나의 해답에 만족하게 하리라.

　나에게 변설에 정통하는 무애자재한 이해력을 묻는 자가 있다면 변설을 설함에는 변설로, 비유를 설함에는 비유로, 특상(特相)을 설함에는 특상으로, 본질을 설함에는 본질로 그의 의문을 풀고 의혹을 물리쳐 나의 해답에 만족하게 하리라.'

　대왕이여, 이것이 세존의 보석점에 진열된 무애해의 보배들입니다.

　무애자재한 이해력을 사서
　명지(明知)에 접근하는 자는

두려워하거나 겁내지 않고
모든 사람과 신들에게 찬란하게 광명을 내뿜는다.

대왕이여, 세존의 각지보란 깨침을 얻기 위한 일곱 가지 사항, 즉 칠
각지(七覺支)입니다. 즉 염각지(念覺支), 택법각지(擇法覺支), 정진각
지(精進覺支), 희각지(喜覺支), 경안각지(輕安覺支), 정각지(定覺支),
사각지(捨覺支) 등입니다.

이 일곱 가지 각지보로 장식한 비구는 모든 어둠을 깨고 모든 신과
사람을 두루 비추어 사방에 광명을 투과시킵니다.

대왕이여, 이것이 세존의 각지보란 것입니다.

세존께서는 이르셨습니다.

각지보의 목걸이로 장식한 사람을
모든 신과 사람은 섬긴다.
그대들이여, 선업 값으로 이것을 사
몸을 장식하라."

"존자여, 세존의 진리의 성에 있는 백화점이란 무엇입니까?"

"대왕이여, 백화점은 아홉 단계로 구분될 수 있는 부처님 말씀(九分
說法), 부처님의 사리와 유물, 사리나 유물을 안치한 탑, 승보(僧寶)
등입니다.

백화점에는 미래생의 성취, 부의 성취, 장수의 성취, 건강의 성취, 용
색미(容色美)의 성취, 지혜의 성취, 인간 영광의 성취, 신의 영광의 성
취, 열반의 성취 등이 진열되어 있습니다. 다양한 성취를 바라는 사람
들은 선업이란 대금을 치르고 원하는 성취를 삽니다. 혹자는 계행에 의

하여 사고, 혹자는 보살행에 의하여 삽니다. 소액의 대금으로도 또 쌀이나 콩 등을 교환함으로써도 각자의 성취를 달성합니다.

대왕이여, 이것이 세존의 백화점입니다.

세존께서 이르셨습니다.

장수와 건강과 용색미와 부와 영광과
천상에 태어나는 것과 고귀한 가문에 태어나는 것과
지혜와 열반의 성취는
세존의 백화점에 있다
많은 액수건 적은 액수건 선업 값을 치르고
이를 구하라.

대왕이여, 세존이 건립한 진리의 성에는 이러한 사람들이 살고 있습니다. 즉 경·율·논에 각각 정통한 스승, 각 경전의 암송자, 계율의 완성자, 선정의 완성자, 칠각지를 닦는 자, 숲 속의 고행자, 나무 아래에 앉은 수행자, 무덤에 사는 수행자, 눕지 않고 늘 앉아 있는 수행자, 성자의 길을 가는 수행자, 성자의 길을 완성한 수행자, 삼명육통을 얻은 자, 육신통을 얻은 자 등이 살고 있습니다. 진리의 성에는 대밭이나 갈대밭처럼 도인들이 밀집해 모여 있습니다.

세존께서 이르셨습니다.

탐·진·치를 여읜 자, 집착을 떠난 자
그들은 진리의 성에서 산다
숲에서 살며 열세 가지 두타행을 닦는 자
그들은 진리의 성에 산다

아무것도 소유하지 않은 채 선정을 즐기는 자
그들은 진리의 성에 산다
세존의 바른 가르침에 따라
사념처, 칠각지 등 진리의 수행을 닦는 자
그들은 진리의 성에 산다
눈을 내리깔고 걸으며 일체 감관의 문을 지키는 자
최상의 가르침에 따라 잘 절제하는 자
여섯 가지 신통력을 지닌 자
신통변화에 통달한 자
지혜를 완성한 자
그들은 진리의 성에 산다.

대왕이여, 비구 중에 무량하고 뛰어난 지(智)를 체득한 자, 집착이 없는 자, 비길 데 없는 명성이 있는 자, 비길 데 없는 힘이 있는 자, 비길 데 없는 영광이 있는 자, 진리의 바퀴를 부처님에 따라 굴리는 자, 지혜를 완성한 자, 이런 이들은 부처님의 진리의 성에서 '진리의 장군'이라 불립니다.

또 비구 중에 신통변화를 갖춘 자, 무애자재한 이해력을 타고난 자, 네 가지 두려움이 없는 자신에 이른 자, 공중을 걷는 자, 대항하기 어려운 자, 정복하기 어려운 자, 허공을 걷는 자, 바다와 땅을 짊어진 대지를 흔드는 자, 달과 해를 만지는 자, 자기를 변화시키는 결의와 발원에 익숙한 자, 신통변화에 통달한 자, 이런 이들은 세존의 진리의 성에서 '진리의 사제'라고 불립니다.

또 비구로서 두타지를 실행하는 자, 과욕한 자, 만족할 줄 아는 자, 탁발에 부적당한 표시를 싫어하는 자, 집집마다 차례로 탁발하는 자,

육신과 생명에 연착(戀着)하지 않는 두타지의 공덕을 최고의 것으로 여기는 자, 이런 자들은 세존의 진리의 성에서 '사법관'이라고 합니다.

그리고 비구로서 청정무구한 자, 윤회에 관한 지식을 통달한 자, 천안(天眼)에 통달한 자, 이러한 자들은 세존의 진리의 성에서 '도시의 불을 밝히는 점등자(點燈者)'라 불립니다.

비구로서 다문(多聞)한 자, 전승경전에 정통한 자, 경전의 암송자, 바라제목차를 암송하는 자, 아비달마 요목(要目)을 암송하는 자, 음운론에 달통한 자, 아홉 갈래 가르침을 기억하는 자, 이런 자들은 세존의 진리의 성에서 '진리의 수호자'라 부릅니다.

비구로서 승단 규율을 아는 자, 규율에 밝은 자, 규율을 제정한 인연에 대해 아는 자, 행위의 유죄·무죄, 죄의 경중, 죄의 용서·불용서, 승단의 재복귀나 고백·참회·면죄·사면·방면 등의 문제를 결정하는 데 뛰어난 자, 규율에 통달한 자, 이러한 비구들은 세존의 진리의 성에서 '견색자(見色者)'라 불립니다.

또 비구로서 뛰어난 해탈의 쿠스마꽃 화환을 머리에 두른 자, 탁월한 최상자의 지위에 오른 자, 많은 사람에게 선망받고 사랑받는 자, 이러한 비구들은 세존의 진리의 성에서 '꽃장수'라 불립니다.

비구로서 사성제에 통달한 자, 진리를 보는 자, 의혹의 흐름을 건너도의 네 가지 과위에 이른 자, 그 과위에서 안락을 얻은 자, 그 과위를 다른 실천자와 나누어 가진 자, 이런 비구들은 세존의 진리의 성에서 '과일장수'라고 부릅니다.

비구로서 뛰어난 계행의 향기를 갖춘 자, 가지가지 공덕을 지니고 있는 자, 번뇌의 때의 악취를 제거한 자, 이러한 비구들은 세존의 진리의 성에서 '향장수'라고 불립니다.

또 비구로서 진리를 파악하려는 자, 호감 가는 이야기를 하는 자, 뛰어난 율과 논에서 환희를 발견하는 자, 어디서건 진리의 단맛을 맛보는 자, 몸과 마음으로 뛰어난 진리의 단맛에 적시어지는 자, 뛰어난 변재가 있는 자, 모든 가르침에서 진리를 탐구하고 실천하는 자, 각종 논(論)이 논해지는 곳으로 가 그 논의 단맛을 마시는 자, 이런 자들은 세존의 진리의 성에서 목마름을 호소하는 '대주호(大酒蝴)'라 불립니다.

또 비구로서 초저녁부터 새벽까지 깨어있음에 전력하는 자, 앉고 서고 걸어다니며 밤낮을 새우는 자, 번뇌를 털어버리기 위해 수련에 전력하는 자, 자리(自利)를 추구하는 자, 이러한 비구들은 세존의 진리의 성에서 '도시의 경호자'라 불립니다.

비구로서 아홉 가지 부처님 말씀을 뜻과 문장과 이론과 이유와 원인과 예화(例話)로 자세히 가르치고 자세히 설명하는 자, 이런 비구들은 세존의 진리의 성에서 '변호사'라 불립니다.

그리고 비구로서 지고한 가르침에 통달한 자, 마음을 통일하는 대상을 변별하고 해석하는 데 익숙한 자, 학덕이 완성에 이른 자, 이런 자들을 세존의 진리의 성에서 '고명한 법사'라 불립니다.

대왕이여, 세존의 진리의 성은 이렇게 잘 구성되어 있어 적들은 이도시를 정복하기 어렵습니다. 대왕이여, 이런 진리의 성을 보고 그대는 추론으로 '세존은 실재하셨다'는 것을 알아야 합니다.

세존께서는 시로 읊으셨습니다.

잘 구획된 흡족한 도시를 보고
사람들이 도시 건설자의 위대함을 추리해 아는 것처럼
빼어난 진리의 성을 보고
사람들은 진리의 창시자 세존의 실재를 추리해 안다
널리 퍼져 나가는 바다의 물결을 보고

바다는 크다는 것을 아는 것처럼
광대한 진리의 물결을 보고
부처님이 최고자인 것을 추리해 알 수 있다
봉우리가 우뚝 솟아있는 것을 보고
히말라야의 산봉우리도
우뚝 솟아있을 것이라는 것을 추리해 아는 것처럼
우뚝 솟아 독존한 진리의 봉우리를 보고
부처님은 무상자임을 추리해 알 수 있다
코끼리왕의 큰 발자국을 보고
이 코끼리는 크다라는 것을 아는 것처럼
부처님이 남기신 발자취를 보고
부처님이 최승자임을 추리해 알 수 있다
두려워 떠는 뭇짐승을 보고
사자가 포효하고 있다는 것을 추리해 아는 것처럼
두려워하는 외도들을 보고
법왕이 진리의 우레소리를 토하고 있다는 것을 알 수 있다
대지가 고요하고 푸르고 큰물져 있는 것을 보고
큰비로 고요해졌다는 것을 아는 것처럼
환희 열락하는 사람을 보고
저들은 법의 비를 맞고 만족해 있다는 것을 추리해 알 수 있다.
꽃향기를 맡고
그 향기를 풍기는 나무가 있다는 것을 추리해 아는 것처럼
신과 사람 사이에 두루 퍼지는 계행의 향기를 맡고
그 향기의 근원지인 세존의 실재를 알 수 있다.

대왕이여, 이같이 백천 가지 방법으로 부처님의 최승한 실재를 드러낼 수 있습니다. 이를테면 솜씨 있는 화환장이가 가지가지 꽃으로 아름다운 꽃다발들을 만들 수 있는 것처럼 다양한 방법으로 세존의 무상(無上)한 실재를 드러낼 수 있습니다. 왜냐하면 세존께서는 백천 가지 덕으로 아름답게 장식된 분이기 때문입니다.

　이제 나는 솜씨 있는 화환장이처럼 옛 스승의 길을 따르고 또 나의 예지에 의해 여러 가지 이유와 추론으로 부처님의 실재와 그 힘을 드러내었습니다."

　"존자여, 당신 외의 어떤 사람도 이렇게 잘 대답할 수 없습니다. 당신이 말씀하신 그대로라고 나는 믿습니다."

밀린다왕 문경

용어해설

용어 해설

■ 가루라(迦樓羅):팔리어 Garuḍa의 음사. 금시조(金翅鳥), 묘시조(妙翅鳥)라고 옮김. 불법을 수호하는 천룡팔부(天龍八部) 중의 하나로 용(龍)을 잡아먹는다는 조류(鳥類)의 왕.

■ 고기송(孤起頌):팔리어 Gāthā의 역어. 산문으로 된 경의 마무리 부분에 시어로 묘한 뜻을 노래한 운문. 본문의 내용을 거듭 말한 중송(重頌)에 대하여 본문에 관계없이 노래한 운문이라는 뜻으로 고기송(孤起頌)이라고 한다.

■ 깨침에 필요한 일곱 가지 것들〔七覺分〕:팔리어 Saptasambodhyaṅgāni의 의역. 칠각지(七覺支), 칠각분(七覺分)이라고 옮긴다. 37보리분법(三七菩提分法)의 하나. 깨달음으로 이끄는 일곱 종류의 수행법.

① 염각분(念覺分):바른 기억으로써 뛰어난 지혜를 갖추고 오래 전에 경험한 일을 잘 기억하여 잊지 않는 것.

② 택법각분(擇法覺分):바른 기억에 주하여 기억하고 간직한 법에 의하여 분별 사유하는 것.

③ 정진각분(精進覺分):법을 간택, 사유하면서 정진 노력하는 것.

④ 희각분(喜覺分):정진 노력함으로써 정신적 법열을 체득하는 것.

⑤ 경안각분(輕安覺分):심신이 법열에 의해 경쾌하고 편안해지는 것.

⑥ 정각분(定覺分):심신이 선정에 의해 안락하게 통일되는 것.

⑦ 사각분(捨覺分):통일된 마음을 평등하게 관찰하는 것.

■ 내외의 6개의 영역〔六識과 六境〕:외적 대상, 즉 색(色)·성(聲)·향(香)·미(味)·촉(觸)·법(法)의 여섯 가지 경계를 육경(六境)이라 하고 이 육경에 대한 내적 인식작용, 즉 안식(眼識)·이식(耳識)·비식(鼻識)·설식(舌識)·신식(身識)·의식(意識)을 육식(六識)이라 한다.

■ 네 가지 무애해〔四無碍解〕:사무애지(四無碍智), 또는 사무애변(四無碍辯)이라고도 한다.

① 법무애(法無碍):온갖 교법에 통달한 것.

② 의무애(意無碍):온갖 교법의 요의(要義)를 아는 것.

③ 사무애(辭無碍):여러 가지 말을 알아 통달치 못함이 없는 것.

④ 요설무애(樂說無碍):온갖 교법을 알아 갖가지 근기(根機)에 맞는 말을 하는 데 자재한 것.

■ 네 가지 바른 노력〔四正勤〕:사정근(四正勤), 사정단(四正斷)이라고도 한다. 37보리분법의 하나로서 사념처(四念處) 다음에 닦는 법. 선(善)은 더욱 자라게 하고 악(惡)은 멀리 여의게 하기 위한 네 가지 수행법.

① 이미 생긴 악을 없애려고 부지런히 정진함.

② 아직 생기지 않은 악은 미리 방지하려고 부지런히 정진함.

③ 이미 생긴 선은 더욱 더 자라도록 부지런히 정진함.

④ 아직 생기지 않은 선은 생기도록 부지런히 정진함.

■ 네 가지 사문과〔四沙門果〕:소승불교의 수도자가 수행의 결과 증득하는 네 가지 과위(果位).

① 무루(無漏)의 도에 처음 참례하여 들어간 수다원과〔預流果〕.

② 단 한 번의 욕계의 생존을 남겨둔 사다함과〔一來果〕.

③ 욕계에 두 번 다시 태어나지 않는 아나함과〔不還果〕.

④ 해탈의 지위에 온전히 이른 아라한과〔應供〕.

■ 네 가지 자재력의 구족〔四神足〕:사여의족(四如意足)이라고도 한다. 37보

리분법의 하나. 해탈과 신통력을 얻기 위한 선정을 네 가지 방편으로 닦는 것.

① 뛰어난 선정을 닦기를 원함[欲如意足].

② 정진의 자재를 얻기 위해 선정을 닦음[精進神足].

③ 선정을 얻은 마음의 안정상태[心神足].

④ 선정에 의한 사유관찰[思惟神足].

■ 네 가지 전념의 확립[四念處]:바른 의식으로써 진리의 본성을 숙지(熟知)하기 위한 네 가지의 관찰법.

① 신념처관(身念處觀):육신의 덧없음에 관한 명상.

② 수념처관(受念處觀):감각의 고(苦), 부정(不淨)에 관한 명상.

③ 심념처관(心念處觀):의식의 무실체에 관한 명상.

④ 법념처관(法念處觀):존재의 무상에 관한 명상.

■ 네 가지 진리[四聖諦]:네 가지 성스러운 진리. 석가모니 부처님의 초전법륜에서 설해진 불교의 기본교리.

① 고성제(苦聖諦):모든 중생은 고통받고 있다.

② 집성제(集聖諦):그 생존의 고통은 탐·진·치 삼독이란 번뇌의 집적과 그 상승작용에 의한 것이다.

③ 멸성제(滅聖諦):고통의 원인을 소멸하고 난 뒤의 진리의 상태는 니르바나[滅]이다.

④ 도성제(道聖諦):니르바나의 원인, 즉 니르바나에 이르는 길은 여덟 가지 바른 실천의 길인 팔정도(八正道)이다. 팔정도는 정견(正見), 정사(正思), 정어(正語), 정업(正業), 정명(正命), 정정진(正精進), 정념(正念), 정정(正定).

■ 네 단계 선[四禪]:사선(四禪), 사정려(四靜慮), 색계정(色界定)이라고 옮긴다. 이 정은 고요함과 함께 지혜가 있어 능히 자세하게 사려함을 포함한다. 초선(初禪)은 유심유사정(有尋有伺定), 2선은 무심유사정(無尋有伺定), 3선은 무심무사정(無尋無伺定), 4선은 사념법사정(捨念法事定).

■ 니야야[正理說]:범어 Nyāya의 음사. 정리설(正理說), 또는 인명론(因明

論)이라고 옮긴다. 인도 6파 철학 중의 하나. 개조(開祖)는 교다마(Gautama : B.C. 150~50년경). 논리학의 연구가 이 학파의 주요한 부분으로 불교의 인명가들이 고인명(古因明)이라고도 한다.

▪ 니카야 : 팔리어 Nikāya의 음사. 니가야(尼柯耶)라고 음사하며 부(部), 부파(部派), 부류(部類)를 의미한다. 즉 부처님의 법문을 기록한 초기경전《아함경(阿含經)》의 이칭.《아함경》에는 그 구성에 따라서 네 가지 니카야가 있다.

① 디가 니카야(Dīgha-nikāya) : 긴 내용의 경전 34편을 3편으로 나누어 편집한 경전. B.C.4~3세기경에 그 원형이 성립되었다. 한역(漢譯)으로는《장아함경(長阿含經)》이라고 부르며 423년 불타야사(佛陀耶舍)와 축불념(竺佛念)에 의해서 22권으로 번역되었다. 이 니카야에는《범망경(梵網經)》,《사문과경(沙門果經)》,《대반열반경》,《육방예경》과 같은 중요한 경전들이 다수 수록되어 있다.

② 마즈히마 니카야(Majjhima-nikāya) : 중간 정도의 긴 내용을 가진 152가지의 경(經). 형식과 내용에 따라 3편 15품으로 구성되어 있다. B.C.4~3세기에 그 원형이 성립되었다. 한역으로는《중아함경(中阿含經)》이라고 부르며 398년 승가제바(僧伽提婆)에 의해서 60권으로 번역되었다.

③ 상윳타 니카야(Saṃyutta-nikāya) : 짧은 경전 2857경을 불교의 교리, 천(天), 마(魔), 인(人) 등의 관점에 따라 내용적으로 분류하여 서로 대응되는 형식을 보여 준다. 한역에서는《잡아함경(雜阿含經)》이라고 부르며 443년 구나발타라에 의해서 전 50권으로 번역되었다.

④ 앙굿타라 니카야(Aṅguttara-nikāya) : 4니카야 가운데 가장 늦게 성립된 경전으로서 각 교리의 법수(法數), 즉 사제(四諦), 오온(五蘊), 육근(六根) 등과 같이 숫자에 의한 교리의 분류를 따라서 편집되었다. 한역으로는《증일아함경(增一阿含經)》이라고 부르며 384년 승가제바가 번역했다.

▪ 다섯 가지 비상한 힘〔五力〕 : 37보리분법(三七菩提分法)의 하나. 5근(五根)의 수행에 의해 얻어지는 다섯 가지 힘. 즉 신력(信力), 정진력(精進力),

염력(念力), 정력(定力), 혜력(慧力).

▪ **다섯 가지 정신력의 작용〔五根〕**:37보리분법(三七菩提分法)의 하나. 해탈에 이르기 위해 닦아야 하는 다섯 가지 능력, 즉 신근(信根), 정진근(精進根), 염근(念根), 정근(定根), 혜근(慧根).

▪ **데바닷다**:팔리어 Devadatta의 음사. 제바달다(提婆達多)라고도 적는다. 석가모니 부처님의 사촌아우로, 부처님이 성도하신 후 출가하여 빔비사라 왕의 아들, 아자타샷투루와 결탁하여 부처님을 해치고 새로운 교단을 만들려고 하는 등 교단을 분열케 하다가 지옥으로 떨어졌다고 함.

▪ **마니주**:팔리어 Mani의 음사어. '마니'와 '주(珠)'의 합성어. 여의주(如意珠)라고도 옮긴다. 사람이 이 구슬을 가지면 독이 해칠 수 없고 불에 들어가도 타지 않으며 원하는 바 소원을 이룰 수 있다고 한다.

▪ **마라(魔羅) 파순(波旬)**:마라는 범어 Māra의 음사. 살자(殺者), 탈명자(奪命者), 장애(障礙)라고 옮긴다. 사람의 생명을 빼앗아가고 선한 일을 방해하여 불도에 나아가지 못하게 하는 악신이며 수행을 방해하는 마군(魔軍). 파순은 범어 pāpīyas의 음사. 욕계 제6천의 마왕을 말한다. 그는 항상 악한 뜻을 품고 악법을 만들어 수행인을 동요시키고 혜명(慧命)을 끊는다고 한다.

▪ **무문자설(無問自說)**:팔리어 Udāna의 역어. 12부경의 하나. 묻는 이가 없이 부처님이 스스로 법열에 젖어 설한 경.

▪ **미증유법(未曾有法)**:팔리어 Adbhuta-dharma의 역어. 불가사의, 희유법(稀有法)이라고도 한다. 12부경의 하나. 신통력으로 행해진 부사의한 사적을 옮긴 경.

▪ **바라문**:범어 Brāhmaṇa의 음사. 인도 사성계급(四姓階級) 중의 최고 계급. 정행(淨行), 범지(梵志)라고 옮긴다. 바라문교의 제사와 교리를 담당한다.

▪ **바라제목차(波羅提木叉)**:팔리어 Pātimokkha의 음사. 해탈에 도달하는 계율. 별해탈(別解脫)이라고 옮긴다. 몸과 입으로 짓는 허물을 따로따로 해탈하는 것이므로 별해탈이라고 한다.

▪ **바이샤**:범어 Vaiśya의 음사. 인도 사성계급(四姓階級) 중의 세 번째 계급.

공업, 상업 등의 직업을 가진 평민계급.

▪ **바이세쉬카**(勝論說) : 범어 Vaiśeṣika의 음사. 인도 6파철학의 하나. 개조는 카나다(Kanāda, B.C.150~50)로서 근본성전은 《승론경》이 있다.

▪ **방편**(方便) : 중생을 제도하기 위하여 그 근기에 맞추어 여러 가지 수단 방법을 강구하는 것, 또는 그 수단방법. 불보살이 여러 수단 방법을 써서 중생을 진실한 대도로 끌어들이는 권지(權智).

▪ **벽지불**(辟支佛) : 범어 Pratyeka-buddha의 역어. 독각(獨覺)이라고도 한다. 스승 없이 홀로 고요히 자연의 도리를 관찰하여 깨달음을 얻은 성자.

▪ **본생경**(本生經) : 범어 Jātaka의 역어. 12부경의 하나. 부처님의 전생에 관한 이야기로서 팔리어로 쓰여진 것으로는 칸다카 니카야(Khuddaka-nikāya, 小部經典)에 포함된 547가지의 전생담과 그밖의 단독경들이 있다. 또한 범어본과 한역본으로도 일부 전해진다. 《본생경》은 인도의 일반적인 설화, 전설, 비유 등을 풍부하게 채용하여 전생의 붓다 석가모니를 주인공으로 배치하고 있다. 즉 자타카의 기본적인 성격은 '현재의 일을 계기로 그것과 관련이 되는 과거세의 인연을 설하는 것으로 제천(諸天), 인간, 동물로 윤회하면서 보살도를 닦은 부처님의 전생이야기'이다.

▪ **비나야 피타카**(律藏) : 범어 Vinaya-piṭaka의 음사. 삼장(三藏)의 하나. 부처님이 제정하신 계율에 관한 전적(典籍). 율장(律藏).

▪ **비사문천**(毘沙門天) : 범어 Vaiśramaṇa의 음사. 4천왕 중의 한 천왕으로서 북방을 수호하므로 북방천(北方天)이라고도 하고 늘 부처님 도량을 수호하며 불법을 들었으므로 다문천왕(多聞天王)이라고도 옮긴다.

▪ **사다함과**(斯多含果) : 사다함은 팔리어 Sakṛdagamin의 음사. 일래과(一來果)라고 옮긴다. 사사문과(四沙門果) 중의 제2위로 단 한 번만의 윤회를 남겨두고 있는 성자를 말한다.

▪ **사리풋타** : Śāriputra의 음사. 부처님 십대 제자 가운데 한 분. 지혜 제일이라 칭송됨.

▪ **사무소외**(四無所畏) : 팔리어 Catvari-vaiśāradyāni의 역어. 불·보살이

설법할 때 두려운 생각이 없는 지력(智力)의 네 가지.

① 일체지무외(一切智無畏) : '일체 법을 깨닫고 증득했다' 는 두려움 없는 자신.

② 일체누진무외(一切漏盡無畏) : '일체의 번뇌를 모두 끊었다' 는 두려움 없는 자신.

③ 설장도무외(說障道無畏) : '수행에 장애가 되는 것은 모두 설했다' 는 두려움 없는 자신.

④ 설진고도무외(說盡苦道無畏) : '고통스런 미망의 세계에서 벗어나 해탈의 길에 드는 길을 설했다' 라는 자신.

▪ 사문(沙門) : 범어 Śramaṇa의 음사. 식심(息心), 공로(功勞), 근식(勤息) 등으로 옮긴다. 처음에는 외도, 불교도를 막론하고 집을 떠나 수도생활을 하는 이를 총칭했으나 후세에는 불문에 삭발 출가한 이를 뜻한다.

▪ 4베다 : 네 종류의 베다(Veda). 인도 바라문교의 근본성전.

① 리그베다 : 천지자연의 신에 대한 찬가를 모은 것으로 인도에서 가장 오래된 글.

② 사마베다 : 제사 때 쓰기 위해서 정리해 놓은 영가(詠歌)들의 모음집.

③ 야주르베다 : 제사 지내는 의식에 관한 모음집.

④ 아티르바베다 : 재난과 불행을 없애고 쾌락과 행복을 얻기 위한 주문들을 모은 것.

▪ 사사(四事) 공양 : 사사(四事)는 수행에 필요한 네 가지 물건. 즉 의복, 음식, 탕약(湯藥), 와구(臥具)로 이를 공양올리는 것.

▪ 37보리분법(三七菩提分法) : 초기불교에 바탕을 둔 불교의 대표적인 37가지 수행론. 37조도법(三七助道法)이라고도 한다. 전체 7과(科)로 이루어져 있다.

① 사념처(四念處) : 신념처(身念處), 수념처(受念處), 심념처(心念處), 법념처(法念處).

② 사정단(四正斷) : 단단(斷斷), 율의단(律儀斷), 수호단(隨護斷), 수단

(修斷).

③ 사신족(四神足):욕신족(欲神足), 정진신족(精進神足), 심신족(心神足), 사유신족(思惟神足).

④ 오근(五根):신근(信根), 정진근(精進根), 염근(念根), 정근(定根), 혜근(慧根).

⑤ 오력(五力):신력(信力), 정진력(精進力), 염력(念力), 정력(定力), 혜력(慧力).

⑥ 칠각지(七覺支):택법각지(擇法覺支), 정진각지(精進覺支), 희각지(喜覺支), 경안각지(輕安覺支), 사각지(捨覺支), 정각지(定覺支), 염각지(念覺支).

⑦ 팔정도(八正道):정견(正見), 정사유(正思惟), 정어(正語), 정업(正業), 정명(正命), 정정진(正精進), 정념(正念), 정정(正定).

▪ 삼장(三藏):범어 Tripiṭaka의 역어. 불교 전적(典籍)의 총칭.

① 경장(經藏):부처님이 말씀하신 법문을 모은 전적.

② 율장(律藏):부처님이 제정하신 계율에 관한 전적.

③ 논장(論藏):경에 말해진 뜻의 이치를 밝혀 논한 전적.

▪ 삼학(三學):불도를 닦아 성도하려는 이가 반드시 힘써야 할 세 가지 기본 덕목, 즉 계(戒) · 정(定) · 혜(慧).

▪ 상키야(數論說):범어 Sāṃkhya의 음사. 인도 육파철학의 하나. 가비라 선인이 처음 주장한 것으로 25제(諦)를 축으로 일체 만법의 생기(生起)로부터 유정윤회(有情輪廻)의 시종(始終)과 해탈하는 공(空)의 사상을 설함.

▪ 선정(禪定):범어 Dhyāna의 음사어인 선(禪)과 그 번역어인 정(定)의 합성어. 마음을 한곳에 모아 심신이 통일된 고요한 상태. 마음을 한 곳에 집중시키는 수행.

▪ 수기(授記):불보살이 중생에게 언제 마땅히 성불하리라는 예언을 주는 것.

▪ 수다원과(須陀洹果):수다원은 팔리어 Srotāpnna의 음사. '흐름에 든 자'란 뜻으로 예류과(預流果)라고 옮긴다. 소승 사사문과(四沙門果) 중 초위

(初位)로 이제 성자 대열의 흐름에 처음 든 성자.

▪ 수드라 : 범어 Śūdra의 음사. 인도 사성계급(四姓階級) 중 최하 계급. 아리야 인종에게 정복당한 토착민으로 가장 천한 업에 종사하는 노예계급.

▪ 아가다 약 : 범어 Agada의 음사. 무병(無病), 무가(無價)라고 옮김. 영약(靈藥)의 일종.

▪ 아나함과(阿那含果) : 아나함은 팔리어 Anāgāmin의 음사. 불환과(不還果), 불래과(不來果)라고 옮긴다. '다시 돌아오지 않는 자' 라는 뜻이다. 사사문과(四沙門果) 중의 제3위로서 욕계의 번뇌를 모두 끊어서 사후에는 색계, 무색계에 태어날 뿐 다시 욕계의 생을 받지 않는 성자를 말한다.

▪ 아라한(阿羅漢) : 범어 Arhan의 음사. 소승 4사문과(四沙門果) 중의 최고위로 해탈에 도달한 성자를 말한다. 마땅히 공경해야 한다는 의미에서 '응공(應供)', 적(賊)을 죽인 자란 의미에서 '살적(殺賊)' 이라고 옮긴다.

▪ 양도논법(兩刀論法) : 상호 모순되는 논리적인 딜레마(logical dilemma)를 제시하고 그에 대한 답변을 구하는 논법.

▪ 여덟 가지 마음통일〔八等至〕 : 색계의 4선(禪)과 무색계의 4공정(空定)을 총칭하는 말. 팔정(八定)이라고도 옮긴다. 색계의 4선정은 초선(初禪)인 유심유사정(有尋有伺定), 2선인 무심유사정(無尋有伺定), 3선인 무심무사정(無尋無伺定), 4선인 사념법사정(捨念法事定). 무색계의 4공정은 공무변처정(空無邊處定), 식무변처정(識無邊處定), 무소유처정(無所有處定), 비상비비상처정(非想非非想處定).

▪ 여덟 가지 신성한 길〔八聖道〕 : 불교의 기본적 실천 수행법 8가지, 즉 팔정도(八正道)인 정견(正見, 바른 지혜), 정사유(正思惟, 바른 사유), 정어(正語, 바른 언어), 정업(正業, 바른 행위), 정명(正命, 바른 생활), 정정진(正精進, 바른 노력), 정념(正念, 바른 의식), 정정(正定, 바른 선정).

▪ 여덟 가지 해탈〔八解脫〕 : 번뇌를 끊고 아라한과를 증득하는 여덟 가지 해탈.
　① 내유색상관외색해탈(內有色想觀外色解脫) : 안으로 색을 탐하는 생각이 있으므로 이 탐심을 없애기 위해 밖으로 드러난 부정한 색, 예를 들어 퍼

렇게 어혈이 든 빛 등을 관하여 탐심이 일어나지 못하게 하는 것.

② 내무색상관외색해탈(內無色想觀外色解脫):안으로 색욕을 탐하는 생각은 이미 없어졌으나 이를 더욱 확고히 하기 위해서 밖으로 드러난 부정한 색, 예를 들어 퍼렇게 어혈이 든 빛 등을 관하여 탐심이 일어나지 못하게 하는 것.

③ 정해탈신작증구족주(淨解脫身作證具足住):깨끗한 색을 관하여 탐심이 일어나지 못하게 하는 정해탈(淨解脫)을 몸 안에 증득, 구족하여 머무는 것.

④ 공무변처해탈(空無邊處解脫).

⑤ 식무변처해탈(識無邊處解脫).

⑥ 무소유처해탈(無所有處解脫).

⑦ 비상비비상처해탈(非想非非想處解脫)

⑧ 멸수상정해탈신작증구족주(滅受想定解脫身作證具足住):수(受), 상(想)을 여의어 멸진정(滅盡定)에 머무는 것.

■ 여시어(如是語):팔리어 Itivuttaka의 역어. 경전의 형식으로서 '세존께서 이렇게 말씀하시는 것을 나는 들었다'라는 서두로 시작되는 설법들을 말한다.

■ 열 가지 지혜의 힘(十力) : 부처님만이 지니고 있는 열 가지 지혜의 힘.

① 도리와 비도리를 여실히 아는 지혜〔處非處智力〕.

② 업과 과보의 인과관계를 아는 지혜〔業異熟智力〕.

③ 모든 삼매의 순서와 깊고 얕음을 아는 지혜〔靜慮解脫等持等至智力〕.

④ 중생의 능력과 성질을 아는 지혜〔根上下智力〕.

⑤ 중생의 바른 신앙을 아는 지혜〔種種勝解智力〕.

⑥ 중생의 본성과 행위를 모두 아는 지혜〔種種界智力〕.

⑦ 여러 세계에 태어나는 업을 아는 지혜〔遍趣行智力〕.

⑧ 과거세의 모든 업을 아는 지혜〔宿住隨念智力〕.

⑨ 중생이 생사를 받는 때를 아는 지혜〔死生智力〕.

⑩ 여러 가지 번뇌가 모두 소멸하여 다음생을 받지 않음을 아는 지혜〔漏盡智力〕.

■ **열반**(涅槃):범어 Nirvāna의 음사. 멸(滅), 또는 적멸(寂滅)이라고 옮긴다. 탐·진·치 삼독을 소멸시켜 미혹의 불을 끈 깨달음의 경지.

■ **열세 가지 두타행**〔十三頭陀行〕:열세 가지 실천행. 두타는 범어 Dhūta의 음사. 두타는 욕심을 버리고 번뇌를 털어버린다는 뜻으로 초기 불교 이래 무소유, 인욕을 체득하기 위한 불교수행자들의 수행방법.

① 사람들이 쓰다 버린 천으로 옷을 만들어 입는다〔糞掃衣支〕.

② 다만 세 가지 가사만을 소지한다〔三衣支〕.

③ 항상 걸식한다〔常行乞食支〕.

④ 빈부를 차별하지 않고 차례로 걸식한다〔次第乞食支〕.

⑤ 한자리에서 식사하며 식사가 끝날 때까지 자리에서 일어나지 않는다〔一座食支〕.

⑥ 걸식으로 얻은 음식만을 먹는다〔一鉢食支〕.

⑦ 과도하게 먹지 않는다〔時後不食支〕.

⑧ 숲 속 고요한 곳에서 산다〔阿蘭若住支〕.

⑨ 나무 아래 산다〔樹下住支〕.

⑩ 지붕이나 벽이 없는 곳에서 산다〔露地住支〕.

⑪ 묘지에서 산다〔塚間住支〕.

⑫ 아무 데나 지정된 장소에 만족한다〔隨處住支〕.

⑬ 다만 앉기만 할 뿐 눕지 않는다〔常坐不臥支〕.

■ **열여덟 종의 뛰어난 부처님의 특성**〔十八不共法〕:부처님에게만 있는 열여덟 가지 지혜와 공덕으로 2승이나 보살에게는 없는 특성.

① 신무실(身無失):부처님 몸에는 허물이 없음.

② 구무실(口無失):부처님 말씀에는 허물이 없음.

③ 염무실(念無失):부처님은 깊은 선정을 닦아 흐트러진 마음이 없음.

④ 무이상(無異想):일체중생을 평등하게 대하여 차별이 없음.

⑤ 무부정심(無不定心):행주좌와가 항상 선정을 떠나지 않음.

⑥ 무부지기사(無不知己捨):일체법을 깨닫고 집착함이 없이 버림.

⑦ 욕무감(欲無減):중생을 이익케 하려는 마음이 감소하지 않음.

⑧ 정진무감(精進無減):불과를 이룬 뒤에도 정진력이 감소하지 않음.

⑨ 염무감(念無減):중생을 제도하되 제도하려는 생각이 감소하지 않음.

⑩ 혜무감(慧無減):중생을 제도하는 지혜가 감소하지 않음.

⑪ 해탈무감(解脫無減):해탈을 구현하여 일체의 번뇌를 멸함.

⑫ 해탈지견무감(解脫智見無減):해탈의 지견이 감소하지 않음.

⑬ 일체신업수지혜행(一切身業隨智慧行):모든 수승한 상호와 지혜로써 중생을 교화하는 행.

⑭ 일체구업수지혜행(一切口業隨智慧行):모든 훌륭한 설법과 지혜로써 중생을 교화하는 행.

⑮ 일체의업수지혜행(一切意業隨智慧行):모든 훌륭한 뜻과 생각으로 중생을 교화하는 행.

⑯ 지혜지과거세무애(智慧知過去世無碍):과거세를 걸림없이 아는 지혜.

⑰ 지혜지미래세무애(智慧知未來世無碍):미래세를 걸림없이 아는 지혜.

⑱ 지혜지현재세무애(智慧知現在世無碍):현재세를 걸림없이 아는 지혜.

▪ **오온(五蘊)**:인간존재를 구성하는 다섯 가지의 물질적, 심리적 요소. 즉 색(色:물질)·수(受:감각)·상(想:지각)·행(行:형성작용)·식(識:의식). 여기서 온(蘊)이란 집적(集積), 쌓임, 부분, 분단(分斷)을 의미한다.

▪ **요가설(瑜伽說)**:요가는 범어 Yoga의 음사. 요가설은 옛날부터 인도 전반에서 행해진 명상수행법을 이론화한 것. 심(心)과 경(境)이 하나로 융합됨으로써 무상삼매에 듦을 목적으로 한다.

▪ **요나카**:Yonaka의 음사. 그리스인을 말한다.

▪ **요자나**:범어 Yojana의 음사. 옛 인도의 거리단위. 전륜성왕이 하루 동안 가는 거리. 1요자나는 6마일의 22분의 3에 해당.

▪ **우포사타(布薩)**:범어 Poṣadha의 음사. 공주(共住), 설계(說戒)라고 옮긴다. 같은 지역 안에 거주하는 비구들이 한곳에 모여 바라제목차를 외우고 그 계율을 위반하였을 때는 죄를 고백하고 참회하는 행사. 한달에 두 번, 매월

15일과 30일에 행한다.

- 울타라쿠루:범어 Uttarakuru의 음사. 불교의 세계관에서 설하는 사대주(四大洲)의 하나. 수미산 사방에 있는 4대주 중 북쪽에 위치한 주(洲). 북구로주(北俱盧洲)라고도 한다.
- 육신통(六神通):수행을 닦아 체득하는 여섯 가지 부사의한 신통력.
  ① 신족통(神足通):어디든지 마음대로 왕래할 수 있는 신통.
  ② 천이통(天耳通):어느 곳의 소리든 들을 수 있는 능력.
  ③ 타심통(他心通):다른 이의 마음을 꿰뚫어 아는 능력.
  ④ 숙명통(宿命通):과거생의 운명을 아는 신통.
  ⑤ 천안통(天眼通):육안으로 볼 수 없는 것을 보는 신통.
  ⑥ 누진통(漏盡通):번뇌를 남김없이 소멸시킬 수 있는 능력.
- 인명(因明):인도의 논리학. 정리(正理), 또는 정리명(正理明)이라고 한다. 인명에는 고인명(古因明)과 신인명(新因明)이 있다. 고인명에는 종(宗), 인(因), 유(喩), 합(合), 결(結)의 5분작법을 쓰고 신인명에는 종(宗), 인(因), 유(喩)의 3지작법을 쓴다.
- 전단:범어 Candana의 음사. 인도 데칸고원 등지에서 자생하는 향나무 이름. 약재 및 목재로 쓰이는 외에도 향기가 강해서 향의 원료로도 쓰인다.
- 전륜성왕(轉輪聖王):범어 Cakravartirāja의 역어. 고대 인도의 이상적인 제왕. 정의와 평화로 천하를 다스린다는 이상적인 제왕. 몸에 32상을 갖추고 태어나고 즉위할 때는 하늘로부터 윤보(輪寶)를 받아 그것을 굴리면서 천하를 다스린다고 한다.
- 제호(醍醐):우유를 가장 정제하여 만든 음식. 불성(佛性)에 비유하기도 한다.
- 중송(重頌):산문으로 된 경의 마무리 부분에 그 내용을 다시 되풀이하여 읊은 운문체 게송.
- 천계서(天啓書):사람의 알음알이에서 나온 것이 아니라 선인(仙人)이 하늘로부터 받은 계시에 의해 쓰여졌다고 하는《베다》나《우파니샤드》등의 성전을 말한다.

▪ **마하카샤파**(大迦葉):범어 Mahā-kāsyapa의 음사. 대음광(大飮光)이라고 옮김. 부처님 십대제자 중 한 분으로 두타 제일.

▪ **카샤파 부처님**:카샤파는 범어 Kāsyapa의 음사. 음광(飮光)이라고 옮긴다. 카샤파 부처님은 석가모니 부처님 이전에 출현한 과거 칠불 중의 한 분으로 인수(人壽) 2만 세에 나신 부처님. 파라비 왕의 서울 바라나에서 나서 니구률 나무 아래서 정각을 이루시고 1회 설법으로 제자 2만 인을 제도하셨다 한다.

▪ **크샤트리아**:범어 Kṣatriya의 음사. 찰제리(刹帝利)라고도 옮긴다. 인도 사성계급 중 두번째 계급으로 무사 및 왕족 계급.

▪ **푸라나 성전**:범어 Pura의 음사.《베다》성전 연구를 위한 보조학(補助學)의 하나로서 옛부터 전해지는 설화의 모음집.

밀린다왕문경

1999년 3월 20일 초판 1쇄 발행
2019년 10월 17일 초판 3쇄 발행

지은이 / 정안 스님
펴낸이 / 김 동 금
펴낸곳 / 우리출판사

등록 / 제9-139호
주소 / 서울시 서대문구 경기대로9길 62
전화 / (02) 313-5047 · 5056
팩스 / (02) 393-9696
E-mail / woribooks@hanmail.net
홈페이지 / www.wooribooks.com

ISBN 89-7561-098-5   03220

값 14,000원